보통 일베들의 시대

보통 일베들의 시대

'혐오의 자유'는 어디서 시작되는가   김학준 지음

오월의봄

왜 다시 일베인가

일베, 드러나다

18대 대통령선거 캠페인이 한창이던 2012년 11월 말, 당시 민주통합당 후보였던 문재인 의원은 안철수 후보와의 단일화 협상 이후 상당한 기세로 당시 새누리당 박근혜 후보를 추격하고 있었다. 문 후보의 지지세는 SNS에서 특히 열광적이었다. 이는 노무현 전 대통령 이후, 소급하면 1990년대 말 정보화 혁명이 한국에 소개된 이래 인터넷상 정치적 여론이 줄곧 진보에 호의적이었던 사실을 반영하는 것으로 여겨졌기에 어느 정도 예측 가능한 것이었다. 서민 이미지를 내세워 표심을 공략하려던 문재인 후보의 텔레비전 광고가 나온 것도 그러한 열광이 한창일 즈음이었다. 평상복을 입고 의자에 앉아 연설문을 검토하는 문 후보의 모습이 담긴(다분히 2002년 16대 대선 국면에서 화제를 모았던, 당시 노무현 후보가 〈상록수〉를 부른 광고를 연상시키는) 광고가 여론의 맹폭을 받으리라 예상한 사람은 아무도 없었을 것이다.

보수언론에서는 광고 속 문재인 후보가 앉아 있는 의자가 700만 원이 넘는 미국산 임스 라운지 체어라는 주장이 인터넷과 SNS에서 빠르게 확산되고 있다는 기사를 게재했다.[1] 이 기사에서 언급한 '인터넷'의 출처는 다름 아닌 일간베스트저장소 www.ilbe.com, 줄여서 '일베'라고 불리는 웹사이트였다. 일베의 한 이용자는 광고가 나온 당일, 영상에 10초 남짓 등장한 의자의 모델명을 알아내어 재빠르게 가격 정보를 게시했다. 이 게시물은 일베에서 즉각 뜨거운 반응을 불러일으켰고, 많은 이용자가 '서민'과 '88만 원 세대'를 위한 정치를 하겠다는 사람이 고급 의자를 쓰는 게 말이 되느냐며 '위화감이 든다'고 비판했다. 곧이어 그가 쓴 안경 역시 고가품이라는 비난과 냉소가 쏟아졌다.

기사와 게시물은 삽시간에 퍼졌고, 급기야 문재인 후보 측에서 의자와 안경테 등에 제기된 문제를 하나하나 해명하기에 이르렀으나 별다른 반향은 없었다. 오히려 비슷한 시기 논란이 되었던, 이명박 대통령의 손녀가 입은 이탈리아제 몽클레어 패딩점퍼의 가격을 두고 쏟아졌던 비난[2]이 새삼 주목받으며 "내가 하면 로맨스 남이 하면 불륜"이냐는 식의 '이중잣대'를 향한 냉소가 돌아올 뿐이었다. 이 일로 당시 민주통합당 측은 '믿었던' 인터넷에 발등을 찍힌 꼴이 되었고, 일베는 진보 진영의 '이중성'을 날카롭게 드러낸 것으로 '일베'라는 브랜드를 세간에 각인시켰다. 이 사건이 있기 전까지 일베는 오늘의유머www.

todayhumor.co.kr(이하 오유), 웃긴대학www.humoruniv.com(이하 웃대)과 같은 일개 '유머사이트'였지만, 문재인 후보에 대한 성공적인 '저격'을 통해 인터넷에서 범보수 이데올로기를 설파하는 가장 거대하고도 강력한 구심점이 되었다. 일베의 완벽한 '승리'였다. 당시 온라인 커뮤니티문화를 연구하던 대학원생으로서 나는 이 온라인문화사적 사건을 실시간으로 따라가며 전율할 수밖에 없었다. 석사학위 논문 주제를 일베로 결정한 것도 바로 이 사건 때문이었다.

포털 뉴스 댓글로 대표되는 온라인상 여론이 언제나 문 후보에 우호적인 것은 아니었지만, 당시만 해도 온라인에서의 범진보 성향과 반대되는 의견들은 '십알단'* 따위의 소행으로 치부되어 크게 관심을 기울이는 사람이 없었다. 쉽게 말해 사이버공간에서 범보수 진영 후보를 지지하는 이들의 목소리는 대부분 특정 정당이나 (종교)단체에서 '동원'한, 무의미한 소음으로 여겨졌다는 뜻이다. 스스로의 주체적이고도 자발적인 주장이 아니라 위에서 내려온 지령대로, 고용주의 요구사항대로 글을 생산해내기만 하는 허수아비들을 진지하게 바라볼 필요가 어디 있단 말인가? 1만 명의 피고용인들이 10만 개의 허수아비를 만들고 1,000만 개의 댓글을 쓴다 할지라도, 허수아비는 허수

---

* '십자군 알바단'을 의미하는 약어로, 2012년 대선 국면에서 맹활약한 '나는 꼼수다' 멤버 주진우 기자가 보수 개신교 계열의 조직적인 댓글 여론 개입을 풍자하며 명명한 말이다.

아비일 뿐이다. 이들이 아무리 많은 댓글을 조작한다 한들 "깨어 있는 시민들의 조직된 힘"을 이길 수 없다는 낭만적인 확신은 사이버공간에서의 보수여론 존재를 부정하는 생각을 강화했다. 이처럼 확고한 믿음은 비단 '나꼼수'처럼 명시적으로 정파적인 팬덤뿐 아니라 인터넷을 이용하는 많은 사람이 공유하고 있던 것 같다. 박근혜 후보의 당선이 확정되던 2012년 12월 20일 아침, 문재인 후보의 당선을 믿어 의심치 않았던 수많은 사람이 보여준 인지부조화적인 반응**은 한국 사회의 사이버 공론장이 결코 진보적이지만은 않다는 사실을 (새삼) 드러낸 일대 사건이었다.

　'깨어 있는 진보 대 동원된 보수'라는 신화는 정보화 혁명 이후 한국 사이버공간의 정치의식을 논할 때 언제나 깔려 있는 전제요, 상식이었다. 십알단 이전에는 '알바'라는 이름으로 호명된 이들 '동원된 보수'는 그 명명처럼 하나의 목소리로 받아들여지지 못한 채 조롱과 비아냥의 대상으로만 위치지어졌다. 즉, '이성'적인 사람이라면 한국의 보수는 '감정'적으로 용서할 수 없으며 따라서 옹호할 수도 없는 대상이기 때문에 '수구 꼴통'

** 　이러한 반응은 18대 대통령 선거 부정 개표 음모론을 편 영화 〈저수지 게임〉(최진성 감독, 김어준 제작, 2017)과 〈더 플랜〉(최진성 감독, 김어준 제작, 2017)의 제작으로도 이어졌다. 〈더 플랜〉에서 의혹이 집중된 K값(박근혜 미분류 표 득표/문재인 미분류 표 득표)/(박근혜 분류 표 득표/문재인 분류 표 득표) 개념은 더불어민주당이 180석에 육박하는 대승을 거둔 2020년 21대 총선에서 선거 결과를 납득하지 못하는 범보수 계열 정치인과 유튜버들에 의해 재조명되기도 했다.

을 대변한다는 것은 '정상적'인 사고를 할 수 없거나 무식한 사람, 혹은 진정성 없이 댓글노동(또는 여론몰이)을 하는 사람으로 여기는 게 당연하다는 태도로 귀결되어왔던 것이다. 그렇기에 포털과 커뮤니티를 막론한 사이버공간에서 보수를 자임하거나 우파의 이념을 설파하는 사람들은 언제나 냉소나 동정의 대상이 되었다. 다시 말해 최소한 사이버 '공론장'에서 우파의 자리는 존재한 적이 없었다. 그들은 단지 소수의 '악플러'로, 기계적으로 타이핑을 반복하는 '알바'로, 과거로의 회귀를 주장하는 '무식한 노인들'로 타자화되어왔다.

하지만 일베는 달랐다. 이들은 딴지일보www.ddanzi.com를 위시한 정치적 패러디를 자유자재로 사용하고, 스스로 젊음을 '인증'하며 자신들이야말로 깨어 있는 일등시민이라는 확신을 사방에 퍼뜨리고 다녔다. 보수 또는 극우적인 생각을 가진 이들이 실존한다는 놀라움, 실존하는 보수주의자들이 심지어 젊다는 반전, 그들의 행동이 자발적이라는 데서 오는 당혹, 특히 범진보 진영의 입장에서 행해지던 비판과 풍자의 칼날이 정확히 반대 방향을 향한다는 충격, 정의와 공정 같은 민주적 가치로 민주주의를 공격하는 데 대한 분노에 이르기까지, 일베는 그 등장과 함께 한국 공론장에 거대한 혼돈을 불러온 진앙지가 되었다.

일베에 대한 시각들

하지만 이들에 대한 각계의 반응은 오랫동안(또는 여전히) '사회에 적응하지 못하는(불만이 많은) 루저'라거나 '사회 경험이 없고 무지한 젊은이들의 일탈'과 같은 피상적이고 사실조차 아닌 비판에 머물렀다. 이 책의 배경이 되는 논문 〈인터넷 커뮤니티 일베저장소에서 나타나는 혐오와 열광의 감정동학〉을 작성하던 2014년 상반기까지만 하더라도 일베에 대한 연구는 비평이나 단상의 수준을 넘어선 분석을 찾아보기 힘들었다. 그나마 나와 있는 연구들의 대부분은 과장과 일축의 양극단에서 갈피를 잡지 못했고, 실증은커녕 한국 사이버공간의 역사와 문화적 맥락 그리고 계보를 고려한 분석마저도 손에 꼽을 정도로 적었다. 일베가 사회적 현상이자 연구 대상이라고 할 때 그것이 온라인 커뮤니티라는 사실에서 출발하지 않을 수 없는데도, 많은 연구자들이 그 사실을 전혀 중요하게 여기지 않거나 일부러 간과하기라도 하는 듯이 곧장 '사회문제'로서의 일베에서 시작하고 끝을 맺었다.

이런 인상비평을 넘어선 최초의 논의는 박권일의 2013년 6월 13일 자 《시사인》 칼럼 〈우리 안의 일베〉였다. 그는 진중권,[*] 표창원[**] 등이 제기한 '일베 루저론'을 적극 반박하며 "그들 대부분은 '루저-백치-괴물'이 아니라 한국의 '평범한 시민'"이라고 주장했다. 그의 말에 따르면, 일베 이용자들은 "사회적 불

---

[*] 일베에 대한 진중권의 평가는 다음 기사를 참고하라. 〈진중권 "일베, 무정부주의적 놀이, 극우 공격성으로 변질"〉, 《경향신문》, 2014.9.23.

[**] 표창원은 자신의 트위터에서 20여 가지 일베의 특징을 나열하여 화제가 된 바 있다. 이에 대한 상세한 내용은 다음 기사를 참고하라. 〈표창원 "일베에 대한 분석 25가지"〉, 《위키트리》, 2013.5.28.

평등의 확산과 시민교육의 부재"가 만들어낸 "희생양 찾기"를 통해 "'착취와 피해'의 책임을 사회적 약자나 소수자에게 돌리"며, 이는 기실 '일베의 문제'가 아니라 "현대 자본주의 국가의 '보편증상'임을 보여주는 증거"가 바로 일베라는 것이다. 박권일의 주장은 일베를 악마화하는 '과대평가'나 루저로 격하하는 입장에서 벗어난 최초의 논의 중 하나라는 데 의미가 있지만, 일베를 일베로 규정할 수 있는 다양한 조건들을 지나치게 단순화했다는 비판이 가능하다.

박가분은 2013년 저서 《일베의 사상》을 통해 일베는 좌파, 특히 2008년 촛불의 대립쌍 혹은 쌍생아라고 주장했다. 그에 따르면 미국산 소고기 수입 반대 촛불집회에 대한 일베의 평균적인 감정은 혐오 그 자체였고, 많은 일베 이용자들이 촛불집회를 통해 '진보의 참모습'을 보았다고 말했다. 그는 일베 이용자들의 핵심 사상이 "'다시 속아서는 안 된다', '감성적인 이상주의에 또 한번 휘둘리느니 철저하게 몰이상성을 유지하겠다'"[3]라는 것이라고 옳게 지적한다. 하지만 일베가 모종의 '형제애'와 공동체의식을 가지고 있다는 그의 주장은 일베의 객관적 실체를 과장하는 우를 범할 우려가 있다. 2014년 9월 세월호 유족들 앞에서 벌어진 폭식집회를 유심히 볼 필요도 없이, 일베에 '횡행'하는 '불구경 잼(재미있다)'처럼 일베는 집합 정체성을 거부하는 '단독자'적인 이용자들이 모인 공터일 뿐이다. 게다가 형제애에 대한 박가분의 논의는 앞서 그 자신이 강조한 '감성적인 이상주의'와 충돌한다는 점에서 양자택일을 요구한다.

일베 정치게시판을 분석한 조용신은 일베에 대한 과잉 해석을 보여주었다. 그는 일베 정치게시판에 가장 많은 게시물이 작성된 시점과 그 당시에 있었던 주요 정치 이슈를 분석하고, 가장 많이 사용된 25개의 단어들 간의 의미연결망 분석을 시도했다. 곧이어 그는 게시물에 대한 담론 분석을 통해 "일베가 예외상태·호모사케르·파시즘의 논의와 유사한 작동 방식을 가진다는 것을 확인할 수 있었"다고 주장한다.[4] 하지만 그의 분석은 한국 사이버문화의 맥락을 거의 언급하지 않은 채 이론적 논의에만 의존함으로써 일베에 대한 '악마화' 또는 일베를 '타자화'하는 한계를 보인다.

한편, 한윤형은 일베가 한국 현대사를 관통하는 진보 대 보수의 담론투쟁 구조를 따른다고 분석했다. 그는 박권일을 인용하며 일베가 기존의 올드라이트old right나 2000년대 이후 나타난 뉴라이트new right와도 다른 네오라이트neo right의 성격을 가지고 있다고 주장한다. 그는 해방 이후의 정치 공간에서 일어난 좌우 갈등과 전쟁, 학살 기억에 기인한 '외상 후 스트레스 장애'의 성격을 가진 것이 올드라이트 '현상'이었고, "2004년 노무현 탄핵 반대 촛불시위의 거대한 물결과 열린우리당의 총선 승리에 대한 보수의 위기감"[5]에서 나타난 의식적인 보수 이념 '운동'이 뉴라이트였다면, 네오라이트는 민주화 이후 삶이 나아질 것이라는 기대가 좌절된 데서 오는 반동적 현상이라고 말한다. 일베는 이러한 현상 안에 포괄된다는 것이다.

하지만 일베의 네오라이트적 성격이 일베의 모든 것을 말해주지는 않는데, 이는 그들의 행위나 담론 전략이 1980년대 민주화 국면에서 대항담론을 조직한 진보와 많이 닮아 있기 때문이다. 한윤형은 그것을 크게 '피해자중심주의'와 '엘리트주의'로 나누었다. 피해자중심주의는 여성이나 호남으로부터 피해를 받았다는 일베 이용자들의 의식으로 표현되며 한윤형의 말에 따르면 이런 모습은 과거 운동권이 반공주의와 독재에 대항하여 피해자 서사를 만들어내 '휴머니즘'적으로 대응한 것과 매우 유사하다. 이와 비슷하게 엘리트주의의 경우에도 "운동권이 사회 기득권의 이데올로기에 대하여 그들 소수만이 유일하게 독립적이었다고 여겼다면, 그들은 호남과 민주화세력이 장악하고 있는 세상에서 자신들만 깨인 인식을 하고 있다고 여긴다".[6] 그 때문에 일베 이용자들은 언론이나 학계가 '좌파'와 '전라도'에 장악되어 진실이 '은폐'되고 있다고 믿으며 자신들이 만들어낸 '팩트' 또는 '대안 사실'을 공유한다는 것이다. 나아가 한윤형은 사회 일각, 특히 진보를 자임하는 이들이 일베를 '루저'나 '파시스트'로 악마화하는 것은 기실 일베의 존재가 "진보담론의 자기최면을 방해"하는 데 따른 신경질이라고 지적하며, 이런 태도를 유지하는 것이야말로 진보담론의 위기와 실패를 불러온다고 주장했다.

윤보라는 일베의 여성혐오에 집중하여 '일베는 어디에나 있고 어디에도 없다'는 말로 요약했다. 그는 일베에서 이루어지는 다양한 혐오 발화의 기점이 기실 여성혐오이며, 이를 근저로 다른 모든 혐오로 뻗어나간 것이라 할 수 있다고 주장한다. 다시 말해 "일베와의 전쟁에서 최전방에 있는 이는 바로 여성"[8]이라는 것이다. 그가 보기에 일베는 '너무 늦게' 발견된, 혹은 '돌출'된 집단이 아니다. 온라인에서의 혐오, 특히 여성혐오는 한국에 정보화 혁명이 일어난 이래 좌우를 막론하고 언제 어디서나 있었던 현상이며, 일베에서의 여성혐오는 이러한 사이버공간에서의 오랜 여성혐오 역사와 매우 밀접하다는 것이다.

윤보라는 여성가족부에서 페미니스트로, 다시 한국 여성 일반으로 넘어가는 여성혐오의 순환구조가 있다고 분석하고, '김치녀'로 대표되는 일베적 여성혐오의 사이버문화적 계보를 추적한다. 1999년 군가산점 논쟁 이후 고착화된 성 대결 프레임은 여성에게 군대 가서 고생하는 남성에 대한 '약탈자'이자 앞뒤가 꽉 막힌 '꼴통'이라는 낙인을 찍었다. 또한 '일부' 된장녀에서 '일반' 김치녀로 이행하는 과정에서 2005년 '개똥녀' 사건*의 여파는 매우 크다. 윤보라의 말처럼 "사회적 통제에 대한 젊은 여성의 (최초의) 거부"[9]인 개똥녀 사건은 이후 봇물처럼 터져 나온 '○○녀'라는 젠더 호명 정치학의 시발점이 되었다. 남성

---

* 2005년 초여름께, 지하철에서 갑자기 설사를 한 반려견의 배설물을 치우지 않은 채 내린 한 여성과 그 뒤처리를 한 또 다른 지하철 승객인 한 노인의 모습을 찍은 사진이 상황 설명과 함께 온라인에 게시되었다. 이 글을 본 많은 네티즌은 격렬한 분노를 표출했고, 분노는 이내 '징벌'로 이어지며 악플은 물론 여성의 신상을 털기 위한 조직적인 움직임까지 일어났다. 이 사건의 중요성은 아무리 길게 설명해도 충분하지 않지만, 무엇보다 중요한 것은 '개똥녀' 사건에 대한 반응으로 나타난 행태들(악플, 신상 털기 등)이 이후 사이버공간에서 이뤄지는 여성혐오의 원형이 되었다는 점이다.

의 욕망에 포섭되지 않는, 소비문화와 칙릿Chick-lit**문화를 받아들인 '젊은' 된장녀들에 대한 분노는 이들이 남성을 경제적으로 '착취'하고 친밀성의 기획을 좌절시킨다는 분노로 이어지며 이후 '일반'으로서의 김치녀를 예비했다. 이윽고 '여성'은 일베라는 공간에서 '진보'와 등치되는데, 윤보라는 이를 다음과 같이 정리한다. "'잃어버린 10년'간 자신들에게서 무언가 약탈해간 자는 여성이며 그것이 가능하도록 나라를 이 꼴로 만든 것이 바로 좌파 정권이다. 민주주의가 발달할수록, 좌파가 득세할수록 자신들은 점점 더 여성들에게 무언가 빼앗길 것이다. 한국의 모든 여성을 '김치녀'으로 만든 프로세서에 '진보좌파'를 입력하면 이제 아무에게나 '종북' 딱지를 붙이는 일이 벌어지는 것이다."[10]

한윤형과 윤보라의 논의는 각각 일베의 행태가 보여주는 여러 문제적 모습들을 일베 자체의 문제, 혹은 사회적 '돌연변이'들의 예외적 행동으로 축소하는 대신 한국 사회 구성원 모두가 내재하고 있는 문제로 확장하며 성찰의 필요성을 역설하고 있다. 하지만 '우리 안에 일베 있다'는 분석은 일정 부분 옳을지언정 '일베적인 것'을 과잉 일반화할 위험이 있다. 일베에서 공유되는 사회에 대한 상상력이 일반적으로 받아들여질 수 있는 것이었다면 애초에 일베를 향한 수많은 비난과 악마화는 일어

** Chick-Literature의 줄임말로, 주로 젊은 여성을 대상으로 하는 장르소설을 의미한다. 《브리짓 존스의 일기》《악마는 프라다를 입는다》 등이 대표적인 작품이다.

나지 않았을 것이다.

일베의 '전성기' 이후

이 책의 배경이 되는 석사학위 논문은 위와 같은 지적 성과물들을 바탕으로 기획된 것이었다. 당시 내가 가지고 있던 문제의식은 일베에 대한 실증자료 자체가 부재하다는 데 있었다. 또한 일베의 핵심적인 정조를 '혐오'로 규정하는 논의들을 이어받되, '유머 커뮤니티'로서의 맥락을 함께 살피며 일베에서 나타나는 다양한 감정들의 역동을 보고자 했다. 따라서 일베 게시물에 대한 데이터 수집과 토픽모델링, 연결망 분석 등 '빅데이터 방법'을 활용하는 한편, 일베 이용자들을 직접 만나 인터뷰하는 질적 방법 역시 활용했다. 학위논문 심사 직후 천관율 당시 《시사인》 기자(현 얼룩소alook.so 에디터)와 협업한 분석 기사*가 예상외로(?) 회자되며 일베에 대한 사람들의 이해에 기여했으며, 일베의 혐오 대상을 여성, 전라도, 북한(또는 종북)으로 규정지어 이후 연구가 보다 심층적으로 개별적인 사안을 들여다볼 수 있는 틀을 제공했다.

하지만 이후의 논자들이 날카롭게 지적했듯이, 나의 논문은 여성혐오를 포함한 혐오의 정서가 정치적 자원이 될 수 있음을 간과했다." 특히 논문이 발표된 직후 '폭식집회'가 일어났다는 점에서 일베의 핵심 정서가 냉소라는 나의 논지는 여러 평자

---

*   〈이제 국가 앞에 당당히 선 '일베의 청년들'〉, 《시사인》, 2014.9.29.

들의 비판을 받았는데, 이는 폭식집회와 유사한 규모의 집회가 '다시는' 일어나지 않았고, 그러한 가능성을 엿볼 수 있는 조직화 역시 최근에서야 시도되었다는 점에서 수용하기 어렵다.* 일베에 대한 강력한 사회적 낙인과 일베 내부에 상존하는 '결집에 대한 혐오'가 작동하는 한 '일베'라는 기치 아래 사회운동을 위한 조직이 만들어진다는 것은 여전히 상상하기 어렵다.

그런가 하면, 논문이 발표된 2014년에서 지금 이 글을 쓰는 2020년대에 이르기까지 일베는 상당한 부침을 겪었다. 일베 데이터를 분석하는 2장에서 깊게 논의하게 되겠지만, 한국 사이버공간은 메갈리아www.megalian.com와 TERFTrans- Exclusionary Radical Feminism(트랜스젠더 배제적인 급진주의 페미니즘)의 대두와 함께 거대한 균열을 맞이했다. 한때 불구대천의 원수와도 같던 일베와 루리웹bbs.ruliweb.com, 인벤www.inven.co.kr 등의 커뮤니티는 '반페미'의 깃발 아래 '국공합작'을 하여 언론이나 정당, 기업 등에 맹폭을 진행했다. 하지만 모두가 익히 알고 있듯이 일베의 '전성기'는 오래가지 않았다. 20대 총선 직후 박근혜 탄핵, 19대 대통령선거, 7대 지방선거에 이르는 보수 진영의 연속적인 정치적 패배와 함께 일베의 '몰락'은 가속화되는 듯했다. 일베의 주축이라 할 수 있는 '젊은 보수'들이 퇴장했고, 그 자리를 40대 이상 이용자들이 차지하여 간신히 '온라인 우파의 구심'이라는 명목만은 이어갔다. 2019년 '조국 반대 집회'를 통해 여전히 강력한 화력과

---

* 이에 대해서는 결론에서 별도로 다루게 될 것이다.

활동력이 확인되었지만, 이제 일베보다는 '신의한수'와 같은 극우 유튜브 채널의 영향력이 더욱 커졌다. 특히 유튜브는 혐오문화의 새로운 구심이 되었고, 이른바 '문제적'인 사건 또한 일베보다는 에펨코리아^{www.fmkorea.com}(이하 펨코)에서 더 자주 발생한다. 솔직히 말해서, 이제 와서 연구 대상으로서의 일베의 가치는 'ㅎㅌㅊ'**다.

다시, 일베

그러나 이러한 상황을 일베의 영향력이 사라진 것으로 보기는 어렵다. 아니, 일베의 영향력은 오히려 확대되었다. 사이버공간 전반에 걸친 페미니즘의 부상과 백래시^{backlash}의 과정에서 이른바 '20대 남자'들이라는 새로운(혹은 오래된) 주체에 대한 비판이 제기되었고, '역차별' 담론을 체화한 젊은 남성들에 대한 사회적 관심 역시 증가했다. 혹자는 오래된 '20대 개새끼론'[12]을 꺼내 드는가 하면 '이명박근혜' 시대 신자유주의 교육의 문제 등을 제기하는 이도 있었다. 시야를 조금 넓히면, 코로나19로 기억될 2020년 공공의대 설립을 둘러싸고 벌어진 의료계 파업 논쟁에서 "전교 1등" 운운하는 카드뉴스로 세간의 비웃음

** '하타치'의 자음만을 쓰는 온라인상의 표현으로, 그 의미는 'ㅍㅌㅊ'라는 표현에 기대고 있다. 'ㅍㅌㅊ'란 온라인게임에서 특정 아이템이 '평범한 수준의 공격 능력치'를 가지고 있다는 '평타치'에서 유래했다는 설이 있다. 이에 따라 'ㅎㅌㅊ'는 '평균보다 못함'을 의미하고, 'ㅅㅌㅊ(상타치)'는 '평균보다 나음'을 의미한다.

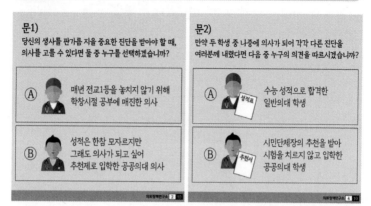

그림 1   2020년 의료계 파업 논쟁 당시 카드뉴스 중 일부

문1)
당신의 생사를 판가름 지을 중요한 진단을 받아야 할 때, 의사를 고를 수 있다면 둘 중 누구를 선택하겠습니까?

Ⓐ 매년 전교1등을 놓치지 않기 위해 학창시절 공부에 매진한 의사

Ⓑ 성적은 한참 모자라지만 그래도 의사가 되고 싶어 추천제로 입학한 공공의대 의사

문2)
만약 두 학생 중 나중에 의사가 되어 각각 다른 진단을 여러분께 내렸다면 다음 중 누구의 의견을 따르시겠습니까?

Ⓐ 수능 성적으로 합격한 일반의대 학생

Ⓑ 시민단체장의 추천을 받아 시험을 치르지 않고 입학한 공공의대 학생

2020년 9월 1일, 대한의사협회 의료정책연구소는 공식 페이스북 계정을 통해 공공의대 설립과 관련한 자신들의 주장을 홍보하는 카드뉴스를 게시했으나 노골적인 엘리트 의식과 능력주의로 인해 비판이 쏟아졌다. 이에 따라 수정본이 게시되었지만 기본적인 메시지는 달라지지 않아 거듭 비판을 받으며 결국 삭제되었다. 그림은 수정 전 원본 카드뉴스.

거리로 전락한 '젊은 의사들' 역시 일베의 영향력이라는 자장에서 벗어나 있지 않으며, 박근혜 탄핵의 첫 단추였던 이화여대 평생교육 단과대학 설립 반대 집회 또한 권력 수호를 위한 공정성 추구를 이야기했던 2014년 논문의 맥락과 닿아 있다. 급기야 0선 중진이라는 '진기록'을 쓴 이준석이 보수정당의 당대표가 되더니, '여성가족부 폐지'를 위시한 현란한 성별 편 가르기와 혐오 선동으로 정치적 재배열realignment을 시도하는 지경에 이르렀다. 이처럼 '이미 망한' 커뮤니티인 일베는 일베의 존망과 상관없이 다양한 얼굴로 현재성을 드러내고 있다. 학위논문을 작성한 지 수년이 지났음에도 그 글에 생명력이 남아 있다면 바로 이런 지점들 때문이다.

이 책을 쓰기 위해 이전 논의에 몇 가지 주요한 업데이트를 진행했다. 1장은 일베가 갑작스럽게 튀어나온 괴물이 아니라 1990년대 후반 이래 꾸준히 진행된 문화적 진화의 결과물임을 이해하는 데 필요한 대략의 역사를 담았다. 사이버문화에 익숙한 독자라면 지나쳐도 무방하지만, 오히려 익숙하기 때문에 당연시 여겨온 것들을 새롭게 발견할 수도 있을 것이다. 여기에는 이전에 미처 담지 못했던 두 가지를 추가했는데, 온라인 커뮤니티 게시판에 글을 쓰는 가장 강력한 동인인 '웃음'과 그것을 유발하는 수단인 '짤방'에 대한 내용이 그것이다. 전자의 경우 연세대학교 젠더연구소와의 공동 작업에서 웃음에 내포된 혐오의 가능성을 살펴본 나의 글[13]을 일부 수정·요약하여 일베의 주요한 정체성 중 하나인 '유머 커뮤니티'의 차원을 조금 더 깊게 살펴본다. 후자인 '짤방'에 대한 내용은 이미지 합성에 대한 논의를 추가하여 사이버 문화콘텐츠 생산의 역사라는 측면에서 일베 게시물을 이해할 여지를 제공해보려 했다.

가장 많은 업데이트가 이뤄진 부분은 일베 데이터를 분석하는 2장이다. 2014년의 학위논문 작성 당시, 나는 컴퓨터공학과 박사과정에 있던 고교 동창 이정현의 도움을 받아 2011년 6월부터 2014년 2월까지의 일베 게시물 33만 4,531개 및 일베 정치게시판 게시물 10만 2,116건을 수집, 분석에 활용했다. 고백하건대, 당시의 나는 데이터 분석에 거의 문외한이었던 데다가 간단한 SQL문이나 네트워크 시각화 프로그램gephi 외에는 자체적인 분석을 할 만한 역량이 없었다. 그러나 운이 좋게도 학위

논문 직후 이어진 커리어가 자연어처리^{Natural Language Processing, NLP}기반 데이터 분석 업무였고, 생존을 위해 프로그래밍 언어인 파이썬^{python}을 습득한바, 이를 기반으로 데이터 분석에 해당하는 내용을 완전히 새로 썼다. 물론 이 과정에서도 수많은 이들의 도움이 있었다. 요약하자면 2장에서는 77만여 건의 일베-일간베스트 게시물의 시계열 분석과 텍스트 분석을 진행한다. 시계열 분석의 경우, 일베의 탄생에서 2021년에 이르기까지의 기간 동안 일간 게시물 생성량의 요일별·시간대별 분석을 진행하는 한편, 이를 일베가 숙적으로 여긴 루리웹과 비교해봄으로써 일베의 활동이 얼마나 특수한지 보여줄 것이다. 또한 토픽모델링 방법을 활용한 텍스트 분석을 통해 '일베의 적'을 규명하고 그것을 인지하는 프레임을 확인할 것이다. 미리 말하자면, 최초의 분석 이래 7년이나 지났음에도 분석의 대체大體는 변하지 않았다.

　일베 게시물을 직접 들여다보는 3장은 기존의 사례 분석을 일부 다듬는 수준에서 마무리했고, 일베 이용자들과 심층면접을 진행한 4장은 이론적 논의를 최소화하며 가능한 한 일베 이용자들의 목소리가 직접적으로 들리게 하고자 노력했다. 또한 이 책이 주장하는 일베 멘털리티의 핵심인 '평범 내러티브'를 중심으로 구성됐다. '평범한 삶'이 유토피아가 된 오늘날, 생존전략으로서의 혐오와 도구로서의 공정성이라는 키워드를 이해하는 단서를 찾을 수 있을 것이다. 5장은 일베의 특수성과 일반성을 각각 사례를 들어 설명하여 논의의 확장성을 꾀했다. 우선특수성, 즉 '일베를 일베답게 하는 것'을 설명하기 위해 2019년 한강 몸통시신 사건의 범인 장대호가 여러 경로를 통해 세상에 내놓은 자필 문서들, 흔히 '회고록'이라 불리는 그 글들을 중심으로 일베적 페르소나의 이념형^{idealtypus}을 재구성한다. 반면 일베의 대척점에 있다는 평가를 받는 온라인 커뮤니티 중 하나인 루리웹에 대한 분석을 통해 일베에서 나타나는 혐오표현과 행태가 일베에서만 나타나는 것이 아님을 증명하는 한편, 자기성찰 없는 담론장이 얼마나 일베와 유사해질 수 있는지 제시할 것이다. 결론에 해당하는 마지막 6장에서는 평범 내러티브로 대표되는 한국 근대화의 약속이 파기되었음을 재확인하고 능력주의를 통해 도달 불가능한 평범함을 재구축하려는 정치적 시도들의 위험성을 환기하고자 했다. 그것을 극복하기 위한 고민들 또한 풀어냈지만, 이에 대한 이야기는 더 많은 이들과의 토론과 합의, 그리고 서로에게 축적된 경험의 공유를 통해 보다 풍부해질 수 있기를 기대한다.

여러 번 강조하지만 이 글은 2014년에 진행한 작업에 크게 기대고 있다. 이에 종종 큰 시차를 느낄 수도 있다. 최대한 시차를 좁히고자 데이터와 사례들을 업데이트하고 보완했음에도 끝내 좁히지 못한 부분도 있는 것 같다. 그러한 간극은 오늘날 사이버 공론장에 넘치는 혐오의 물결 앞에서 각자의 목소리를 내고 있는 이들의 경험을 통해 메워질 수 있기를 바란다. 이 책에 가치가 있다면, 그것은 일베적 혐오의 구조 또는 기원을 이해하고 현재 강고해 보이는 혐오 선동을 파훼하는 여러 불쏘시개 중 하나로서의 가치일 것이다.

일러두기

1. 온라인 은어와 속어적 표현의 특성상 일부
   어휘는 일반 사전에 등록되어 있지 않지만
   특수한 사정에 따라 그대로 살려 썼다.
2. 온라인상의 게시물, 댓글 등의 직접 인용문은
   가독성을 위해 최소한의 수정을 거쳤다.
3. 이해를 돕기 위해 저자가 내용을 덧붙인
   경우에는 '[ ]'로 묶어 표시했다.

일베의 계보

사이버공간의 간략한 문화사

일베란 무엇인가. 앞서 이야기한 것처럼 누군가는 한국형 극우주의의 발흥이라 보았고, 누군가는 일본의 재특회(재일 특권을 허용하지 않는 시민 모임)나 일본의 유명 극우 온라인 커뮤니티 니찬네루$^{www.2ch.net}$와 같은 인종주의적 공간이라고도 했으며, 여성혐오를 기반으로 모인 호모소셜$^{homo\ social}$의 공간이라 말한 이도 있었다. 하지만 이러한 지적들이 성립하기 전에 언급되어야 하는 것은 일베의 존재 형식, 즉 '한국 온라인 커뮤니티'로서의 문화적·역사적 맥락이다. 앞으로 지겹도록 확인하겠지만, 일베는 갑작스럽게 튀어나온 괴물이 아니다. 디시인사이드$^{www.}$$_{dcinside.com}$와 딴지일보, 더 소급하면 PC통신에까지 닿는 유구한 사이버문화의 전통을 이어받거나 변주하고 이윽고 그들만의 독특한 밈^{meme}을 만들어낸 결과가 오늘날의 일베라 할 때, 일베

를 이해하기 위해서는 한국 사이버문화의 발달사를 훑어볼 필요가 있다.*

---

1. 사이버 유머의 기원

우월적 웃음의 지배

예로부터 웃음은 많은 철학자를 사로잡은 주제였다. 고대 그리스에서 현대까지를 아우르며 웃음에 대한 논의를 정리한 류종영에 따르면, 웃음을 바라보는 시각은 웃음의 '우월이론'과 '대비이론'(혹은 '불일치이론') 두 가지로 나뉜다. 전자는 "다른 사람의 불행을 보고 기뻐하는 마음"이고, 후자는 기대에 대한 환멸로 나타나는 웃음이다.[1] 이를 풀어서 제시한다면, 한국 코미디 역사에서 전무후무한 캐릭터일 영구(심형래 분)가 '바보' 같은 행위로 넘어질 때 유도하는 웃음은 영구의 그런 행위를 비웃는 우월적 웃음이다. 반면 '탱자 가라사대'의 탱자(김형곤 분)가 말도 안 되는 지식을 전수하며 제자들에게 "알~겠느냐"는 대사를

---

* 이 장은 두 권의 공저에 실은 글을 보완·수정한 것이다. 우선 일베와 웃음에 대한 핵심적인 아이디어는 2017년에 작성한 《그런 남자는 없다: 혐오 사회에서 한국 남성성 질문하기》(손희정 외, 오월의봄, 2017) 중 한 장인 〈웃음과 폭력: 혐오 없는 웃음은 가능한가〉에서 나왔다. 순수성에 대한 논의는 《#혐오_주의》(박권일 외, 알마, 2016) 중 한 장인 〈순수함에의_의지와_정치혐오〉에서 제시했던 개념을 일베의 '맥락'을 이해하기 위한 틀로 활용하고자 했다.

할 때 유도하는 웃음은 일반적으로 '선생'에게 기대되는 것과 정반대되는 것을 제시하는 대비적 웃음이라고 할 수 있다. 그런데 방금 제시한 예시에서 영구는 아주 흥미로운 문제를 초래했다. 영구의 바보스러운 짓이 유발하는 웃음이 '올바른 웃음인가'에 대한 질문이 제기되기 시작한 것이다. 기실 이러한 비판은 영구 또는 영구와 유사한 캐릭터가 공중파를 타던 시점부터 이미 제기된 것이었지만, 소수자 인권에 대한 감수성이 높아진 2010년대를 지나며 더욱 힘을 얻게 되었다. 이른바 '웃자고 한 말에 죽자고 달려드는' 사람들이 생긴 것이다.

농담은 "쾌락 획득을 목적으로 하는 모든 활동 중에서 가장 사회적"이라는 프로이트의 말처럼, 웃음은 화자와 청자 간의 공감대, 나아가 이해관계가 동일할 때에야 터진다는 관계적·권력적 속성을 가지고 있다. 이처럼 우리는 농담의 화용적話用的 성격을 알고 있기에, 누구도 탈모인 앞에서 대머리에 관한 농담을 꺼내지 않는다. 탈모인 스스로 하지 않는 이상 말이다. 따라서 "코미디를 보고 웃는 사람과 불쾌감을 느끼는 사람의 차이는 …… 권력의 부재를 체감하는 사람과 …… 현존을 체감하는 사람의 차이"²라는 진술은 설득력을 갖는다. 온라인 유머 공동체가 일종의 호모소셜을 이룬다 할 때, 웃음의 배후에 흐르는 젠더권력의 현존을 지적한 '넷페미'들의 강력한 문제 제기는 우리 사회에 널리 퍼져 있는 웃음의 컨센서스consensus에 적지 않은 타격을 가했다.** 농담의 의도가 무엇인지를 질문하는 사람들이 생긴 것이다. 이들은 흔히 '프로 불편러'라 일컬어졌고, 일베를 포함한 대부분의 온라인 커뮤니티 이용자들은 정치적 올바름의 문제를 제기하는 이 '불편러'들을 'PC충'이라 부르며 경멸했다.

2017년에 있었던 개그맨 황현희와 방송인 샘 해밍턴의 논쟁은 한국 코미디에 대한 비판적 관점이 대중적으로 인지된 얼마 되지 않는 사례다. 샘 해밍턴은 SBS 코미디 프로그램인 〈웃찾사〉의 한 코너에서 코미디언이 흑인 분장으로 등장한 것을 두고 "한심하다"라며 자신의 SNS에 격앙된 반응을 올렸다. 이에 대해 코미디언 황현희는 자신의 SNS에서 샘 해밍턴을 직접적으로 언급하며 그의 의견을 비판하는 글을 올렸다. 황 씨는 〈웃찾사〉의 개그코너를 '흑인 비하'라고 지적한 샘 해밍턴의 비판이 "성급한 일반화"라며 "단순 분장"을 인종차별의 의도로 해석하는 것은 과도하다고 항변했다. 나아가 "영구, 맹구" "시커먼스"는 소수자 혐오인지를 되물으며, 그렇게 본다면 당시 샘 해밍턴이 출연 중이었던 텔레비전 육아 프로그램 〈슈퍼맨이 돌아

** 웃음 컨센서스의 붕괴가 가장 극적으로 드러난 사건은 2017년을 기점으로 나타난 각종 '단톡방 성희롱' 사건이다. 주로 남성 대학생들의 단체채팅방 대화 내용이 '유출'되어 세간의 비난을 받은 이러한 사건은 인스턴트 메신저의 폐쇄성을 고려할 때 유출자 역시 해당 단톡방의 멤버인 남성일 것임을 유추할 수 있다. 이제 '같은 남자들' 사이에서도 성적 대상화가 용인되지 않는 균열이 일어나기 시작한 것이다. 윤보라는 "'단톡방 성희롱'이라고 불리는 특정 매체에서 발생한 성폭력 사건을 이해하기 위해 …… 카카오톡을 거주지로, 이용자들을 거주자로 개념화하여 디지털 체험 구조를 분석하는 작업"이 필요하다고 지적한다. 윤보라, 〈디지털 거주지(digital dwelling)와 성폭력-'카카오톡 단체 채팅방 성희롱 사건'을 다시 보기〉, 《페미니즘 연구》, 제20권 1호, 한국여성연구소, 2020.

왔다)는 "경제적으로 여유롭지 못한 부모들에게 …… 상대적 박탈감을 주는 프로그램"이라고 옳게(!) 지적했다. 논쟁 직후 황씨의 발언은 즉각 캡처되어 온라인에서 '조리돌림'을 당했다. 대부분의 반응은 '소가 뒷걸음질하다가 쥐 잡았다'는 것으로, 애초 샘 해밍턴의 의견을 비판하려던 황 씨의 의도와는 달리 한국 코미디 프로그램의 내용적 후진성을 드러내는 글이 됐다는 조소가 들끓었다. 하지만 이 사건의 본질은 우리의 웃음체계가 상당 부분 우월적 웃음에 기대 있다는 사실을 직시하게 해줬다는 데 있다.*

이 사건이 일어나기 전에도 코미디언들이 웃음을 바라보는 방식에 대한 문제들은 여러 차례 지적된 바 있다. '악마의 재능'이라는 찬사를 받으며 〈무한도전〉의 유력한 제7의 멤버로 떠올랐던 장동민은 과거 동료들과 진행했던 팟캐스트 방송에서의 문제적인 발언들이 '폭로'되며 오랫동안 공중파 방송 활동을

---

* 비슷한 논쟁은 2020년에도 있었다. '트위터 명절'로도 일컬어지는 의정부 고등학교 졸업사진 촬영 기간에 '관짝소년단' 패러디가 나타나자 한국에서 활동하는 가나 출신 방송인 샘 오취리는 샘 해밍턴이 제기한 것과 동일한 문제를 제기했다. 서구 사회에서 금기시된 대표적인 인종차별 행위인 흑인 분장을 2020년대 한국의 10대 소년들이 했다는 것에 대한 개탄이었는데, 이에 대한 대중들의 반응은 2017년의 그것과 너무나도 상이했다. 이 일로 샘 오취리는 자신의 SNS 등에 사과문을 올렸고 출연 중이던 프로그램에서도 하차하는 등 '완패'를 당했다. 샘 해밍턴과 샘 오취리에 대한 사람들의 반응 차이에는 명백한 권력의 문제도 있다. 영어권 백인 이성애자 남성은 인종차별에 대해 이야기할 수 있지만, 가나 출신 흑인 남성은 (당사자임에도) 발언권이 없다는 것이다.

중단했다. 공중파 텔레비전 프로그램의 유력 진행자인 김구라 역시 유사한 문제 제기로 수많은 사과를 했다. 한국에서 통용되어온 유머코드는 주로 우월적 웃음이었다는 지적[3]이 새삼 설득력을 획득하는 순간이다.

물론 한국의 모든 코미디 프로그램이 우월적 웃음을 유도한 것은 아니다. 앞서 언급한 '탱자 가라사대'를 비롯한 김형곤의 개그코드는 한국적 사회 풍자 개그의 원형을 보여줬고, 유병재는 한국으로선 흔치 않은 스탠드업 코미디 작품 〈유병재: 블랙코미디〉를 통해 전두환을 비꼬기도 하는 모습을 보여주며 풍자 코미디의 부활을 알렸다는 평가를 받았다.[4] 그럼에도 1,000회를 넘기며 꾸준한 인기를 얻은 '대표 선수' 격 코미디 프로그램이 〈개그콘서트〉라는 점, 그리고 그 〈개그콘서트〉에서 기획한 웃음의 상당수가 우월적 웃음, 즉 나보다 못한 사람을 보며 짓는 비웃음을 유도했다는 점에서 코미디 프로그램으로 표상되는 한국적 웃음 모델은 "자신보다 못한 이들을 비하함으로써 자신의 존재 가치를 발견하는 상호 모멸의 메커니즘"[5]의 원형을 보여준다고 하겠다.*

사이버공간의 자본, 웃음

에겍aagag.com이라는 사이트가 있다. 많은 사람에게 생소할 이곳은 국내 유명 온라인 커뮤니티(웃긴대학, 루리웹 등)에서 많은 추천이나 댓글을 얻은, 쉽게 말해 '핫이슈'가 된 게시물을 한곳에 모아서 보여주는 일종의 메타 커뮤니티다. 에겍은 한국 온라인 커뮤니티의 중요한 본질, 즉 웃음 추구의 욕망을 매우 투명하게 보여준다는 점에서 흥미로운 커뮤니티다.** 에겍은 스크레이핑 scraping*** 등 자동 데이터 수집 프로세스를 통해 콘텐츠를 제공하는데, 종종 별개의 커뮤니티에서 전혀 다른 제목으로 게시되었지만 내용은 같은 이미지(즉, '짤' 혹은 '짤방'. 이에 대해서는 후술한다)인 경우를 찾아볼 수 있다. 인기를 얻은 게시물이 사방으로 퍼져나가는 과정에서 각 커뮤니티의 성격에 맞는 제목과 코멘트로 수정되기 때문이다. 실제로 2020년 2월 7일부터

---

*   1999년 9월 4일 1화를 시작으로 방영된 KBS 〈개그콘서트〉는 2020년 6월 26일 1,050회를 끝으로 기약 없는 '잠정 중단' 상태에 들어갔다. 표면상 이유는 코로나19 확산에 따른 것이었지만, 프로그램 제작상의 매너리즘과 리얼버라이어티 프로그램의 득세, 유튜브, 넷플릭스 등 대안 매체의 등장 등을 실질적인 원인으로 추측할 수 있다. 일각에서는 공영방송 프로그램의 특성상 심의와 같은 규제가 많고, 정치적 올바름에 대한 요구들을 수용하느라 자극성이 떨어졌기 때문이라는 불만이 제기되기도 했다. '잠정 중단' 직전 마지막회 시청률은 3.0%로 집계되었는데, 이는 역대 최고 시청률 35.3%(200회 특집, 2003년 8월 31일)에 비하면 초라한 성적이다.

** 또한 '에겍에서 많이 읽은 순서' 항목의 경우 거의 예외 없이 수위 높은 성인물 또는 '야짤'이 자리를 차지하고 있다. 이런 게시물은 '후방 주의'와 같은 머리말을 다는 것이 이용자들 사이의 암묵적인 규칙이다. 자극적인 콘텐츠이므로 누가 보지 않도록, 특히 뒷사람의 시야를 주의하라는 일종의 경고 문구인데, 이러한 경고 문구 자체가 일종의 '떡밥'이 되어 게시물의 조회수를 높이는 기능을 하기도 한다.

*** 크롤링(crawling)이라고도 하는 스크레이핑은 웹상에 게시된 콘텐츠를 수집하는 데 필수적인 기술로, 웹페이지의 html 구조를 추출해 원하는 정보를 수집하는 일련의 코드로 이루어져 있다. 대부분의 (소셜) 빅데이터는 스크레이핑을 통해 추출한 정보들이다.

2월 10일까지 에겍에 게시된 글을 분석해보면, 총 1만 5,000여 건의 게시물이 있으나 앞서와 같은 중복 게시물을 제외한 유니크 게시물은 743건에 불과한 것으로 나타난다(이 시기 일베의 글들은 에겍에서 최상단에 노출된 경우가 거의 없는데, 이는 '유머 커뮤니티'로서의 일베의 매력과 화력이 줄어들었다는 방증이다*). 이는 얼마나 많은 이용자들이 (중복 여부와 상관없이) 클릭수를 위해 화제성 있는 게시물들을 적극적으로 퍼 나르고 있는지를 보여준다. 그리고 그 '화제성' 있는 게시물이란 대개 '유머게시물'이다.

사이버공간에서 유머콘텐츠의 역할은 단순히 조회수만을 의미하지 않는다. 오히려 유머콘텐츠는 온라인 커뮤니티를 움직이는 하부구조라 할 만큼의 힘을 가진 집합행동의 원인이요, 결과라는 과격한 주장도 가능하다. 온라인 커뮤니티에서 유머는 곧 자본이기 때문이다. 웃음은 조회수와 추천수, 댓글수 같은 수치적 성과 지표로 측정되며, 이 자본을 극대화하는 사람은 해당 커뮤니티에서 유의미한 권력을 얻게 된다. 유머러스한 게시물을 올린 사람은 게시물을 올린 궁극적 목적인 '인정욕구'를 충족하고, '(일간)베스트'에 등극하는 등 가상의, 그리고 종종 '별풍선'이나 '실버버튼'과 같은 현실의 재화까지 쌓게 된다. 즉, 자본가가 되는 것이다. 나아가 웃음 자본과 자본가가 많은 커뮤니

---

* 일베가 설립된 직후부터 제기된 '일베 노잼설'은 박근혜 탄핵 사태를 전후로 일베가 정치게시판 이용자들만의 게토가 되었다는 것이었다. 이에 대해서는 2장에서 자세히 다루기로 하자.

티는 더 많은 이용자를 끌어들이고 이는 더 많은 재화를 만들어내는 것으로 이어지므로, 결국 그런 커뮤니티가 '흥하게' 된다.

부동산, 주식, 정치(인)처럼 '현실 사회'를 논하는 커뮤니티들 역시 예외가 아니다. 예컨대 디시인사이드 주식갤러리는 박근혜 탄핵 정국에서 가장 날카로운 질문을 던지는 중핵이었던 동시에,** 박근혜나 최서원(최순실), 그리고 최서원의 딸 정유라를 풍자하는 유머게시물을 끝도 없이 생산해냈다. 페이스북도 상황은 다르지 않다. 페이스북페이지 정보를 서비스하는 빅풋9^{bigfoot9.com}에 따르면 '엄청 웃긴 동영상'이나 '실시간 급상승 이슈'와 같은 유머페이지는 (국내외 두터운 팬층을 가진 방탄소년단, 블랙핑크, 아이유 같은 '넘사벽' 페이지를 제외하면) 한국 페이스북페이지 상위 10위권에 필적하는 팬수와 반응량을 가지고 있다.

에겍이 실증적으로 보여주듯 한국 온라인 커뮤니티의 핵심은 웃음과 섹스이지만 이러한 경향이 한국만의 특질은 아니다. 세계 최대 포르노 사이트인 폰허브^{pornhub}의 존재가 그것을 증명하며, 미국의 양대 커뮤니티인 나인개그^{9gag.com}와 포챈^{www.4chan.org}, 세계적인 '아고라' 역할을 하고 있는 레딧^{reddit.com}에 이르기까지 해외 유명 온라인 커뮤니티 역시 웃음과 섹스를 중요한 동인으로 삼아 매 시각 새로운 콘텐츠들을 만들어내고 있

** '왕수석' 김기춘 전 비서실장의 위증을 밝혀낸 일이 대표적인 사례다. 자세한 내용은 다음의 기사를 참고하라. 〈누리꾼·박영선 손발 척척, '김기춘 거짓말' 밝혀낸 전말은……〉, 《한겨레》, 2016.12.8.

다. 너무나 당연하지만, 웃음과 섹스는 매우 긴밀하게 연결되어 있다. 이는 흔히 말하는 '음담패설'의 유구한 전통과 집단 간의 유대는 강화하고 긴장은 완화하는 웃음의 기능을 고려할 때 사회적으로 금기시되는 이야기를 입에 담음으로써 느끼는 카타르시스와 연관되어 있다. 가장 흔한 예로는 흔히 말하는 '섹드립', 즉 성과 관련된 농담에서부터, 여성에 대한 스테레오타입을 확대 재생산하거나 여성혐오의 데이터베이스를 누적하고 웃음을 목적으로 여성의 우스꽝스러운 모습(또는 행태)을 과장하는 것 등으로 다양한 변주가 이루어져왔다.

이것은 비단 오늘날의 문제도 아니고 근대의 문제도 아니며 유사 이래 수천 년 동안 이어진 남성 중심 사회적 욕망의 역사다. 다만 오늘날 이 문제가 더욱 심각해진 것은 컴퓨터 매개 커뮤니케이션Computer Mediated Communication, CMC이라는 의사소통적 맥락과 초고속 인터넷과 스마트폰을 통해 모두가 모두에게 이어진 네트워크 환경 때문이다. 음담패설과 성적 소문은 한때 무대 뒤편[6]이나 술집과 같은 친밀하고 폐쇄된 공간에서 서로를 신뢰하는 소수의 사람들이 은밀하게 공유하던 것이었지만 CMC 환경에서는 아무런 제약도 없이, 없는 사실도 사실처럼 만들어지고 부풀려지며 전 국민(종종 세계인)에게 전달된다.

딴지일보식 패러디: 한국형 밈의 기원

웃음을 유발하는 밈의 이미지적 구성물인 '짤'은 한국 온라인 커뮤니티의 문화사를 관통한다. 한국형 짤과 유머콘텐츠의 기원은 딴지일보에서 찾을 수 있다. 1998년 김어준 '총수'의 개인 홈페이지에서 시작된 딴지일보는 개발독재 시기 민주주의와 표현의 자유를 탄압했던 정치권력은 물론이고 재벌과 운동선수, 연예인까지 분야를 망라한 인물들의 모순적인 모습을 조명하고 조롱하는 패러디물을 게시하며 많은 이들에게 카타르시스를 안겨주었다. 딴지일보가 제시한 패러디의 형식은 영화 포스터에 패러디의 대상이 되는 인물의 사진을 합성하고 원제를 비틀어 적어놓는 것이었다. 웃음을 유발하는 것은 물론이고 비판의 대상이 지닌 모순을 날카롭게 들춰내는 딴지일보의 합성 이미지들은 폭발적인 반응을 얻었다. PC통신에서 월드와이드웹WWW으로 전환되던 바로 그 시기에 한국 사이버 문화콘텐츠의 기원이 싹튼 것이다.

딴지일보가 생산한 수많은 콘텐츠가 웃음만 준 것은 아니었다. 1999년에 발표된 한 논문은 딴지일보가 형식상으로는 도발적일지 몰라도 담론 자체는 "기존 신문과 유사한 성격"을 가지고 있음을 지적하면서, 딴지일보를 통해 "성차별적, 가부장적 담론이 재생산"되고 있음을 비판했다. 딴지일보로 대표되는 사이버 대안 매체가 해방성을 가지고 있다는 생각은 지나치게 낙관적인 시각이며 순진한 기대라는 것이다.[7] 백욱인 역시 딴지식 패러디가 지닌 한계를 조심스럽게 예상했다. 그는 "생산적인 패러디는 일상의 대상에 대해 구체적인 통찰을 일깨우는 것"이라 할 때, 패러디의 진정한 의미는 "당대에 대한 비판을 통해 시대의 현실과 자신의 처지를 새롭게 각성하는 데 있다"고 주장한다. 즉, 패러디를 통해 비판의 대상인 권력 집단을 까발리는 것, 그리고 그로 인해 얻는 카타르시스도 중요하지만 그만큼이나 자신을 둘러싼 세계에 대한 성찰 또한 이끌어낼 수 있어야 한다는 것이다. 성찰 없는 카타르시스는 또 다른 보수일 뿐이라는 주장이었다.[8]

실로 패러디는 "현실, 특히 퇴행적 정치 상황에 대한 냉소"이며, "거대 권력들, 특히 정부, 기업, 언론에 대한 조롱과 냉소는 이를 지켜보는 수용자들에게 심리적 경멸의 자족적 헛웃음과 대리만족을 선사"[9]한다. 패러디는 생산자와 수용자가 '소수자' 혹은 '약자'의 위치에 있을 때 강한 소구력을 가진다. 패러디라는 장르는 "원본 텍스트의 합법성에 의문을 제시하는 힘을 가지고 있지만, 근본적으로 원본의 존재와 권위에 의존"[10]한다는 점에서 소수자 친화적이다. 그러므로 패러디는 웃음이론의 두 갈래 전통 중에서 대비이론에 가까운 웃음을 유발한다. 원전, 즉 현존하는 권력의 민낯을 낱낱이 까발림으로써 발생하는 카타르시스가 패러디의 핵심적인 동력이라 할 때, 패러디의 소수자성은 다시 드러난다.

그러나 패러디가 소수자성을 가지고 있다고 해서 언제나 정당성이 확보되는 것은 아니다. 거대하고 명시적인 권력에 비한다면 소수자성이 명백하지만, 미시적 차원, 특히 젠더권력의 차원에서 보자면 철저히 남성의 시각을 가진 것이 딴지일보와 그 이후의 패러디였다. 이는 패러디가 또 다른 보수성을 내포할 수 있음을 드러낸다. 이때의 보수성은 자신을 '피해자'의 위치

　　　　　　　　　　　　보통 일베들의 시대

에만 놓을 뿐 자신 또한 가해자일 수 있다는 상상은 부재한 데서 기인한다. 패러디가 불러일으키는 해방감은 권위나 허위의식을 '까발리는' 데 있지만, 다른 한편으로는 패러디의 대상이 된 이에게 자신의 죄를 대속시키는 데도 있기 때문이다.

또한 백욱인의 지적처럼, 딴지일보가 개척한 패러디는 성찰을 전제로 한 웃음을 불러일으키지는 않는다는 점에서 여전히 그것을 보고 웃는 이들의 우월감이 도사리고 있다. 사이버문화의 초창기에 해당하는 2000년대 초중반까지만 해도 패러디의 대상은 당시 한나라당이나 자유민주연합(자민련) 같은 보수정당과 그 지지자들이었다. 특정 지역민들의 보수정당에 대한 일관된 지지는 필연적으로 해당 정당을 '밀어주는' 지역과 지역민에 대한 비하를 요청한다. 이 요청에 가장 적극적으로 응답하는 유행어가 '고담 대구'라고 할 때, 기상천외하고 잔혹한 범죄와 비리가 넘쳐나는 가상의 도시 '고담 Gotham'*과 대구를 합성한 이러한 조롱은 '지역드립'이면서도 보다 근본적으로는 보수정당을 '콘크리트'처럼 받쳐주는 대구 시민들에 대한 조롱이기도 했다. 스스로를 '깨어 있는 시민'으로 여기는 '웃는 이들'은 자신들의 정치적 반대파를 무식하고 비윤리적이며 비양심적인 이들로 몰아세웠다. 한국 사이버 정치의 맥락에서 패러디라는 양

---

*   미국의 만화출판사 DC코믹스의 대표작 〈배트맨〉에 나오는 가상의 도시 이름이다. 성경에 등장하는 타락의 도시 소돔과 고모라의 글자를 조합해 고담이라는 이름을 지었다는 것은 유명한 일화이다.

식의 확대는 정치적 담론을 웃음으로, 그중에서도 냉소와 조롱으로 대체하는 역효과를 가져왔다.

디시인사이드의 부상과 '짤방'의 정착

딴지일보가 패러디로 대표되는 사이버 밈의 형식을 제안했다면, 그것을 심화·발전시킨 것이 바로 디시인사이드(이하 디시)다. 디시는 디지털카메라의 보급이 급속도로 팽창하던 1999년 '김유식의 디지털카메라 인사이드'라는, 디지털카메라 동호인 사이트로 시작한 커뮤니티 포털이다. 이때 커뮤니티 단위는 특정 주제에 대한 사진을 올리는 각각의 '갤러리'로 규정할 수 있다. 2020년 8월 기준 디시에는 3,000여 개 갤러리가 개설되어 있으니, 2000년부터만 계산하더라도 2.4일에 1개꼴로 새로운 갤러리가 생긴 셈이다. 그러한 갤러리들에는 디시 초기부터 존재한 역사갤러리에서부터 초거대 갤러리인 야구갤러리, 야구갤러리에서 분화된 10개 구단의 개별 갤러리, 종영한 지 10년이 넘은 드라마 〈하얀거탑〉갤러리, 한강 가기를 동네 구멍가게 가듯 하는 주식갤러리, 데뷔를 앞둔 아이돌이나 고려대학교 맛집인 영철버거를 주제로 하는 갤러리에 이르기까지 분야를 가리지 않는다.

원칙상 갤러리에서는 그 갤러리의 '주제'에 맞는 사진을 올려야 하는데, 이러한 사진을 일컬어 '짤'이라 부른다. 짤이란 '잘(짤)림 방지용 사진'의 준말이다. 짤은 디시가 디지털카메라 동호회에서 출발했다는 것을 보여주는 유물이자 각 커뮤니티를 여전히 '갤러리'로 부르는 이유이며, 무엇보다 디시가 여전히 사이버문화의 최전선을 이끄는 문화적 원동력을 갖게 된 창조성의 원천이다. 딴지일보의 패러디 이미지들이 합성과 컨셉, 메시지 등을 구성하는 '공력'과 사회적 맥락을 투여한 작품이었다면, 디시에서 유래한 짤들은 공들여 촬영한 사진에서부터 그림판으로 쓱쓱 그려낸 (성의 없는) 그림, 웹상에서 주워온 아무 짤(짤줍)에 이르기까지 경계가 없다. 패러디의 시대에도 그다지 중요하게 요구되지 않았던 '퀼리티'는 짤을 만나며 더욱 그 중요성이 사라졌다. 모든 사람이 각자의 방식으로 짤(자짤)을 만드는 짤의 시대가 열린 것이다.

이와 함께 모두의 짤이라 할 만큼 대중적으로 유명한 짤들이 생겨났다. '개죽이'와 '싱하'처럼 디시를 상징하는 짤에서부터, '엽기'시대부터 유명한 '아시안 프린스' '달러 멘디' 아햏햏 시절의 '딸녀' '핥녀' 등 셀 수 없을 만큼 많은 짤들이 등장했다. 디시에서는 이들을 한데 모아 '필수요소'라 불렀다. 무엇을 위한 필수요소인가? 디시 특유의 합성콘텐츠를 만들기 위한 필수적인 재료라는 것이다. 이를 바꿔 말하면, 짤 또는 필수요소의 원본은 별 의미가 없다고도 할 수 있다. 하나의 짤은 다른 짤, 또는 다른 맥락에 합성·결합될 때에야 비로소 목적(웃음)을 달성할 수 있기 때문이다. 이 짤과 짤의 탈맥락적 결합은 합성콘텐츠 제작의 새로운 모티브가 되었다.

이런 작업의 최고봉은 2008년의 빠삐놈 시리즈였다. 이 전설 같은 작품(들)은 엽기갤러리의 한 이용자가 영화 〈좋은 놈,

나쁜 놈, 이상한 놈〉(2008)의 배경음악으로 삽입된 산타 에스메
랄다의 〈Don't Let Me Be Misunderstood〉가 빠삐코 CM송과
유사하다는 것을 발견, 두 곡을 합성한 데서 시작됐다.* 이 게
시물은 말 그대로 폭발적인 반응을 불러일으켰고 곧장 힛갤^{hit}
gallery로 직행하게 된다. 이러한 분위기에 디시에서 암약하던 금
손들 역시 호응했다. 당대의 모든 합성 필수요소들이 하나둘 끼
어들더니, 기존의 두 곡 외에도 엄정화의 〈D.I.S.C.O〉, 구준엽의
〈왜〉, 전진의 〈Wa〉, 이효리의 〈U-Go-Girl〉 등이 추가로 합성되
며 빠삐놈 시리즈는 분화에 분화를 거듭했다. 이 모든 창작물들
은 "빠삐놈병神디스코믹스"라는 제목의 게시물로 집대성되었
다.** 빠삐놈은 집단 창작으로 만들어진 창의성의 총합인 만큼
이나 '짤'의 범위가 이미지를 넘어 음원과 영상으로까지 확장
된 계기라는 점에서 사이버문화사에 일대 전환점을 마련한 기
념비적 작품이다. 이후 유머코드로서의 음원이 본격적으로 각
광받기 시작하면서, 유명 인사들의 목소리는 필수요소화되었
다. "내가 고자라니"라는 불후의 명대사로 유명한 드라마 〈야인
시대〉의 등장인물 심영, 게이 포르노 배우 빌리 헤링턴 등은 오
랫동안 필수요소로서 디시 이용자들에게 사랑받았고, 노무현,

---

* 해당 게시물은 다음의 링크에서 볼 수 있다. https://gall.dcinside.com/
board/view/?id=hit&no=6407&page=1

** 해당 게시물은 다음의 링크에서 볼 수 있다. https://gall.dcinside.com/
board/view/?id=hit&no=6417 영상만 보고자 한다면 다음의 링크를 참고
하라. https://www.youtube.com/watch?v=9G9rIzN9E6w

이명박 두 전직 대통령의 목소리 또한 '인간 관악기'가 되어 여러 합성콘텐츠에 활용되며 필수요소의 하나로 자리매김하고 있다.

2. 사이버 여론은 진보적이었나

'인터넷=진보'라는 신화

PC통신, 나아가 딴지일보 이후 한국 사회에는 '온라인 여론은 진보적'이라는 통념이 있었다. 이 같은 통념 또는 신화는 지금까지도 '댓글 알바'와 같은 호명으로 이어지고 있다. 이는 한국에서의 정치·사회적 진보 성향이 40대 미만 청년층에게서 두드러진다는 통설에 의존하는데, 실제로 한국의 인터넷 이용률은 오랜 기간 동안 청년층이 이끌어왔다. 예컨대 2002년 한국인터넷정보센터의 〈인터넷 이용자수 설문조사〉에 따르면 10대에서 20대의 인터넷 이용률은 85%를 상회하는 한편, 30대 66.7%, 40대 38.9%로 나타나며 청년층의 인터넷 사용률이 압도적으로 높았음을 알 수 있다. 이와 유사하게 2010년 〈인터넷 커뮤니티 이용 현황〉에 따르면, 인터넷 동호회 등에서의 게시물 등록 여부를 묻는 질문에서 10대의 21.9%, 20대의 32.9%, 30대의 23.9%가 게시물을 등록한 적이 있다고 답한 반면, 40대는 15.4%, 50대는 6.8%만이 그렇다고 답해 고연령층일수록 인터넷 게시물 등록 활동에 대한 참여율이 낮아지는 것으로 나타났다. 또한 2002년 16대 대통령선거 이후 세대 균열은 지역 균열과 함께 중대한 갈등 축으로 주목받았는데, 청년층은 더불어민주당 등 범민주당 계열 정당을, 중년층 이상은 국민의힘 등 범민자당 계열 정당을 지지해왔다. '인터넷은 젊은 사람들이 많이 쓴다' '젊은 사람들은 온라인 커뮤니티에 적극적으로 참여한다(즉, 여론을 형성한다)' '젊은 사람들은 진보 계열 정당을 지지한다'는 느슨한 사실 또는 가정들의 연속은 '온라인 여론은 진보적이다'라는 통설을 만들어내는 데 일조했다.

하지만 정말 그럴까. 과거 온라인 여론의 지형을 확인하기 위해 2007년부터 2013년까지 한국 포털사이트를 대표하는 네이버와 다음의 사회면 뉴스 중 가장 많은 댓글이 달린 기사 20개씩 총 280개의 기사에 달린 댓글을 분석해보았다. 그 결과 2008년 초반까지는 네이버와 다음 모두 '진보적'인 견해가 우세했던 것으로 나타났다. 많은 사람이 노무현 당시 대통령을 지지하고 '조중동'으로 대표되는 보수언론을 비난하며 당시 한나라당 등 보수정당에 대한 강한 불신을 표출했다. 지역감정도 드러나기 전이었다. 이때만 해도 호남과 영남을 막론하고 지역에 기반한 편견을 드러내는 댓글이 있으면 많은 네티즌이 '진짜 빨갱이는 지역감정을 조장하는 당신'이라며 비판하는 모습을 쉽게 발견할 수 있다.

그러나 이러한 경향을 사이버 여론의 진보 성향으로 해석하기에는 무리가 있다. 정치적으로는 비교적 범진보 계열 정당에 대한 지지가 엿보이지만, 그 외 나머지 영역에서는 '보수적'

인 의견들이 많은 추천을 받았기 때문이다. 특히 여성에 대한 비난의 경우, 이미 2007년부터 여성가족부가 모든 문제의 근원이라는 식의 태도가 공고했다는 점은 주목할 만하다. 병역에 관한 논쟁이 벌어질 때면 언제나 '군대 가서 희생하는 남성' 대 '군대도 가지 않고 평화를 누리는 여성'이라는 프레임이 강고하게 작동하며 성 대결을 촉발했다. 이는 기성 언론을 비롯한 사회적 여론이 IMF 이후 가시화된 한국 사회의 좌절이나 분노의 에너지를 남녀 간의 대립 구도로 전이시켜 여성혐오를 방조했을 뿐 아니라 적극적으로 조장했다고 말한 배은경의 지적과 일치한다." 환언하면 진보를 자임하던 네티즌들도 젠더 문제에 대해서만큼은 상당히 보수적인 의견을 가지고 있었다는 것인데, 이러한 경향은 통상 사회면에 실리는 다양한 사건·사고들에 대한 반응에서도 마찬가지였다. 일례로 2007년 가장 많은 이슈가 되었던 청소년 두발자유화 문제만 하더라도 당시 많은 사람들은 '학생은 학생다워야 한다'는 주장을 제기했다. 다시 말해 학생들의 두발 규제는 물론이거니와 야간자율학습, 교복 착용, 교사의 권위에 있어서도 강한 지지를 표하는 모습이 나타났다. 두발자유화와 관련된 한 기사에 달린 다음의 댓글은 학생들의 자유와 인권에 대한 당시의 인식을 꽤나 명료하게 보여준다.

전원 다 반삭[반삭발] 시켜야 돼. 인권? 개 같은 소리 하고 있네. 늬[너희]들이 뭐가 잘났다고 인권 찾냐? 공부해야 할 학생이 머리 잘렸다고 인권이나 운운하고 정말 하찮다, 증말!

인권의식이 그렇게 높은 녀석들이 화장실에서 몰래 담배 피우고, 교실 복도에서 가래침 뱉고 다니냐? 외국에서 머리 자유화하면 늬[너희]들도 따라 해야 한다는 보장 있냐??
평소에는 다른 나라 욕 잘하는 넘[놈]들이, 왜 이럴 때면 외국 제도 찾아??
늬[너희]들이 머리 자유화시킬 정도로 그렇게 윤리의식이 높아?? 머리 때메[때문에] 정말로 공부 장애[방해] 안 받을 수 있다고 생각해? 수업 중에 수시로 머리 만지고, 딴청 피우는 거 내가 수도 없이 봐왔다. …… 아직도 대한민국 중고딩들은 멀었어, 정말 한참 멀었어…… 지들 필요한 거만 개선되길 바랬[랐]지, 어디 타인을 위해서 [자신이] 고쳐야 할 점을 생각해본 적은 있었나!?

이러한 양대 포털사이트 뉴스 댓글의 동질성이 가시적으로 분화된 것은 2008년 6월 중순, 다시 말해 촛불집회가 소강 상태로 접어든 직후부터인 것으로 보인다. 2008년 미국산 소고기 수입 반대 촛불집회는 그동안 다시 정치사회갤러리 등에 소규모 혹은 파편적으로만 존재해오던 사이버 보수세력이 결집하게 된 계기였다. 촛불집회는 '노노데모' 등 보수 성향 인터넷 카페가 대두한 직접적인 원인이었으며, 정치적 이슈에 대해서만큼은 진보 일변도라 할 만한 여론 지형에 커다란 변화를 일으킨 분기점이었다.[12] 이러한 분화는 네이버 뉴스 댓글의 급격한 보수화로 표현된다. 반대로 다음은 촛불집회, 나아가 2009년 미네르바 사건* 당시 논의의 중심이 되었던 '아고라'**에서 볼 수 있었듯 진보 성향 댓글이 지배하게 됐다. 이러한 분화, 혹은 균열은 같은 해 일어난 박왕자 씨 피살 사건***을 거치며 더욱 명백해졌고, 결정적으로 2010년 천안함 피격 사건 이후 돌이킬 수 없는 현상이 되었다.

〈그림 1〉에서도 확인할 수 있듯이 2008년 이후 양대 거대 포털에 게시되는 댓글의 정치적 성향은 확연히 구분된다. 그러나 그보다 중요한 것은, '사이버 양극화'로 불리는 테제는 좌우의 분열이 명료해졌다는 것보다도 이른바 진보로 알려진 다음 이용자들의 고립, 혹은 게토화이다. 각 포털 뉴스의 '최다 댓글

---

* 2008년 외환위기를 전후로 다음 아고라에서 '미네르바'라는 필명으로 경제변동 추이 및 예측 관련 글을 써서 많은 이들의 지지를 받았던 박대성 씨가 허위사실 유포 혐의로 체포 및 구속되었다가 석방된 사건이다. 당시 인터넷에서는 미네르바의 정체에 대한 수많은 추측이 난무했는데, 체포된 박 씨가 '전문대 출신'이라는 사실이 밝혀지자 미네르바 지지자들 사이에서는 미네르바의 신뢰를 떨어뜨리려는 조작이라며 음모론이 제기되기도 했다. 자세한 사항은 위키백과 '박대성(1978년)' 항목 참고. https://ko.wikipedia.org/wiki/%EB%B0%95%EB%8C%80%EC%84%B1_(1978%EB%85%84)

** 포털사이트 다음에서 서비스하던 토론게시판으로, 그리스의 아고라에서 그 이름을 따왔다. 미네르바 사건은 물론 2008년 촛불집회 당시 (특히 진보·리버럴) 여론의 집결지 역할을 했다. 2019년 1월 7일부로 서비스가 종료·폐지되었다.

*** 2008년 7월 11일 새벽, 금강산 관광을 하던 박왕자 씨가 북한군 초병에 의해 피살된 사건을 말한다. 이 사건을 계기로 1998년부터 이어지던 금강산 관광이 중단되었으며, 이후 남북관계는 천안함 폭침 사건, 연평도 포격 사건 등을 거치며 악화일로를 걷게 된다.

그림 1　　2008~2013년 월간 네이버·다음 뉴스 댓글의 정치 성향 변화 추이

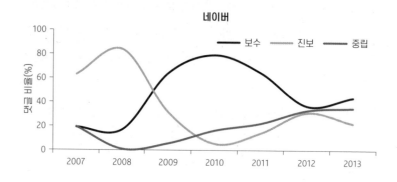

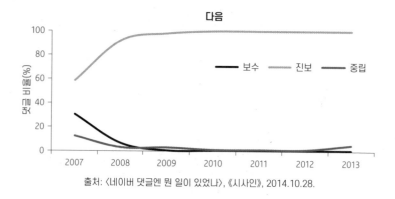

출처: 〈네이버 댓글엔 뭔 일이 있었나〉, 《시사인》, 2014.10.28.

수' 기사를 기준으로 분석한 한계가 있다 하더라도 2012년 대선 기간을 전후로 댓글 분포가 가운데로 수렴해가는 네이버와 달리 다음은 진보 지지 일변도의 추세가 변하지 않았다. 그림의 출처가 되는 기사에서의 분석대로 이는 사이버 양극화라기보다는 당시 "야당과 진보 엘리트, 즉 '공급자의 실패'"가 만들어낸 허상으로 봐야 할 것이다. 다시 말해 네이버에서 진보 네티

즌이 '사라져' 다음으로 이동한 것이 아니라, 네이버에서 보수 네티즌의 주장이 더 설득력 있게 받아들여졌다고 (즉, 선택되었다고) 보는 편이 옳다. 댓글 여론 조작이라는 인위적 개입이 불가능한 것도 아니며, '드루킹 사건' 등에서 확인된바 그러한 시도가 '보수세력'만의 전유물도 아니다. 그뿐만 아니라 특정 팬클럽 카페 등에서 '좌표'를 찍고 총공세를 벌이는 등의 상황까지 고려한다면, 사이버 여론의 양극화라는 테제는 존립할 공간이 거의 없다.

그렇다면 2010년 이후 한국 인터넷 담론장의 문제는 다음과 같이 정리할 수 있다. 첫째, 주도적으로 이슈를 끌고 가지 못한 진보담론의 리더십 부재. 둘째, 다음(아고라)을 필두로 한 '진보' 커뮤니티의 게토화. 셋째, 두발자유화 문제에서부터 2015년 4월 이후 새롭게 그어진 반여성 전선에서까지 볼 수 있는 '진보 네티즌' 자체의 보수성. 넷째, 자신의 오류 가능성을 부정하고 상대편을 악마화하는 성찰 불가능성. 이러한 문제는 지금의 일베가 나타날 수 있는 훌륭한 토양을 제공했다. 첫 번째 문제는 진보담론 부재로 인한 전략적 공백을 일베가 선점할 수 있는 담론적 공간을, 두 번째 문제는 진보담론 자체의 자생력이 상실됐다는 의미에서 일베의 공격이 갖고 있는 파괴력을 극대화하는 전략적 우위를 제공했다. 세 번째 문제는 '민주주의' '정권'과 같은 거대담론에 매몰되어 데이트 비용과 같은 생활 정치 영역에 대한 관심이 부재하게 된 결과 '김치녀 담론' 등 보수적·'윤리적' 가치에 기댄 일베의 주요한 공격을 사실상 방치하게 되었으며, 특정 진영에 속한다고 믿는 사람들이 가진 정당성에 대한 확신과 그로 인한 성찰 불가능성은 음모론적 세계관, 또는 '순수성'에의 희구를 강화하며 소통을 통한 문제 해결의 가능성을 축소했다.

2008년의 촛불과 '순수한 시민'

2008년 촛불집회는 대규모 시위를 주도하는 핵심 단체 없이 '순수한 시민'이 인터넷을 매개로 성사시킨 집회라는 점에서 민주화 이후의 대중 동원을 특징짓는 대표적 사례다. 당시 다음 아고라에서는 집회에 참여하거나 그 취지에 공감했던 시민들이 모여 이명박 정부의 '폭력 진압'을 문제삼았고, 광우병 등 미국산 소고기의 안정성 문제, 나아가 한미 FTA 협상 결과가 굴욕적이라는 토로에 이르기까지 다양한 의견이 표출됐다. 현 정의당의 전신인 당시 진보신당은 인터넷 방송인 '칼라TV'를 통해 집회 현장을 85시간 동안 실시간으로 중계하는가 하면, 아고라와 디시 등에서도 집회의 분위기를 전하는 게시물이 속속 올라왔다.

이 집회를 상징하는 이미지는 단연 '촛불소녀'였다. 서울시 청계광장에서 시작된 2008년 촛불집회의 초창기, 촛불을 든 중고등학생 '소녀'들은 이전까지의 집회에 대한 이미지, 즉 사상적으로 무장한 성인들의 조직화된 저항이라는 스테레오타입을 완전히 벗어난 것이었다. 2002년과 2004년에도 '촛불을 든 평화로운 야간집회'라는 형식은 존재했지만, 그 중심에는 운동권이나 '노사모(노무현을 사랑하는 사람들의 모임)'라는 핵심 조직이 있었다. 하지만 소고기라는 생활 정치 의제와 결합된 2008년 촛불집회에서는 촛불소녀로 대표되는 '순수한 시민'이라는 상像이 집회의 주체이자 배후가 되었다. 운동권의 상징과도 같은 깃발은 그것이 정치적 조직의 정체성을 상징하는 한 설 자리가 없었다. 촛불의 광장에서 휘날릴 수 있는 정체성은 '유모차부대'나 '솔로부대'처럼 개인의 정체성만이 허용되었으며 당시의 광장은 집회나 시위 같은 정치적 규정보다 '문화제'라는 이름으로 불리길 선호했다. 이처럼 "촛불시위 참가자들 다수는 그 어떤 조직에도 구속되는 것을 꺼"리며 "비장함과 강인함"대신 "문화적, 예술적 상상력과 재기 발랄함"을 통해 집회를 "축제의 장"으로 만들었다는 평가를 받았다.[13]

그러나 2008년 촛불집회는 승리의 경험이기보다는 패배의 쓴맛에 가까웠고, 집회 반대자들에게도 거대한 '트라우마'를 남겼다. 우선 집회 참석자들의 경우를 들여다보자. 촛불집회 참석자들은 "두 달이 넘는 기간 동안 그토록 강렬하게 타올랐던 촛불들은 이명박 정권이 펼쳐나갈, 다양한 형태의 국가폭력들(강정, 용산, 쌍용자동차), 반민주적/반서민적 정책들, 4대강 사업 등의 주요 정치 문제들에 대해 어떤 통제력과 영향력도 행사하지 못하는 당황스런 무기력을 체험"하는 정치적 무력감을 겪었다.[14] '순수한 시민'이라는 표상은 직접민주주의에의 도달 불가능한 욕망을 자극했다. 모두가 '정의로운 단독자'로서 각자의 판단과 양심에 따라 행동한다는 달콤한 테제는 자신(들)과 다른 생각이나 행동을 하는 동료 시민의 참여를 배제하거나 의심하는 의사소통적 정체에 빠지게 했다. 이는 결국 정치 행위의 본질인 "대화와 타협을 통한 최적의 이익 재분배라는 원칙 자체를 부정하며 대의정치의 원칙이 설 자리를 몰수했다".[15]

그렇다면 이때 '순수'하다는 것은 무엇을 의미하는가? '정치적이지 않음'이다.[16] 정치적이라 함은 곧 이해관계에 얽매여 있고, '단독자'인 개인의 판단이 아닌 배후에서 조종하는 정파의 존재가 있음을 암시한다. 가장 대표적인 것이 '유민 아빠' 김영오 씨다. 자신의 딸이 왜 세월호에서 죽을 수밖에 없었는지를 물으며 수십 일이 넘도록 단식을 한 그를 두고 일베는, 그리고 보수언론은 '유가족의 자격이 없음'을 선언했다. 그가 '전라도' 출신이자 '금속노조' 조합원이라는, '빨갱이'의 속성을 가진 사람이었기 때문이다. 이런 주장은 (그 추악함과는 별개로) 널리 퍼졌고 여전히 영향력을 발휘하고 있다. 감히 입 밖에 꺼낼 수 없을 정도로 비열한 언사로 표현된 이러한 주장에 무시할 수 없는 수의 시민들이 "이제 그만하자(또는 '그만해라')"라는 말로 심정적인 동의를 표했다. 이는 2008년 촛불집회 이후 한국형 대중집회의 주요한 형식이자 의미가 된 '순수한 촛불시민'이라는 헤게모니가 너무나도 잘 작동한 결과이며 '순수한 촛불시민'은 다름 아닌 촛불집회에 참석한 당사자들이 스스로를 규정한 말이었다. 하지만 이러한 '순수성'에의 집착은 당사자를 제외한 이들의 발언권을 빼앗을 뿐 아니라 어떤 사안에 얽혀 있는 권력관계를 회피하고자 하는 의지일 따름이다.[17]

보통 일베들의 시대

또한 집회 참석자들은 강한 반지성주의를 보여주기도 했다. 촛불의 역사를 기록했다는 《오마이뉴스》의 기사에서, 글쓴이는 촛불집회 참석자들이 "누구인가가 자신을 가르치려 들거나 이끌려고 하면 강한 거부감을 드러내기도 했다"라고 진술하고 있는데, 이는 전형적인 반지성주의적 태도이다.* 다음 '아고라'에 터 잡고 현실의 '광장'에 나와 각자의 소신 발언을 이어가는 이들에게 반지성주의가 나타나는 것은 결코 이상한 일이 아니다. 이들에게 민주주의의 효능감은 최대로 달해 있었고, 이런 환경에서는 각각의 의견이 모두 중요해진다. 각자의 의견이 사실에 근거한 것인지 아닌지는 중요하지 않다. 주정에 가까운 소리라 할지라도 발언의 말미에 'MB OUT'을 외치면 박수 받을 수 있다. 이 같은 '민주적' 상황에서 전문가의 의견은 중요한 것으로 여겨지지 못한다. 이때의 전문가 의견이란 오히려, 민주적 소통의 장에서 전문가라는 권위를 앞세운 폭압이며 따라서 민중에 반하는 엘리트주의자라는 불만만 살 뿐이다. 이런 환경에서는 "모든 게 의견의 문제가 되고, 모든 관점이 평등이라는 이름의 최소공약수로 끌려""[18]가게 된다. 촛불집회가 보여준 탈권

---

* 〈2002, 2008…… 그리고 2016, 이것이 촛불의 역사다〉, 《오마이뉴스》, 2016.11.14. 글쓴이는 이 글의 말미에서 "촛불시위가 펼쳐낸 '광장의 정치'는 시민 한 사람 한 사람이 온전히 세상의 중심이고 이 나라 주인임을 확증해준 자리"였다고 말하며 "엘리트주의에 오염된 국회와 정당, 정치 시스템을 어떻게 혁신해야 할지 준엄한 숙제를 던졌다"라는 말로 글을 마치고 있다. 촛불시민과 (지배자) 엘리트 간의 갈등이라는 이분법적 인식론은 '순수한 시민'이라는 환상이 반지성주의와 만나는 한 전형을 보여준다.

위와 재기 발랄함은 정보화와 맞물리며 자신의 의견을 지지하지 않는 의견은 기각하고 자신의 믿음에 부합하는 의견만을 받아들이는 확증 편향의 강화로 이어지기도 했다.

반면 집권자들에게 촛불집회는 하나의 공포였다. 집회가 절정으로 향하던 순간 당시 이명박 대통령이 참모들을 질타하며 "1만 명의 촛불은 누구 돈으로 샀고, 누가 주도했는지 보고하라"[19]라고 한 말이나, 다음 아고라에 촛불집회를 공지한 '권태로운 창'이라는 이용자를 집회와 시위에 대한 법률 위반 혐의로 구속한 것, 리먼 브라더스 사태 당시 아고라에서 '경제대통령'으로 추앙되던 미네르바를 구속한 것 등은 촛불집회에 대한 트라우마의 일면을 보여준다. 또한 촛불집회 과정에서 나타난 '소화기남' 사건,* '여대생 사망설'** 등의 루머나 폭력 사태를 목도한 이들의 실망감과 배신감도 나타났다. 촛불집회 참석자들이 '깨어 있는 시민'이기는커녕 '선동과 날조', '감성팔이'에 빠진 '촛불 좀비'라는 규정이 생겨난 것이다. 디시의 보수화와 일베의 맹아는 이 같은 환멸에서 비롯된다.

---

*   2008년 촛불집회가 격화되던 무렵, 경찰 차벽에 올라 경찰을 향해 소화기를 휘두르던 집회 참석자를 둘러싼 논쟁을 의미한다. 당시 인터넷에서는 소화기를 휘두르던 '소화기남'이 촛불집회에 '폭력 사태'라는 프레임을 씌우려는 경찰의 '프락치'라는 음모론이 돌았고, 이는 적지 않은 지지를 받았다.

** 촛불집회가 격화되던 시점인 2008년 6월 1일 새벽, 집회 참석자 중 20~30대로 추정되는 한 여성이 경찰 연행 과정에서 사망했으며 충북 옥천에서 유기한 시신이 발견됐으나 경찰이 은폐했다는 내용의 루머이다.

보수로 거듭난 디시

오늘날 정치적 의견이라는 측면에서 디시는 '보수적'이라는 평가를 받는다. 하지만 2000년대 초반까지만 하더라도 디시는 여느 온라인 커뮤니티와 다르지 않은 진보 성향을 띠었다. 온라인 커뮤니티 이용자들의 인구통계학적 특성이나 문화자본, 즉 딴지일보의 패러디로 대표되는 문화적 축적을 고려할 때 놀라운 일은 아니다. 디시 안에서도 정치사회갤러리(이하 정사갤)는 2002년 대선 과정에서 제2의 '노사모'라고 불릴 만큼 노무현 전 대통령에 대한 지지세가 강했으며, 반한나라당(현 국민의힘) 성향이 짙은 갤러리였다. 노무현 전 대통령 탄핵 반대 집회 당시 '개죽이' 깃발을 만들고 광장을 메운 것도 정사갤 이용자들이었으니, 당시의 이들을 정치적 '진보'라라 불러도 무리가 없을 것이다.[20]

노무현 전 대통령 탄핵 무효 선고와 17대 총선의 '승리' 이후 정사갤의 영향력은 증명된 것처럼 보였다. 정사갤 이용자들에게 '무적의 투표부대'의 핵심으로 현실 정치에 영향을 끼칠 수 있는 존재라는 자신감이 생긴 것이다. 김근태 당시 보건복지부 장관과 임종석 당시 열린우리당 대변인과의 초청 토론회를 연달아 개최한 것도 이런 자신감의 표현이었다. 여당 정치인들과의 '몸풀기'가 끝난 이후 정사갤은 '보수세력'에 대한 직접 타격을 기획한다. 당대의 보수 논객이자 당시로선 매우 드물었던 여성 대변인인 전여옥 한나라당 의원과의 '매치'를 성사시킨 것이다. 토론 공지글의 댓글에는 정사갤 이용자들이 남긴 사전 질문이 수백 건을 넘겼다.* 정사갤 이용자들은 자신만만했다.

그러나 결과는 정사갤의 완패였다. 기자이며 작가이자 국회의원으로서 전여옥이 지닌 수십 년의 내공, 질문에 대한 능란한 답변, '팩트'에 근거한 반론을 버텨낼 수 없었던 것이다. 이 사건은 이른바 '여옥대첩' 혹은 '오크의 난'으로 회자되었고, 숨죽이던 보수 성향 네티즌들은 환호성을 내질렀다. 토론 이후 정사갤은 온라인 커뮤니티계에서 다시는 '진보적' 목소리의 구심으로 작용하지 못했고, 이 사건을 계기로 정사갤에서의 진보적 목소리는 급격히 수축한 반면 보수적 목소리는 크게 증폭되었다. '키보드 워리어'로 요약할 수 있는 '입진보'들의 무능과 '선동'으로 대표되는 감정적이고 무비판적인 자파 옹호에 대한 환멸, 그리고 그들이 결코 반박할 수 없는 '팩트'로 그들을 침묵시켰다는 데 기인한 보수 성향 이용자들의 쾌감은 정사갤을 보수 일변도의 커뮤니티로 뒤바꿔놓았다.

하지만 정사갤의 의미를 단순히 우파 네티즌들이 집결한 최초의 장소로 한정해서는 안 된다. 정사갤은 오늘날 일베로 대표되는 사이버 보수주의의 이데올로기와 행위 지침을 마련한 무기고였다. 이들은 끊임없이 새로운 '말'을 개발해냈다. '선동'이나 '팩트' '광우뼝'과 같은 말은 무기화된 말의 대표적인 예라

---

*   토론 관련한 당시의 상황과 몇 가지 사전 질문의 내용은 다음의 기사에서 살펴볼 수 있다. 〈전여옥, 6일 '디시 폐인'들과 맞장토론 벌인다〉, 《오마이뉴스》, 2004.11.1. "페미니즘의 본질은 양성평등이냐, 여성우월이냐"는 사전 질문이 이채롭다.

할 수 있다. '정의' '수구' '친일' 등 진보파가 휘둘러온 무기들은 보수파의 새로운 무기에 대응하지 못했으며, 이때의 '팩트'라는 말은 일베에게 직수입되어 그들의 정체성을 구성하는 핵심적인 어휘이자 무기가 되었다. 팩트에의 강조 또는 집착은 (자신은 '좌파'와는 달리) 확인된 사실에 의거하여 합리적 비판을 한다는 '일부심(일베의 자부심)'의 근간을 이룬다. 이것은 '좌좀(좌파 좀비)'들이 기초적인 사실관계도 확인하지 않고 '무식'하게 '선동'당한다는 비웃음을 가능하게 한다.

정사갤 이용자들은 다양한 '신무기'와 함께 새로운 갤러리 이용자들을 확충했다. 다시 말해 디시 특유의 전쟁 의례[rite]에 적극적으로 활용하고 다른 사람들까지도 동원할 수 있는 언어적인 자원을 확보하게 된 것이다. 이로써 정사갤은 보수 성향의 갤러리로 거듭나며 자신들의 의견에 반박하는 갤러리를 공격하여 초토화시킬 수 있을 정도의 강력한 '화력'을 보유하게 되었다.

3. 디시와 일베의 연결고리

개념글을 위해 경주하라

디시의 갤러리들은 gall.dcinside.com으로 시작하는 URL만 공유할 뿐, 각각의 갤러리를 채우는 이용자들이 경험하는 시공은 사실상 완전히 분리되어 있다. 가끔 갤러리 간, 혹은 타 사이트와의 전쟁에서 엉뚱한 갤러리로 불똥이 튀는 불상사*가 있지 않는 한 각 갤러리의 이용자는 각자의 주제에만 골몰한다. 디시에는 일간 100만 건 이상의 게시물과 250만 건 이상의 댓글이 올라온다. 특정 갤러리에 얼마나 많은 사람들이 모여 있는가에 따라 상이하겠지만, '실시간 북적 갤러리' 리스트에 자주 오르는 갤러리는 게시물을 올리자마자 바로 다음 페이지로 밀려나버릴 정도로 글 리젠^{regen}('갱신'을 뜻하는 regenerate의 준말)율이 높다. 웃음이라는 자본을 얻기 위해 유머콘텐츠를 생산하는 이용자들에게 높은 리젠율은 양날의 검과 같다. 많은 사람이 모여 있는 만큼 수많은 댓글이나 추천수 같은 보상을 기대할 수 있지만, 게시물이 다음 페이지로 밀려나는 속도가 지나치게 빠르면 그만큼 주목받을 시간도 짧아지기 때문이다. 고민하며 글을 쓰고 사진까지 첨부하는 공력을 들였는데 그 글이 순식간에 밀려나면 다 무슨 소용인가. 그래서 디시는 '개념글'이라는 장치를 만들었다. 이것은 과거 일간베스트, 즉 '일베'라 불리던 추천 시스템이다. 개념글은 일반화보다도 개별화를 추구하는 시스템이다. 이 시스템으로 게시물은 생명력을 연장할 수 있

---

* 이런 일은 실제로 일어난 적이 있다. 2007년 1월, 일군의 웃긴대학 이용자들이 해외축구갤러리를 공격하려다 곤충갤러리에 난입한 것이다. 해외축구갤러리는 그 축약어인 '해축갤'로도 알려져 있고, 그들의 '행패'가 유명하여 해충갤이라고도 불렸는데, 디시의 문화에 익숙하지 않은 웃긴대학 이용자들이 '해충'을 '곤충'으로 짐작하여 곤충갤러리를 공격했다. 각자가 기르는 곤충의 사진이 올라오던 평화로운 곤충갤러리가 초토화되었다는 후문이다.

고, 갤러리 이용자들은 리젠을 걱정하지 않고 콘텐츠를 생산할 수 있다. 개념글은 하루에도 몇 번이나 바뀌는 갤러리의 떡밥을 정리해주고, 갤러리 이용자들만이 이해할 수 있는 밈들 중 많은 사람의 인정을 받은 콘텐츠를 모아놓아 이용자들의 콘텐츠 생산 활동을 독려하는 기능도 수행한다.

그리고 무엇보다, 개념글은 철저하게 갤러리만을 위한 것이다. 우리가 앞으로 살펴볼 '일베'와 달리, 특정 갤러리의 개념글은 힛갤급 인기를 얻지 않는 이상 디시 이용자 전체를 대상으로 노출될 가능성이 거의 없다. 다시 말해 일베의 일간베스트와 유사한 것은 디시의 힛갤이다. 하지만 디시의 힛갤은 일베의 일간베스트보다 주목도나 활용도가 떨어진다. 힛갤 역시 일간베스트처럼 웹사이트의 첫 페이지를 장식하고는 있지만, 대부분의 디시 이용자들은 자신이 속한 갤러리로 곧장 접속하거나 첫 페이지를 거치더라도 갤러리로 바로 이동하여 개념글부터 살펴볼 뿐이다. 수천 개나 되는 갤러리들 사이에서 자기가 속한 갤러리를 찾아 들어가는 것만으로도 충분히 복잡하기 때문이다.

실례로, 2020년 9월 기준 힛갤에 게시된 최근 게시물 100건의 조회수는 평균 5만 3,000여 회인 반면, 디시 내 최대 규모 갤러리인 야구갤러리(이하 야갤)의 최근 개념글 100건의 조회수는 6만 6,000여 회다. '일개' 갤러리의 개념글이 디시의 3,000개 갤러리에서 고르고 고른 힛갤 콘텐츠보다 더 많은 주목을 받는다. 이는 야갤의 규모가 얼마나 거대한지를 보여주는 것만큼이나, 디시라는 초거대 커뮤니티 포털이 처한 딜레마를 보여준다. 커뮤니티의 지형도가 지나치게 복잡하고 다양해진 만큼 '디시인'이라는 정체성은 희미해졌다. 한때 디시 이용자들은 '적절'하게 '므흣하다'거나 '아햏햏' 같은 디시만의 표현을 썼지만, 커뮤니티의 양적 성장이 거듭되며 과거에 공유되던 공통의 기표 signifier와 상징은 거의 사라졌다. 이제 디시 이용자들은 '디시인'이라는 통합적 정체성 대신 개별 갤러리 이용자로서의 '부족'적 정체성을 추구한다. 갤러리 이용자들끼리만 공유하는 세계관 안에서 그들만의 유머코드를 공유하는 것이다.

이에 따라 디시의 갤러리 이용자들은 힛갤에 가기보다 개념글이 되기 위해 경주한다. 각자의 '재능'과 '노력'을 투여하여 짤을 만들고 외부의 유머게시물을 퍼 나르는 '노동'을 한다. 그것은 '고퀄'일 수도 '병맛'*일 수도 있다. 대개 '높은 품질'의 재화가 많은 '개념(추천)'을 받지만, 갤러리의 높은 리젠율에 의해 순식간에 밀려날 수도 있고, 갑자기 떠오른 새로운 화제(떡밥)로 외면받을 수도 있다. 간신히 1~2개의 댓글과 추천을 받았더라도 최초의 댓글이 부정적이라면 개념글로 등극하기는 어렵다. 다른 커뮤니티에서 보고 재미있다고 생각해서 가져온 게시물에는 금세 '중복'이라는 조롱이 달린다. 몇 시간이나 투여해서

---

* '병신 같은 맛'의 준말로, '어이없고 형편없다'는 평가절하의 의미로 쓰이는 조어다. 이러한 표현에 기인한 병맛문화는 기존의 엽기문화와 루저문화가 결합되어 나타난 장르라고 볼 수 있으며, 특히 웹툰 분야에서 두드러진 사례가 나타난다. 대표적인 '병맛' 작가로 이말년과 엉덩국, 최불암(본명 최의민) 등이 있다.

만든 새로운 합성짤을 올렸는데 그 순간 경쟁 갤러리에서 전쟁을 선포한다면 애써 들인 노력도 허사가 되어버린다. 이 밖에도 개념글 등극을 막는 요소는 너무나 많아서, 개념글은 차라리 몇 가지 우연이 겹쳐 생기는 '사고'라고 해도 틀리지 않은 말이다. 특히 리젠율이 높은 갤러리일수록 '공들인' 게시물이 생존할 가능성은 희박해지고 이용자들은 다른 전략을 구사한다. 투입 대비 성과가 지나치게 낮은 일에 매달릴 이유는 없기 때문이다.

'웃기는 능력'이라는 단 하나의 기준

이에 따라 웃음의 주목경제에서는[21] '반칙'이 횡행한다. 가장 빈번하게 일어나는 반칙은 자극적인 제목에 비해 별 내용이 없는 글이나 사진을 올리는 '낚시'다. 낚시는 PC통신 등 초창기 인터넷에서도 확인할 수 있는 유서 깊은 트롤링trolling 기법[22]이자 가장 초보적인 '반칙'이다. 이러한 낚시는 글쓴이가 그것을 의도하고 작성하는 동시에 해당 게시물을 읽은 사람도 곧 '낚시'임을 인지하게 된다는 점에서 악의 없는 거짓말로 받아들여진다. 또한 많은 사람들을 '낚을' 정도로 창의적인 낚시는 장르화된 짤에 못지 않을 정도로 유명세를 타며 밈으로 인정받는다.

여기서 한 발짝 더 나아간 것이 정체성 사기다. '현직 ○○입니다'로 대표되는 정체성 사기는 글쓴이의 실제 직업이나 성별 등을 밝혔을 때 발언의 신뢰도가 올라간다는 믿음에 기댄 트롤링 기법이다. 예컨대 N번방 사건의 주범 조주빈은 자신을 캄보디아에 거주하는 40대 흥신소 김사장이라 칭했고, 2008년 외환위기 때 '경제대통령'으로 유명했던 미네르바 박대성은 스스로를 '고구마 파는 노인네'라고 소개했다. 이는 익명성의 사이버공간에서 발언의 신뢰를 확보하기 위한 방편으로 가짜 정체성을 내세운 것이라고 해도 틀리지 않을 것이다.

이와 유사하게 나타나는 정체성 사기로는 흔히 '넷카마'로 불리는 성별 전환이 있다. 넷카마란 인터넷에서 활동하는 '여장남자'를 칭하는데, 이는 오카마おかま라는 일본의 성소수자 멸칭에서 유래했으며 대개 인터넷에서만 여성처럼 행동하는 사람을 일컫는다. 넷카마는 '여성형'으로 받아들여지는 어투를 사용하며 이모티콘을 많이 쓰거나 자신의 프로필에 여성 사진을 올려놓는 식으로 자신의 정체성을 속인다. 이들을 정체성 사기의 한 범주로 놓는 것은 이들 대부분이 온라인 커뮤니티나 게임에서 여성이 갖는 '특수 지위'를 노리기 때문이다. 이때 여성이 갖는 '특수 지위'란 기실 여성혐오에서 비롯된 것으로, 여성은 온라인의 맥락을 잘 이해하지 못한다거나 기계치라거나 게임 등에 능숙하지 못하다는 편견이 그것이다. 온라인의 많은 남성들은 이러한 편견에 기반해 '여성'이라고 판별되는 이들에게 접근하여 맨스플레인을 늘어놓거나 특정 아이템을 증정하는 등 여성들의 환심을 사기 위한 행위를 해왔다. 넷카마는 정확히 이들을 겨냥한 정체성 사기 행각을 벌임으로써 사이버공간 특유의 주목경쟁 체제에서 수월성을 획득하고자 한다.

익명성이 보장된 디시와 기타 온라인 커뮤니티에서 이러한 행동이 '반칙'으로 여겨지는 이유는 여성의 존재가 '친목'으로 대표되는 커뮤니티/갤러리의 유대를 불필요하게 강화시킬 수 있다는 불안이 존재하기 때문이다. 디시 이용자들이 보기에 여성은 갤러리 '멸망'의 원인이다. 자신을 여성이라고 밝힌 갤러리 이용자가 나타나는 순간 그에게 특별히 친절하게 구는 사람들이 생기게 마련이고, 그들 간의 '친목'은 기존의 이용자들을 소외시키는 한편 새로운 이용자들이 진입할 수 없는 의사소통의 장막을 드리운다고 여겨진다. 그 힘든 개념글도 '여성'이라는 이유로 쉽게 오를 수 있다. 이는 다시 말해 시장질서는 물론이고 커뮤니티의 도덕률까지도 훼손하는 것이다. 이 때문에 디시인들은 갤러리 구성원들 간의 유대를 의식적으로 거부하는 '친목 금지' 행태를 보인다.

이길호는 2009년 디시의 코미디프로그램갤러리(이하 코갤)에서 시작된 반친목 운동을 설명하며, 디시 이용자들이 개인의 주체성을 독재적 방식으로 억압하면서까지 평등주의를 유지한 이유는 커뮤니티의 존속 그 자체를 위한 것이었다고 지적한다. 즉 갤러리 이용자 개인은 죽어도 갤러리는 유지되어야 한다는 것이다. 한때 스타크래프트갤러리의 위용을 넘보던 와우갤러리는 이러한 금기를 어기고 '친목질'을 용인함으로써 기능을 상실했고, '우리 집'이자 이용자 개개인의 정체성의 일부였던 갤러리가 과거의 활기를 잃은 것에 대한 상처는 트라우마가 되어 다시는 그 같은 일이 벌어지게 놔둬선 안 된다는 결의를 다지게 했다. 코갤에서 일어난 이른바 '리얼 혁명'*은 "주체와 대상의 분리를 상정하지 않으며 …… 사람들은 관계 안의 요소로 수렴

하지 않으며, 따라서 '사회적인 것'이란 폐기"[23]됨으로써 완벽한 평등을 보장할 수 있을 것이란 의도였다. 물론 모든 이용자들이 닉네임을 '리얼'로 바꾸는 것은 오래가지 못했다. 다만, 누구도 서로를 알아볼 수 없어 별 의미 없는 '뻘글'만이 난무하게 되는 상황과 이로 인해 궁극적으로 커뮤니티가 끝장날 가능성이 있는데도 코갤 이용자들이 유미주의적 평등주의를 추구하고자 했다는 점은 특기할 만하다. 이는 디시, 그리고 일베의 문화와 역사를 이해하는 데 중요한 키워드가 될 것이다.

"유명닉이 될 필요성을 찾아볼 수 없"는 "진정한 익명의 도래"이자 모두가 "좆병신"[24]인 평등한 세상에서 모든 사회적인 것은 인위적으로 탈각된다. 각자의 학력이나 재산, 젠더 따위와는 상관없이 동질성의 원리만 남아 각자가 순간적인 기지를 발휘하여 인정받는 공간이라는 커뮤니티의 이념형은 디시문화를 특징짓는 가장 중요한 특성 중 하나이다. 이러한 문화에서 정체성을 밝히는 것은 가장 핵심적인 금기를 건드리는 행위가 된다. 특히 여성이라는 정체성을 드러내는 것, 이른바 '보밍아웃'은 최악의 금기로 여겨지는데, 이는 과거 갤러리의 쇠퇴를 경험했던 이용자들이 공유하는 기억에서 비롯된다. 여성 이용자가 자신의 성별을 밝히며 커뮤니티에서 활동할 경우 수많은 이용

---

*   회원가입이 필요 없던 디시가 개인정보를 요청하는 통상적인 회원가입 및 로그인 후 글쓰기 시스템을 도입하자 코갤 이용자들이 모든 아이디를 '리얼'로 통일할 것을 결의한 사건을 의미한다. 이에 대한 자세한 내용은 다음의 책을 참고하라. 이길호, 《우리는 디씨》, 이매진, 2012.

자는 '그녀'의 환심을 끌기 위해 '추천 몰아주기'와 같은 행태를 보였다. 이는 디시의 게임의 법칙, 다시 말해 '병림픽'으로 대표되는 언어 놀이의 '시장'을 왜곡시키고, 결국 '네임드' 여성과 그녀를 둘러싼 '파벌'을 제외한 다른 이용자들이 논의에 참여하지 못하는 상황을 초래했다. 여성 이용자의 등장이 커뮤니티의 생명력을 단축시킨다는 디시 이용자들의 생각은 그 때문이다.

디시 이용자들은 갤러리 내에서의 의사소통(또는 시장 활동)에서 외부의 논리, 즉 수직적 계급관계나 성별 등의 사회관계를 완전히 배제하고자 한다. 여성이든 자본가든 학생이든 간에 디시 안에서는 누구나 평등한 '병신'일 뿐이다. 온라인 밖에 실존하는 이용자의 모습은 온라인 안에서는 의미를 상실한다. 이길호가 '민주주의적 혼돈'이라 부른 정체성 거세의 요구는 주목경쟁의 시장질서인 사이버 능력주의 신화를 완성시켰다.

능력주의meritocracy는 1958년 영국의 작가 마이클 영Michael Young이 풍자적 경고의 의미로 쓴 동명의 책에서 처음 논의되었다. 그가 개개인의 지적 능력에 기반한 성취를 기준으로 사회적 재분배가 이루어졌을 때 얼마나 끔찍한 일이 벌어질지를 비꼬기 위해 제시한 능력주의는 2001년에 이르러 다름 아닌 영국 총리 토니 블레어가 자랑스럽게 그것의 '도래'를 선언하는 기구한 처지에 놓인 논쟁적인 주제이다.** 계급이나 성별 같은 생득적 요소가 아닌 '노력에 의한 성취'를 핵심으로 하는 능력주의는 연줄 사회로 대표되는 생득적 한계를 돌파할 수 있는 가능성을 제시한다는 점에서 해방적 요소를 가지고 있다고도 할 수 있다. 하지만 능력의 증명 또는 성취는 노력만으로 이루어지기는 커녕 지극히 우연에 기대고 있다는 점에서 불평등한 자원 배분을 정당화하는 반동적 성격 또한 가지고 있다.[25] 그리고 바로 이 지점에서 '사이버' 능력주의는 현실 세계에서 작동하지 않는 능력주의의 한계를 돌파한다. 사이버 능력주의를 신봉하는 이들은 마치 정보화 혁명을 앞둔 20세기 말 인터넷 유토피아-디스토피아 논쟁에서 전자를 취했던 것처럼, CMC 환경에 대한 순진무구한 기대와 함께 사이버공간이 능력주의의 해방성을 극대화하는 공간이라고 믿는 것 같다. 본질적으로 엘리트주의적일 수밖에 없는 능력주의*에 '너도 병신, 나도 병신'이라는 루저문화를 '끼얹어' 일종의 반지성주의를 추구하고 있으니 사이버 능력주의는 '모든 루저'들에게 기회를 제공하고 있는지도 모른다.

**   마이클 영은 토니 블레어의 능력주의 도래 '선언' 이후, 영국의 유력 일간지인 《가디언》을 통해 능력주의라는 말을 쓰지 말 것을 요구하는 칼럼을 게재하기도 했다. 〈능력주의를 타도하라(Down with meritocracy)〉, 《가디언》, 2001.6.29.

*   주지하듯 일베 이용자들은 수차례에 걸친 '인증대란'을 통해 자신들의 '학벌', 곧 '능력'을 인증했다. 이러한 '인증'의 의미는 비록 인터넷에서는 '루저'처럼 굴고 있을지 몰라도 실제로는 '위너'라는 것이다. 인증대란은 '능력'을 바라보는 일베 이용자들의 이중적 태도를 투명하게 보여준다. 사이버 능력주의라는 신화에 열광적으로 참여하고 있으나, '가상'의 능력이 아니라 '실제'의 능력도 가지고 있다는 우월감이 내포되어 있는 것이다. 학벌로 대표되는 현실의 '능력'이 없는 이들이 이중의 소외감과 열패감을 느끼는 것은 물론이다.

사이버 능력주의가 작동하는 사회에서 개념글이라는 자원은 그것을 얻을 수 있는 능력을 가진 자에게만 돌아간다. 갤러리 안에서 특혜란 없다. 성별도, 수능점수도, 스펙도 필요치 않다. 현재의 그가 누구인지 알 수 없으므로 과거 역시 묻지 않는다. 과거의 기여를 근거로 자신의 게시물에 추천을 요구하는 것과 같은 행위는 '고인 물'의 노추일 뿐이다. 사이버 능력주의가 실현된 '유토피아'에서는 모두가 평등한 '병신'으로서 오로지 웃기는 능력, 짤을 쪄내는 능력, 떡밥과 떡밥 사이를 부유하며 현란한 '드립'을 칠 수 있는 능력만이 중요하다. 이러한 능력은 사이버공간과 얼마나 긴밀하게 착종되어 있는가에 달려 있다. 만약 그가 갤러리에서 여러 번 개념글에 등극한다면 그것은 그가 많은 사람들과 '친목'을 다져서가 아니라 갤러리의 문법을 꿰고 있기 때문이다. 한 번도 개념글로 선정된 적이 없다면? 그런 사람은 갤러리의 문화에 적응하지도 시류를 파악하지도 못하는 자신을 탓할 뿐이다.

이에 따라 디시나 일베 같은 사이버 능력주의 온라인 사회에서는 '어그로'를 끄는 것도 하나의 능력이 된다. '어그로'란 '화'를 뜻하는 'aggravation'을 축약한(aggro) 말인데, 이는 원래 온라인게임에서 자주 사용되는 용어였다. 온라인게임은 각 캐릭터 능력의 특징과 장점이 뚜렷하기 때문에 공격과 방어, 마법 등의 스킬에 따라 분업화된 하나의 파티party를 구성하여 게임을 진행하게 된다. 이때 높은 레벨의 몬스터를 제압하기 위해서는 파티원 중 체력 및 방어력 수치가 높은 캐릭터가 몬스터들의 이목을 끌며 혼자 공격을 감당해야 하는데, 이를 '어그로를 끈다'고 칭했다. 이처럼 온라인게임에서 유래한 '어그로'라는 말은 사이버공간의 담화 상황에서 또 다른 의미를 획득하게 되는데, 이때의 의미는 부정적 감정을 불러일으키는 것에 대한 주의 집중 상태로 달라진다. 어그로를 자주 끄는 사람은 통칭 '어그로꾼'이라 불리고, 이들은 자주 격렬한 비난을 받는다. 하지만 이러한 행위가 점차 인정, 즉 많은 추천과 댓글 같은 열렬한 반응을 얻고 흔한 일이 되자 어그로꾼을 바라보는 시각 또한 변화했다. 고의로 어그로를 끄는 이들이 구사하는 다양한 전략이 많은 사람들의 찬사를 받기도 하고, 그들이 펼치는 기만과 자극적 술수에 넘어가지 않도록(즉, 낚이지 않도록) 구성원들을 각성시키기도 하게 된 것이다.

요컨대 어그로꾼의 목적은 '욕을 많이 먹는' 데 있고, 많은 질타를 받는다는 것은 그만큼 그의 전략이 성공했다는 것이며 이는 곧 능력이 탁월하다는 것의 증명으로 인식된다. 또한 그가 던진 떡밥이 정확히 어그로의 대상들이 공유하는 성스러운 것the sacred이어야 한다는 점에서 성공적인 어그로꾼은 상대방의 '약점'을 명확하게 이해하는 전략가로서의 찬사를 받게 된다. 드립과 어그로의 중요성은 극단적인 표현에 있다기보다는 그런 표현들이 성스러운 것을 부정하고 해체한다는 데 있다. 유머와 풍자의 본질이 그러하듯 드립은 절대적인 가치를 인정하지 않으며, 일베 이용자들은 성스러운 것을 파괴하는 쾌감을 통해 감정적 에너지[26]를 고양한다. 극도로 패륜적인 드립조차 웃음거리로 여겨지는 일베에서, 오늘날 한국 사회의 그 어떤 것도 그들의 비난과 비웃음을 피할 수 없다.

또한 그들은 이런 드립과 어그로를 이해하지 못하는 이들을 통틀어 '씹선비'라고 부른다. 이때 '씹선비'란 단순히 유교사상을 비하하기 위해서만 사용되는 말이 아니다. 그보다는 모두가 인정하며 즐기는 '막장'스러운 분위기에 적응하지 못하고 진지한 태도를 견지하며 도덕적으로 질타하는 이들을 싸잡아 비난하는 말이다. 일베 이용자들에게 '씹선비'는 어그로를 끌기 위해 엉뚱하거나 자극적인 주장을 하는 사람들보다 훨씬 더 많은 비난을 받으며 희화화의 대상이 된다. 일베 이용자들에게 '씹선비'는 커뮤니티의 분위기와 특유의 정서를 이해하지 못하는 '난독증 환자'들의 집단인 한편, 이 말이 자주 진보세력을 지칭하는 말로도 쓰인다는 점에서 무기력하고 한심하며 잘난 척하는 사람을 경멸하는 의미로도 사용된다.

웃길 수 있는 능력이라는 '단 하나의 잣대'로 구성된 경쟁체제에서 윤리적·도덕적 잣대는 거추장스러울 뿐이다. 더 많은 사람의 주목을 끌고 더 많은 반응을 이끌어내야 하는 웃음 시장에서 '공정한 경쟁' 이외의 가치는 우스운 것이 된다. 더 많은 주목을 이끌어내는 방법이 '어그로'라 할 때, 이를 비난하거나 과도한 주목경쟁을 개탄하는 사람들은 '씹선비'가 되는 것이다.

'드립'의 형성과 일베의 탄생

친목 금지로 대표되는 사이버 능력주의가 광범위하게 퍼

지자 디시에서는 기존의 '엽기'콘텐츠를 넘어선 높은 수위의 게시물들이 범람하게 된다. 이미 2000년대 초반, 딴지일보에 이어 디시를 초토화하던 전설적인 악플러 '씨벌교황'*과의 전투를 통해 맥락 없는 비난과 금기를 넘나드는 욕설에 대한 면역력을 가지고 있던 디시인들이었다. 나날이 거대해지는 갤러리의 규모와 높아지는 리젠율은 웃음을 생산하기 위해 투여되는 노동의 가치 절하를 초래했다. 주목을 받기 위해 공들여 콘텐츠를 만드는 것보다 자극적인 제목과 콘텐츠를 게시하는 것이 훨씬 더 유리한 환경이 된 것이다. 바야흐로 '막장'의 시대가 열렸다. 이제 갤러리 이용자들은 암묵적으로 지켜지던 커뮤니티의 금기, 또는 한계를 넘어 무한히 확장하려는 시도를 하게 된다. 금기를 깨부수는 패러디의 전통을 따라 고인을 희롱하는 것도 개의치 않고, 대구 지하철 참사나 세월호 참사 같은 사회적 비극의 희생자는 물론 유가족도 농담의 대상으로 삼기 시작했다. 오랫동안 혼수상태에 있다 사망한 야구선수** 역시 웃음거리가

---

* 디시의 3대 이용자로 꼽혔을 정도로 유명한 이용자로, 오늘날의 악플과 각종 '패드립'을 사이버공간에 소개한 이라고 할 수 있다. 그에 대한 자세한 소개 또는 고찰은 다음의 링크를 참고하라. https://4.bp.blogspot.com/-snISHBPwQfI/XDtAnoPxBxI/AAAAAAAAAhs/YAKQErWW0AUM26mt9BAgO_rTdVpRzxZggCLcBGAs/s1600/3TH.jpg

** 전 롯데 자이언츠 포수 임수혁 선수를 말한다. 임수혁 선수는 2000년 잠실 야구장에서 열린 롯데와 LG의 경기 중 2루 베이스에서 쓰러졌고, 그 즉시 응급처치를 받지 못해 혼수상태에 빠졌다. 2010년 2월 7일, 향년 41세를 일기로 사망했다.

되었다. 전현직 대통령 역시 예외가 될 수는 없었다.

　이러한 농담들은 통틀어 '드립'으로 칭해졌다. '드립'이란 '애드리브ad lib'를 줄인 말로, 애드리브가 정해진 원고나 대본에 의존하지 않고 상황에 따라 배우가 즉흥적으로 표현하여 극에 활기를 불어넣는 행위라는 점을 고려할 때 드립이라는 신조어는 그 말 자체로 농담의 명암을 드러낸다. 애초에 드립의 용법은 텔레비전 버라이어티 프로그램에서 흔히 볼 수 있는, 허무하고 얄팍한 애드리브를 비난할 때 쓰이던 '개드립'이란 말에서 출발했다. 이 신조어의 출처는 디시 코갤이다. 부정적인 의미로 사용되던 '개드립'은 코갤 이용자들 사이에서 상당한 재치 및 풍자를 보여주는 이들에게 보내는 찬사로 바뀌었고, 이러한 용법이 사이버상에서 대중화되며 '드립'이라는 말은 유행어로 정착되었다. 최근에 이르면 '드립'은 일종의 접미사로 활용되는 모습을 볼 수 있는데, 유머의 소재에 '-드립'을 붙이는 방식으로 신조어들을 쏟아내는 것이다. '○○드립'은 앞에 어떤 단어가 붙는가에 따라 하나의 장르로 파악될 수 있고, 그 장르는 반드시 몇 가지 문법을 전제로 한다. 만약 이러한 형식의 유머를 일본의 비평가 아즈마 히로키의 말을 빌려 '데이터베이스화'된 것이라고 말할 수 있다면,[27] 개드립 또한 데이터베이스화된 유머라고 할 수 있을 것이다.

　유머의 본질 중 하나가 주위의 이목이 집중되는 화제에 대한 풍자적 논평이라고 할 때, 드립은 몇 가지 문제적이라 할 만한 지점이 있다. 일베를 문제시하는 다양한 시선 중 하나는 노무현 전 대통령과 5·18 희생자 등 고인에 대한 과도한 모독이다. 예컨대 광주 민주화운동 당시 희생자 앞에서 오열하는 모친의 사진을 첨부하곤 "아이고 우리 아들 택배 왔다"라고 코멘트한 '홍어택배' 게시물이나 노무현 전 대통령 사진에 코알라를 합성하는 '노알라' 등이 대표적이다. 이러한 '농담'의 형식을 '고인드립'이라 하는데, 이는 일베가 전유하는 유머의 형태라기보다는 디시를 기원으로 하는 사이버 유머의 여러 형식 중 하나이다. 예컨대 고인드립의 시초는 2008년 가수 거북이의 리더 터틀맨이 지병으로 사망한 뒤 그의 사인과 예명을 연관 지어 유머로 소비했던 디시의 코갤이었다. 배우 최진실이 사망했을 때도 코갤에서는 누가 더 '창의적'인 고인드립을 만들어내는지를 놓고 기이한 경쟁이 벌어졌다. 이후 고인드립은 2009년 노무현 전 대통령과 김대중 전 대통령의 사망을 계기로 절정을 이루었다. 유족들의 수많은 고소·고발이 있었음에도 고인드립은 코갤과 야갤을 중심으로 전염적으로 퍼졌다.

코갤이 고인드립의 시초를 열었다면 야갤은 고인드립과 함께 패드립, 지역드립 등 현재 일베에서 흔하게 볼 수 있는 언어 표현들을 총체적으로 구현했다. 코갤의 고인드립이 비교적 '웃음'이라는 목적의식에 한정되어 있다면, 야갤의 드립은 조준하는 타자(혹은 적)가 분명하다는 특징을 갖는다. 이는 야구가 근본적으로 매년 절반 이상의 기간을 거의 매일같이 전쟁을 치르는 스포츠이고 야갤 또한 10개 구단 팬들로 나뉘어 있어 피아구분이 분명하다는 데서 연유하는 특징이다. 야갤의 고인드립은 자주 특정 지역(그리고 팬)을 겨냥한 지역드립과 연관되는데, 그중에서도 가장 심각한 훼손의 대상이 된 지역이 호남이다. 2008년 3월 내연녀와 그 자제를 살해하고 자살한 전 해태타이 거즈(현 KIA타이거즈) 야구선수 이호성을 희화화하는 '호성드립' 을 필두로, 2009년 광주광역시를 연고지로 하는 KIA타이거즈 의 우승 이후 격화된 타이거즈 팬들에 대한 반감이 김대중 전 대통령의 사망과 맞물려 '홍어드립'으로 수렴했다. 하지만 이러 한 드립의 대상이 호남인 것만은 아니었고, 예컨대 2003년 대 구 지하철 참사를 (인간) 통구이에 빗대는 '통구이드립' 등의 방 식으로 각 지역을 비하하는 드립이 정착했다.

한편, 드립이라는 말 자체가 의미하는 바는 어떤 유머코드 의 형식에만 머무르지 않는다. 드립은 화자의 발언이 애초에 계 획되지 않았음을 전제한다. 드립으로 규정되는 발언은 (드립이 란 어디까지나 전체적인 대화 상황의 리듬을 극대화하기 위해 순간적인 기지를 발휘하는 것이라는 점에서) 화자의 책임성을 증발시킨다. 즉 드립은 어디까지나 드립에 불과하다는, 어떤 무게감이나 진심 을 담지 않은 '개드립'이었을 뿐이라는 변명이 가능한 것이다. 특정한 드립이 커뮤니티 안에서 일반화될 경우, 이는 자주 그러 한 드립을 '치는' 화자 자신도 그것이 실질적으로 어떤 의미인 지를 망각하게 한다. 나아가 웃음 자체가 가진 방어적 속성으로 인해, 불쾌감을 보이는 이들에게 '농담을 이해하지 못하는 이 들'이라고 조롱하는 것까지도 가능하게 한다.

'기업'으로서의 디시의 입장에서 이용자들의 '막장' 행각은 수많은 고소·고발을 포함한 문제를 야기할 수 있는 위험요소이다. 따라서 디시는 그 안에서 흔히 '알바'라 불리는 갤러리 관리자에게 문제가 될 수 있는 게시물을 삭제할 수 있는 권한을 부여했다. 게시물 신고와 같은 절차를 거쳐 삭제되는 게시물도 있었지만, 이용자들은 기본적으로 게시물 삭제라는 조치 자체를 '탄압'으로 느꼈고 그 기준 또한 '알바'의 자의적인 기준에 의한 것으로 받아들였다. 이러한 '탄압'은 특히 디시의 일간베스트, 즉 현재의 '개념글'에서 더 자주 일어났다. 개념글이 되지 않았다면 이미 높은 리젠율에 의해 금세 뒤로 밀려났을 것이므로 관리 차원에서 이뤄지는 '삭제' 처분이 노출 시간이 긴 개념글에 집중된 것은 당연한 일이었다. 하지만 이용자들의 입장에서는 공들여 만들어놓은 '짤방'이나 저장 가치가 높은 '드립'이 사라진다는 것은 심각한 '손실'이었다. 많은 사람에게 '웃김'을 인정받아 개념글이라는 자산이 된 글을 아무 예고도 없이 삭제하는 것은 표현의 자유는 물론이고 재산권에 대한 침해로까지 받아들여진 것이다.

하지만 갤러리에서 '알바'의 권한은 절대적이다. 관리자에 대한 저항은 진지한 답변으로 돌아오기보다 또 다른 '탄압'으로 이어지기 일쑤였다. 따라서 갤러리 이용자들은 '알바'에게 충성을 맹세하거나, 개념글이 '탄압'받기 전에 다른 곳으로 '탈출'시킬 곳이 필요했다. 이것이 최초의 '일간베스트 저장소'가 생긴 계기인바, 일베가 탄생한 직접적인 원인이 디시 갤러리 관리자의 게시물 삭제 조치였다는 사실은 의미심장하다. 관리자의 '탄압'을 피하는 것이 디시가 아닌 일베에 '모인' 사실상 유일한 이유라 할 때, 일베의 존립 근거는 표현의 자유를 극한으로 추구하는 데 있다. 이용자들의 과도한 언어 표현 때문에 곤란을 겪는 사이트 운영자까지도 '일베는 표현의 자유를 존중한다'(일베의 표현으로는 "민주화시키지 않는다")고 공언*하며 게시물들에 대한 거의 어떠한 제재도 하지 않는 '일베적 전통'은 '저장소'의 시작부터 확립된 것이다. 표현의 자유에 대한 일베 이용자들의 집착은 앞서 서술한 각종 드립을 더욱 극단화하는 원인으로 작용할 뿐 아니라, 일베 게시물에 대한 법적 대응을 비난하는 핵심 논리로도 이어진다. 그들의 말로 쓰자면 다음과 같을 것이다. '웃자고 한 말에 죽자고 덤비는 씹선비ㅋㅋㅋㅋㅋㅋㅋ'

메르스갤러리와 메갈리아

코로나19가 세계를 강타하기 전, 메르스라는 이름의 감염병이 세계를 공포에 질리게 했다. 높은 치사율로 악명 높았던 메르스는 2015년 5월 최초로 한국에 상륙한 이래 182명의 누적 확진자와 33명의 사망자를 냈다. 메르스는 코로나19에 비하면 전파력이 훨씬 낮은 수준의 감염병이었지만 코로나19와는 전혀 다른 맥락에서 역사에 기록된다. 가히 한국전쟁 이후 최대의 균열이라 할 만한 젠더 균열의 첫 번째 파열음인 메르스갤러리

---

* 일베는 표면상 '무제한적 표현의 자유를 허용한다'고 하지만 실제로는 '헬조선'을 비롯한 여러 금지어가 있다.

가 탄생했기 때문이다. 전말은 이렇다. 2015년 5월 30일, 한국인 여성 여행객 2명이 메르스 확산 방지를 위해 방역조치를 시행하던 홍콩 당국의 격리 요구를 거부했다*는 기사가 주요 매체에 보도됐다.[28] 매체들은 '국제 망신'이나 '이기주의' 같은 단어를 써가며 여행객들의 행동을 비난했다. 이 소식을 접한 이들의 반응도 다르지 않았고, 수많은 이들이 예의 여성혐오를 드러내며 각종 혐오표현으로 해당 여행객들을 맹비난했다. 같은 시점, 디시에는 이미 메르스갤러리(이하 메갤)가 개설되어 있었는데, 디시의 손꼽히는 여초 갤러리였던 남자연예인갤러리 이용자들도 메갤에 방문하곤 했다. 홍콩 여행객들의 격리 거부로 인한 '김치녀' 따위의 언설을 보던 메갤 이용자들은 여성혐오적 표현들을 성별만 바꿔 그대로 '김치남' 등의 패러디를 하며 역공을 폈다. 이것을 이후에 기록된 '미러링'의 시초라 보아도 좋을 것이다. 이때 디시의 대응은 대단히 기이했는데, 이전까지 여성에 대한 혐오표현을 거의 제재하지 않았던 것과 달리 메갤의 미러링에서 쓰이는 말들은 곧장 금지어에 올리는 신속함을 보였던 것이다. 이러한 핍박 때문이었을까. 메갤 이용자들은 디시의 바깥에 새로운 둥지를 텄고, 그것이 오늘날 '메갈'이라 불리는 메갈리아였다.

지금은 더 이상 운영되지 않지만 메갈리아의 영향력은 거

---

* 실제 격리 거부자는 남성이었다는 주장도 있다. 〈페미니즘, 여성을 넘어 약자와 연대로〉, 《부산일보》, 2015.6.22.

대해서, 2022년 현재까지도 '메갈'이라는 말은 가장 첨예한 갈등의 핵심에 있다. 더 이상 사이트가 존재하지 않으니 누구도 메갈을 하지 않는데도 '메갈'은 일종의 낙인으로 활발히 쓰인다. 조금이라도 '페미 묻은' 말을 하면 '극단적 페미니스트'라는 딱지와 함께 달라붙는 낙인이 된 것이다. 메갈은 일베와는 또 다르게 사회에 충격을 주었다. 기실 메갈, 나아가 워마드womad.life에서 나타난 혐오표현들은 일베의 '순한 맛'에도 미치지 못했지만 혐오표현의 대상으로 '남성'을 특정했다는 점은 진정 파괴적인 것으로 받아들여졌다. 미러링은 이전까지 여성을 대상으로 성적 대상화와 외모 품평을 일삼던 남성들에게 그와 똑같은 언어 앞에 노출되는 경험을 안겨주었다. 이는 남성들의 입장에서는 그간의 악플이나 욕설과 근본적으로 다른 경험이었겠으나 여성들은 언제나 모니터 앞에서 마주해온 것이었다.

미러링이라는 일종의 퍼포먼스는 여성이 사이버공간에서 일상적으로 겪는 폭력과 혐오를 성찰하는 기회일 수도 있었다. 하지만 절대다수의 남초 커뮤니티 이용자들은 모욕감과 격분을 느꼈을 뿐이다. 특히 일베의 '전성기' 시절 종종 연합 전선을 꾸리기도 했던 범진보 계열 남초 커뮤니티의 분노는 용광로를 연상시켰다. "경험하지 못했던 적나라하고도 공격적인 성적 대상화에 직면했을 때, 불평등 구조에 대한 인식으로 나아가는 것은 자신을 잠재적 가해자로 인식하는 과정이나 마찬가지"[29]로 여겨졌고, 이런 인식에서 성찰이 자리할 곳은 없었다. 그렇게 모든 페미니스트는 '극단적'인 존재가 되었다. 한때 일베라는 극단주의자들에 맞서 손을 잡았던 이들은 페미니스트라는 또 다른 '극단'과 대치하겠다며 새로운 연합 전선을 형성했다.

메갈 설립 이후 1년이 채 지나지 않은 2016년, 강남역 인근 주점 화장실에서 한 여성이 흉기에 찔려 사망하는 사건이 발생했다. 트위터 등지에서는 곧바로 이 사건을 여성 표적 살인 또는 여성혐오 살인으로 규정했다. 반면 일베를 포함한 남초 커뮤니티는 이 사건을 단순한 묻지 마 살인사건, 또는 조현병에 걸린 개인의 충동적인 범죄로 규정했다. 이들 커뮤니티에서는 강남역 살인사건, 혹은 추모의 방향이 남성을 '잠재적 가해자'로 규정한다며 반발했다. 애도와 분노, 의심 등 온갖 감정이 강남역 10번 출구라는 공간에 응축되었다. 그러한 감정들은 크고 작은 물리적 충돌은 물론이고, 더욱 확장된 논쟁들로 폭발하기에 이른다. 추모의 물결 속에서 핑크색 코끼리 코스튬을 입고 "육식동물이 나쁜게 아니라 범죄를 저지르는 동물이 나쁜" 것이며 "치안 1위 국가 대한민국"이라는 문구를 쓴 피켓을 들고 강남역에 있다가 린치를 당한 이른바 '일베 핑코게이' 사건은 두고두고 일베 이용자들 사이에서 회자된다. 메갈의 미러링과 강남역 살인사건, 이에 대한 남초 커뮤니티의 집단적 반발 이후 '젠더 갈등'은 돌아올 수 없는 강을 건너버린 것 같다. 판결 이후에도 설왕설래가 이어진 '곰탕집 성추행 사건',* '오또케'로 대표되는 여경에 대한 비난 여론, 주로 남성 아이돌을 주인공으로 쓰이는 동성연애물(이른바 '알페스') 등 예전엔 거의 문제시되지 않거나 늘상 있는 '흔한' 사건·사고로 여겨졌던 일들이 사회적 문제로 여겨지며 이목을 끌었다.

　이러한 '젠더 갈등'을 누구보다 반긴 언론은 남초 커뮤니티에서조차 거의 언급되지 않은, 혹은 관심을 얻는 데 실패한 '썰'까지 발굴하며 '네티즌 반응'을 전하는 스트레이트 기사를 남발했다. 그래서일까. 나무위키에 등재된 '대한민국의 젠더 관련 이슈' 항목은 해가 갈수록 증가했다. 2011년에서 2013년까지 1건씩밖에 없던 '젠더 관련 이슈'는 메갈리아가 등장한 2016년 23건으로 급증한 이래 지속적으로 늘어나고 있다. 개중 몇몇 항목은 어지간히 사이버공간에서 서식한다는 이들조차 잘 알지 못하거나, 젠더 관련 이슈라고 볼 수 있을까 싶은 억지스러운 내용도 있다. 나무위키 독자 및 서술자들은 '젠더 갈등'의 원천을 '약자 우대' 또는 '언더도그마 underdogma'**로 인식하고 '정치적 올바름'에 남성이 희생당하는 '억울한' 상황이라는 생각을

---

*　한 남성이 식당에서 지나가는 여성을 성추행한 혐의로 징역 6개월을 선고받고 법정 구속된 사건을 지칭한다. 남성의 아내는 남편의 무고를 주장하며 재판에서 증거로 제출된 CCTV 영상을 공개하고 억울함을 호소하는 국민청원을 올렸고, 영상으로는 정확한 추행 행위가 확인되지 않는다는 이유로 '피해자 말만 듣고 판결했다'는 논란이 불거지며 자동차 온라인 커뮤니티 보배드림을 중심으로 각종 온라인 커뮤니티에서 화제가 되었다.

**　'약자'를 의미하는 언더도그(underdog)와 '독단적 신념' 또는 '증명 불가능한 종교적 교의'를 뜻하는 도그마(dogma)가 결합된 조어로, 무조건적으로 약자를 지지하는 태도를 비판적으로 지적할 때 사용되는 용어다. 2022년 3월 이준석 국민의힘 대표가 전국장애인차별철폐연대(전장연)의 이동권투쟁 지하철 시위를 두고 '시민을 볼모삼는다'며 '언더도그마 담론으로 전장연을 성역화하지 말라'는 취지의 발언을 해 일반에 널리 알려졌다.

공유하고 있는 듯하다. 이러한 인식은 한때 루저나 일베충의 것으로, 또는 '남자답지 못한' 것으로 여겨지며 '찌질한' 불만이라는 평가를 받았지만, 이준석이라는 젊은 정치인의 등장 이후 정연하게 정리되고 발화되며 일련의 조직된 정치적 목소리로 여겨지고 있다. 이들을 세간에서는 '이대남'이라 하거니와 2020년대 초반 연이은 정치적 국면에서 무시할 수 없는 존재감을 드러내기에 이른다.

일베라는 분기점

거의 20년에 이르는 인터넷 남초 커뮤니티의 역사를 요약한 것이나 진배없는 이 작업을 통해 우리는 일베가 '갑자기 툭 튀어나온' 괴물이기는커녕 사이버문화의 '전통'을 제 나름대로 분화·발전시킨 커뮤니티라는 사실을 확인할 수 있었다. 일베의 탄생을 한국 사이버문화의 맥락에 위치시켜 살펴본 지금까지의 논의는 〈그림 2〉와 같이 정리할 수 있다.

일베와 일베 이전 사이버문화 사이의 접점은 크게 세 갈래로 살펴볼 수 있다. 첫째, 제도의 측면부터 보자. 사이버공간에서의 온갖 역동이 근본적으로 '주목'을 받고자 하는 욕망, 즉 주목경제에 있다 할 때, 온라인 커뮤니티는 '웃음'이라는 재화를 교환하는 시장으로 규정할 수 있다. 특히 디시와 일베에서의 이 시장은 '모두가 병신'이라고 하는 평등주의의 신념 아래 '웃기는 능력'만으로 개념글과 같은 명예로운 자본을 획득·축적할 수 있다는 도덕률을 공유하는 행위자들로 이루어져 있다.

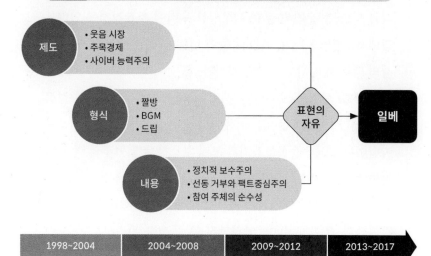

그림 2　일베의 탄생과 한국 사이버문화의 맥락

제도
• 웃음 시장
• 주목경제
• 사이버 능력주의

형식
• 짤방
• BGM
• 드립

내용
• 정치적 보수주의
• 선동 거부와 팩트중심주의
• 참여 주체의 순수성

표현의 자유

일베

| 1998~2004 | 2004~2008 | 2009~2012 | 2013~2017 |

　둘째, 웃음을 전달하는 콘텐츠의 형태, 즉 형식의 측면에서 제목과 본문이라는 자유게시판의 원초적 형식에 포함되는 '짤방'은 내용을 풍부하게 한다. 짤방은 단순한 '잘림 방지', 즉 의무적 이미지 삽입을 넘어서 합성이나 '병맛' 등의 변주와 집단적 협업을 통해 새로운 장르로 이어지기도 한다. 디시(특히 합성-필수요소갤러리) 이용자들은 패러디의 재료인 필수요소들의 조합을 통해 웃음을 유발하는 재화를 지속적으로 생산한다. 사이버 공간 특유의 능력주의 맥락에서 이들 '금손'은 특별한 대우를 받을 가능성이 높다. 반면 콘텐츠를 자유자재로 만들어내기 어려운 일반 이용자들 역시 재화를 생산하는 나름의 방법을 마련한다. 여기에는 순간적인 기지를 발휘하는 '드립'이 대표적이며,

'어그로'나 '넷카마' 같은 트롤링을 구사하는 방법도 있다. 패러디와 짤방 등 온라인 콘텐츠의 생산 목적이 주목경쟁에 있다는 점에서, 짤방과 드립, 어그로 등의 행동 양식은 경쟁적 웃음 시장의 작동 원리에서 비롯된 것이다.

셋째, 정치적 보수성과 '팩트'에의 집착 같은 내용적 접점은 일베가 여타의 온라인 커뮤니티와 결정적인 분기를 이루는 지점이다. 2008년 촛불집회가 보여준 스펙터클 이후의 당혹 또는 허무함은 "'다시 속아서는 안 된다', '감성적인 이상주의에 또 한번 휘둘리느니 철저하게 몰이상성을 유지하겠다'"는 입장을 강화했다. 또한 2008년 이전까지 그 존재를 부정당하던 '보수 네티즌'들은 촛불집회의 '실패'에 환호하며 디시에 정착해 일베를 예비했다. 그런가 하면 촛불집회가 남긴 또 다른 유산, 즉 '순수한 시민'이라는 신화는 집회에 참석하지 않은 이들과도 공명하며 '합리적 개인인 당사자'가 아닌 나머지를 모두 '외부(또는 배후)세력'이라고 단정하는 것으로 이어졌고, 이는 사회문제에 대한 논의의 폭을 협애하게 만드는 데 일조했다.

이러한 배경들은 '표현의 자유'라는 헌법적이며 민주적인 가치를 만나 일베의 탄생으로 이어졌다. 무제한적인 '자유'를 추구하는 표현의 '유토피아' 일베는 '팩트'와 '선동' '감성팔이' 같은 언어적 무기들을 휘두르며 진보 성향을 띠는 사이버공간의 여러 진지들을 파괴했고, 그렇게 한국 사이버 담론장은 불가역적인 변화를 겪었다.

혐오의 수치화

2011~2020 일베 데이터 분석

지금까지 우리는 일베를 이해하기 위한 문화적 배경을 탐색했다. 앞서 정리한 것과 같이 디시 야갤, 코갤 등 주요 거대 커뮤니티에서 발현된 웃음코드는 유머사이트로서의 일베를 규정하는 가장 핵심적인 맥락이다. 아울러 '웃기는 능력'만으로 '일간베스트'의 자리를 놓고 경쟁하는 평등주의 또는 능력주의는 사이버공간에서의 모든 특권(특히 성별)을 배제해야 한다는 '공정성'에의 열망으로 이어진다. 이것은 일베의 설립 이유가 되기도 했던 '표현의 자유'에 대한 집착과 결합하여 일베적 혐오를 완성시킨다. 우리 사회를 충격에 빠뜨린 수많은 패륜적 혐오 발언이 즉흥적인 '농담', 즉 '드립'일 뿐이라는 가림막 아래 열광적으로 공유되었다. 이렇게 일베의 행태를 맥락적으로 이해할 수 있게 되었으니 이제 본격적으로, 일베의 '담론 구조'를 살펴볼 차례다. 이를 위해 이 장에서는 '빅데이터 분석'의 일종인 텍스트 분석을 진행할 것이다. 이 분석에는 최초의 일베 게시물*이 생성된 2011년 5월 28일부터 2020년 12월 31일까지 총 81만 1,327건의 일베 게시물 전수**가 수집·사용되었다.

1. 일베는 망했다?

데이터 전처리에 대하여

데이터 분석 작업의 8할 이상은 데이터 전처리다. 많은 경우 데이터 전처리는 '노가다' 작업인데, 인간의 언어와 같은 비정형 데이터를 다루려면 전처리 없이는 어떠한 분석도 할 수 없다. 컴퓨터의 힘을 빌려 분석을 진행해야 하는데, 컴퓨터는 인간의 언어를 이해할 수 없기 때문이다. 전처리란 우리가 가지고 있는 데이터를 컴퓨터가 이해할 수 있는 신호로 바꿔주는 과정을 말한다. 불필요한 신호(다시 말해, 노이즈)는 과감하게 제외하거나 누락하고, 3차원 이상 고차원의 데이터를 압축하거나 연

---

*   이하 별도의 설명이 없는 한 일베 게시물은 일베-일간베스트게시판의 게시물을 의미한다.

** 여기서의 '전수'는 데이터 수집을 진행한 2020년 12월 31일 시점의 전수를 의미한다. 바꿔 말하면, 그 이전에 삭제된 게시물은 수집하지 못했다는 뜻이다. 최초의 데이터 분석을 수행했던 2014년 연구에 활용한 데이터(3년 치 데이터 약 40만 건)에 비하여 상대적으로 '적은' 데이터가 수집된 것은 이와 같은 이유 때문이다.

속형 변수를 범주형 변수로 바꾸는 등의 작업을 수행해야 한다. 이 과정에서 적지 않은 수의 데이터가 버려지거나 변형된다.

이미 언급한 바와 같이, 이번 분석을 위해 수집한 데이터는 2011년 5월 28일부터 2020년 12월 31일까지 총 3522일간의 일베 게시물이다. 최초의 게시물이 올라온 5월 28일부터 7월 31일까지 65일 동안의 일베 게시물은 45건에 불과했다. 지금과 같은 '악명'을 떨치기 전, 얼마 되지 않는 이용자들이 게시물을 올리는 데 그쳤기 때문일 것이다. 하루 1건 이상의 일베 게시물이 나타난 것은, 바꿔 말해 일일 게시물수가 0건인 날이 다시는 나타나지 않기 시작한 시점은 2011년 10월이다. 데이터가 불안정한 2011년의 경우 최초의 게시물에서 9월 30일까지의 게시물을 없애면 645개의 데이터가 줄어들게 된다. 80만여 개 데이터 중 645개면 티도 나지 않는 수치다. 불안정한 데이터를 삭제하고 나니 우리가 다루는 데이터는 2011년 10월 1일부터 2020년 12월 31일까지 총 111개월이라는 정갈한 기준점을 얻게 됐다.

다음은 데이터의 아웃라이어를 제거하도록 해보자. 아웃라이어란 통계적으로 설명할 수 있는 범위 밖에 위치하는 측정값들을 의미한다. 아웃라이어들은 종종 분석의 결과를 해석하는 데 어려움을 주며 제거하더라도 전체 분석에 큰 영향을 끼치지는 않지만 '진짜' 중요한 자료들은 아웃라이어에서 나타날 가능성이 있다는 점에서 계륵과도 같은 존재다. 추후 내용 분석과 같은 질적 분석 과정에서 살펴보도록 하고 여기서는 우선 제쳐놓도록 하자.

표 1				일베 게시물의 글자수 통계				
항목	게시물수	평균 글자수	표준편차	최소값	상위 25%	상위 50%	상위 75%	최대값
통계치	81만 654	336	974	3	35	78	209	9만 3,273

그렇다면 무엇을 기준으로 제외 처리할 것인가? 가장 먼저 떠올릴 수 있는 것은 글자수이다. 분석 경험상, 최근으로 올수록 온라인 게시물의 글자수는 점점 더 짧아지는 경향이 있을 뿐 아니라 길어도 300자를 넘기지 않는다. 일베에서도 마찬가지일까? 우리의 데이터는 제목과 본문 전체를 담고 있다. 다시 말해 파이썬 내장 함수를 통해 자동으로 게시물의 글자수를 셀 수 있다는 것이다. 너무 많은 글자수를 가지고 있는 게시물을 필터링하기 위해 제목과 본문이 포함하고 있는 글자수를 헤아리고 그 통계치를 만들어보면 〈표 1〉과 같다.

일베에 올라온 게시물은 평균적으로 336자의 글자수를 보이고 있었다. 그러나 중앙값이 78자, 상위 75%에 해당하는 값이 209자인 것을 보면 평균값은 과장되어 있다. 이는 표준편차가 무려 974자인 것만 보아도 알 수 있다. 이러한 결과는 몇몇 게시물이 과도하게 많은 글자수를 포함하고 있기 때문일 것으로 추측할 수 있다. 일베에서 가장 긴 게시물은 9만 3,273자로 이루어져 있는데, 200자 원고지로 환산하면 무려 466매에 해당하는 대서사시다. 하지만 이런 사례가 많으면 얼마나 많겠는가. 또한 온라인 커뮤니티에 게시된 수만 자의 글은 대개 수많은 커뮤니티에 똑같이 '복붙(복사해서 붙여넣기)'한 게시물인 경우가 많다. 즉, 이런 게시물은 일베를 이해하는 데 거의 아무런 도움도 주지 않는다. 이런 글들은 대개 제외하는 것이 연구 목적 면에서나 메모리 절약 차원에서나 유리하다.

〈그림 1〉을 보자. 작은 그래프는 전체 게시물의 글자수 분포를 나타낸 것으로, 0에 가까운 곳에 게시물이 몰려 있는 것을 볼 수 있다. 일베 게시물의 글자수는 아무리 길어야 5,000자를 넘지 않는다고 보아도 무방하다. 큰 그래프는 1,000자 이하 게시물의 분포만을 보여주는데, 역시 200자 이하에 가장 많은 분포를 보인다(과연 트위터의 140자 제한은 그 근거가 없는 것이 아니다). 1,000자 미만으로 글자수를 제한해도 '엄청나게' 많은 데이터가 제외되지는 않는다. 1,000자 미만 게시물은 전체의 92.6%를 차지하는 75만여 건이다. 무엇이 아웃라이어인가를 판단하는 절대적인 기준은 없다. 여기서는 방금 언급한 1,000자 제한이 커버하는 92.6%를 염두에 두고, 그보다 약간의 여유를 둔 글자수 상위 95%(1,548자 이하)를 분석 대상으로 정했다.

이제 본격적인 데이터 분석을 할 수 있는 기초데이터가 준비되었다. 우리의 데이터는 2011년 10월 1일부터 2020년 12월 31일까지 111개월간 발생한 일베 게시물 77만 112건이다.

열광의 흐름: 거시 시계열 분석

〈그림 2〉는 일베가 '안정화'된 이후, 즉 2011년 10월부터 2020년 12월 말까지의 월간 게시물수를 나타낸 것이다. 일베

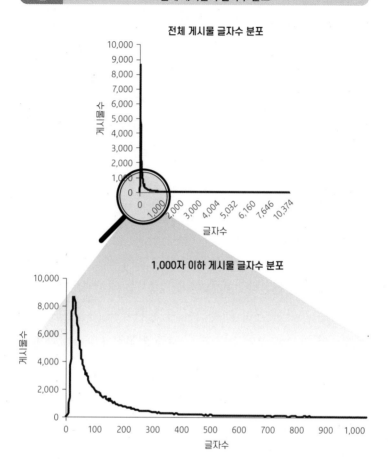

그림 1   일베 게시물의 글자수 분포

전체 게시물 글자수 분포

게시물수

글자수

1,000자 이하 게시물 글자수 분포

게시물수

글자수

에서는 월평균 6,876건의 일베 게시물이 작성되었다. 가장 적은 달은 (당연하게도) 개설 초기인 2011년 10월의 790건이었고, 가장 많은 달은 2014년 5월의 1만 981건이었다.* '성장세' 자체는 2013년 중반에 1차 정점을 찍은 이후 2017년 상반기까지 안

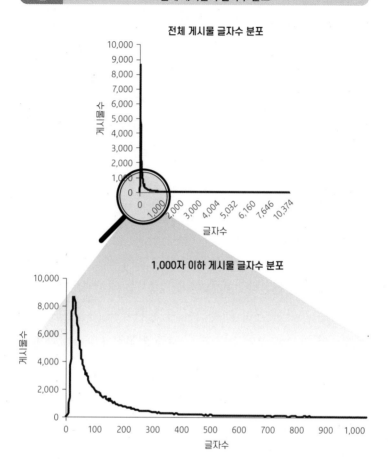

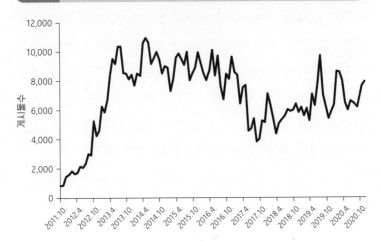

그림 2 월간 일베 게시물 생성량

정세를 유지하다가 박근혜 탄핵 시점을 기점으로(2016년 10월 ~2017년 4월) 등락을 반복하며 약 2년간의 침체기를 맞았다. 그리고 바로 이 시점부터, 이른바 '일베 망했다'는 말이 이용자들 사이에서 자주 나오기 시작했다. 태블릿PC 사건**의 여파로 일

---

* 여기에서의 5월은 명백하게 5·18 폄훼를 지시한다. 실제로 일베에서는 광주 민주화운동 기념일을 전후로 수많은 게시물이 작성된다. 특히 2012년에서 2018년 사이 광주 민주화운동과 관련된 게시물은 5월에 집중적으로 생성되었다.

** 2016년 10월 24일, 〈JTBC 뉴스룸〉은 박근혜 당시 대통령의 최측근으로 알려진 최서원의 태블릿PC를 입수하여 대통령연설문이 대중에 공표되기 전 최 씨에게 먼저 전달됐다는 사실을 보도한다. 이 보도는 박근혜 전 대통령 임기 중반부터 제기된 비선 실세 의혹에 사실상 쐐기를 박는 역할을 했으며, 10년 만의 정권 교체에 이르는 거의 전 과정에 영향을 미쳤다.

베의 '정신적 지주'라 불렸던 디시인사이드, 그 안에서도 보수 담론의 주축을 담당했던 주식갤러리 이용자들마저 박근혜-최서원-김기춘을 맹렬히 비난하는 등 온라인 보수 진영에서조차 탄핵 국면의 민심 이반이 나타났기 때문이다.* 이후 2019년 8월 들어 '조국 사태'와 '20대 (남성)청년' 문제로 문재인 정권이 비난받을 즈음 반짝 반등에 성공했으나 일베의 '전성기'라 할 만한 2014년의 '위광'에는 훨씬 못 미치는 상황이다.

조금 더 깊게 들어가보자. 〈그림 3〉은 일베 게시물의 양을 일별로 세분화하여 제시하고 있다. 별도로 특정 사건을 표기한 시점들은 하루 게시물수가 600건이 넘는 사례들(상위 약 99.6% 수준)만을 표시한 것이다. 각각의 사례는 일베 이용자들이 특히나 집중적으로 '열광'한 사건들이 있었다는 점에서 하나씩 들여다볼 가치가 충분하다.

일베가 급격하게 성장한 계기라 할 수 있는 2012년 10월에 일어난 인증대란은 지금의 일베를 만든 가장 결정적인 원인이다. 인증대란이란 일베 이용자들이 자신들을 무식하고 덜떨어진 '찌질이/루저'로 폄하하던 당시의 일반적인 평가를 '반박'하고자 한 데서 촉발된 일련의 '위너 인증' 사건이었다. 한 여초 카페에서 일베를 루저로 '폄하'하는 댓글을 본 일베 이용자가 "일

---

* 이때 이탈한 일베 이용자들은 디시의 주식갤러리나 야구갤러리 등 전통의 '동맹'으로 옮겨갔고, 또 다른 일부는 펨코 등의 또 다른 남초 커뮤니티로 이동한 것으로 보인다.

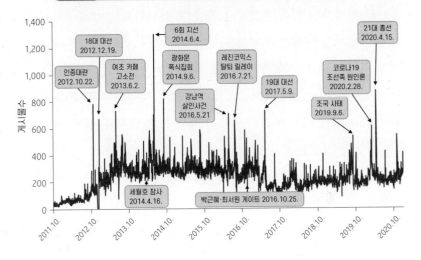

그림 3   일일 게시물수 600건 이상의 사례들

인증대란
2012.10.22.

18대 대선
2012.12.19.

여초 카페
고소전
2013.6.2.

6회 지선
2014.6.4.

광화문
폭식집회
2014.9.6.

강남역
살인사건
2016.5.21

레진코믹스
탈퇴 릴레이
2016.7.21.

19대 대선
2017.5.9.

조국 사태
2019.9.6.

코로나19
조선족 원인론
2020.2.28.

21대 총선
2020.4.15.

세월호 참사
2014.4.16.

박근혜·최서원 게이트 2016.10.25.

베 학력 인증 프로젝트"를 하자고 제안'한 데서 시작된 '학벌 인증 프로젝트'는 당장에 500여 명에 이르는 일베 이용자들의 호응을 이끌어냈다. 인증대란이라는 일베 최초의 집합적 열광이 '여성'의 무시에 대항해 자신의 '학벌'을 드러냄으로써 우월성을 확인하는 의례였다는 점은 대단히 의미심장하다. '김치녀'로 요약되는 일베의 여성혐오는 여초 카페 고소·고발전, 강남역 살인사건에 대한 반동, 레진코믹스 탈퇴 릴레이 등으로 이어지며 일베의 역사와 함께하는 흐름을 보인다. 또한 자신이 루저가 아님을 인증하는, 더 나아가 자신이 우월하다는 것에 대한 인정을 요구하는 근거가 학벌에 있었다는 점도 주목할 필요가 있다. 앞서 살펴보았듯 일베 이용자들의 사이버 능력주의는 현실의 생득적 요소를 완전히 배제한 채, 신박한 드립만으로 남들을 웃긴다는 '절차적 공정성'을 바탕으로 '일간베스트'라는 명예(또는 자본)를 획득하는 것을 원칙으로 삼았다. 하지만 인증대란에서 일베 이용자들은 자신이 루저가 아님을 증명하기 위해 이른바 SKY 학벌이나 전문직 종사자임을 내세우는 전통적인 능력주의적 장치를 적극 활용했다. '내 빛나는 학생증(면허증/자격증)을 보아라. 이래도 내가 루저란 말이냐'라는 듯이 말이다. 물론 인증대란에서 발생한 인증 500여 건 중 중복이거나 자작이거나 도용인 사례도 없지 않았다. 그런가 하면 일부 이용자들은 다른 이용자들이 자신과 같은 '병신'이 아니라는 데서 소외감을 느끼기도 했다. "[너희는] 자기 할 거 다 하면서 병신 코스프레 중이었구나…… 나는 진짜 병신인데……."[2]

능력주의에 대한 많은 논평들이 지지하듯이, 능력주의는 노력을 통한 성취와 (독점적) 보상을 약속한다는 점에서 '해방적'이다. 바꿔 말하면 능력주의를 찬탄하고 그 경주에 동참한 이들은 자신의 패배를 능력(그리고 무엇보다, 노오오력)의 부족으로 돌리며 분배의 불평등을 수긍한다. 또한 자신과 같은 경쟁 트랙에 서지 않는 이들을 '다른' 이들이 아닌 '틀린', 나아가 '나쁜' 이들로서 일종의 위협으로 여기게 되는데, 능력주의를 체화한 일베 이용자들의 이러한 태도는 앞으로 살펴보게 될 일베(적) 혐오표현의 직접적인 원인이 된다.

한편 대통령선거나 지방선거 같은 정치적 사건에 대한 열렬한 관심도 확인할 수 있다. 이는 대부분의 거대 온라인 커뮤니티에서 공통적으로 나타나는 현상으로, 일베만의 특징이라고 할 수는 없다. 세월호 참사가 있었던 2014년의 6회 전국동시지방선거는 일베 역사상 '가장 뜨거운 날'로, 하루 동안 무려 1,308건의 게시물이 생성되었다. 그보다는 못할지라도 21대 국회의원선거가 있던 2020년 4월 15일은 두 번째로 많은 877건의 게시물이 올라왔다. 비록 수위를 차지하지는 못했지만 20대 국회의원선거일(2016년 4월 13일)과 7회 전국동시지방선거일(2018년 6월 13일) 역시 400건 이상(상위 약 95% 수준)의 게시물이 생성되었다. 18대 대선 당시 박근혜 후보 당선에 대한 폭발적인 열광은 물론이고, 보수당이 패배했다고 일컬어지는 다른 선거들에서의 한탄에 이르기까지 일베 이용자들은 줄곧 선거를 중심으로 한 정치적 이슈에 지대한 관심을 보여왔다.

그런데 〈그림 3〉에서는 한 가지 이상한 점이 발견된다. 2012년 말, 18대 대선이 있던 그 시점에 일베 게시물수가 급격한 스윙을 보인다는 것이다. 이는 기록상 2012년 12월 1일부터 14일까지 2주 동안 어떠한 데이터도 남아 있지 않기 때문인데, 이에 대해 일베 운영진은 해당 시기에 서버가 통째로 날아갔다고 설명했다. 가끔 서버에 무리가 갈 정도로 많은 이용자들이 모이거나 악의적 디도스 공격을 받으면서도 게시물 0건만은 기록하지 않았던 일베가, 저 시기만큼은 무려 2주간의 데이터가 증발했다. 누군가는 대선을 앞둔 시점에 외부세력의 개입이 있었을 것이라고 상상할 수도 있다(공교롭게도 일베의 흥망성쇠는 박근혜 전 대통령의 임기와 거의 일치한다). 하지만 대선 직전 시점, 이른바 '문재인 안경 저격' 사건 등 일베의 대활약이 보수당 측 지지자들의 이목을 끌었고 그로 인해 이용자가 폭발적으로 증가했다는 점을 고려하면, 일베 운영진 측의 설명이 전혀 이치에 맞지 않는 바도 아니다. 국정원 개입설 등 여러 '해석'이 가능한 지점이지만, 나는 그런 의견에 동의하지 않는다. 앞서 우리는 일베의 문화적 기원을 추적하는 작업을 거쳤다. 일베 게시물은 그 내용과는 상관없이 온라인 문화콘텐츠라는 형식을 갖추고 있다. 온라인 콘텐츠는 해당 커뮤니티의 역사적·문화적 맥락이라는 통시적 바탕 위에 특정 시점의 사건이라는 공시적 맥락이 중첩되는 한편, 그 게시물에 감정적으로 공명하는 이들이 댓글이라는 적극적인 상호작용을 취했을 때 비로소 유의미한 무언가가 될 수 있다. 대부분의 바이럴 콘텐츠는 이런 식으로 확산된다.

실제로 특정 세력이 정치적 목표를 달성하기 위해 일베 게시물을 기획했을 수는 있다. 글과 이미지, 자료를 모두 준비하여 '일베적'으로 재구성하는 한편, 추천수나 댓글수 같은 가시적 데이터를 조작해내는 일이 아주 불가능한 일도 아니다. '드루킹' 사건이나 네이버 뉴스 댓글창으로 달려가는 각종 커뮤니티의 '총공세'를 고려한다면 특정 여론을 조작하려는 '외부세력'의 개입은 자연스러워 보일 정도다. 그러나 외부세력이 개입하여 눈에 띄는 숫자를 만들어낸다 한들, 그것이 구성원들의 인정을 받는 것은 전혀 다른 문제다. 예컨대 아이유와 같은 시점에 앨범을 발매한 모 가수가 음원 사재기로 음원사이트 순위를 '올킬'한다고 하더라도 그의 노래가 아이유의 노래보다 많은 사랑을 받고 있다고 말할 수 없는 것과 같은 이치다. 이것이 이른바 '국정원 일베 개입설'이 무의미해지는 이유이다.

다시 본론으로 돌아가서, 부침이 심한 〈그림 2〉의 시계열 그래프를 보다 단순화해 거시 변동 트렌드를 그리면 〈그림 4〉와 같은 그래프로 나타낼 수 있다.* 2012년 4월까지의 초기 성장기, 2013년 9월까지의 고도성장기를 거쳐 2014년 1월에 이르면 게시물수 생성량은 최고점에 이른다. 이후 2016년 8월까지 안정기를 거치다가 같은 해 11월부터 급격히 하락해 2017년 6월에 바닥을 치게 된다. 이 시점에 일베에서는 오래전부터 논의되던 '정게 틀딱 축출론'이 탄핵 정국을 전후로 거세게 대두되며, 한때 '레이디가카'라 부르며 찬양하던 박근혜 전 대통령을 '손절'하는 이용자들이 (이에 대한 반동으로 박근혜 전 대통령을 더욱 찬양하던 사람들만큼이나 많이) 나타났다. 일베 내에서조차 커다란 균열이 일어나기 시작한 것이다. 뒤이은 19대 대선, 7대 지선, 21대 총선의 연이은 패배와 2020년 상반기까지 이어진 문재인 전 대통령 지지세의 고공 행진은 일베 이용자들의 전의를 떨어뜨린 것만 같았다. 하지만 〈그림 4〉가 보여주는 것처럼 2017년 바닥을 찍은 게시물 생성량은 꾸준히 우상향을 그리며 여전히 많은 게시물이 일베를 활발하게 채우고 있다는 사실을 증명하

---

* 이 분석은 페이스북이 개발·배포한 파이썬 라이브러리 fbprophet을 활용한 결과이다. 자세한 내용은 다음의 링크를 참고하라. https://pypi.org/project/fbprophet/

그림 4

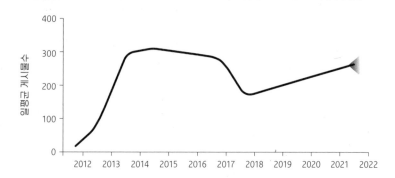

일베 게시물수의 거시 변동 트렌드

고 있다(2021년 이후로는 예측된 값이다).

지금까지 살펴본 데이터는 '게시물수'였다. 이는 흔히 버즈량이라 부르는 데이터로, 일베의 성장 양상을 한눈에 알 수 있게 해준다. 추천수나 댓글수 같은 반응량은 그 커뮤니티가 얼마나 많은 이들의 참여를 이끌어냈는지를 보여주는 또 다른 지표라는 점에서 들여다볼 가치가 있다. 온라인 커뮤니티 활동에 '투여'해야 하는 공력 면에서 하나의 게시물을 작성하는 것보다는 댓글이, 댓글보다는 추천(또는 비추천)을 누르는 것이 좀 더 '경제적'이라 할 때, 댓글수와 추천수 같은 반응량은 해당 커뮤니티 이용자들의 참여도와 몰입도가 얼마나 높은지를 유추할 수 있는 근거가 된다. 〈표 2〉와 〈그림 5〉는 일베에서의 추천수와 댓글수의 간단한 기술통계와 상호 간 상관관계를 보여준다.

일베 이용자들은 일간베스트에 등극한 게시물에 약 3억개의 추천과 약 1억 1,000만개의 댓글로 호응했다. 가장 전형적인

	게시물당 추천수	게시물당 댓글수
표 2	**일베 게시물의 추천수와 댓글수**	
총합	3억 223만 551	1억 1,079만 9,160
평균	392	143
표준편차	390	141
최소값	0	0
상위 25%	212	56
상위 50%	315	103
상위 75%	460	185
최대값	4만 2,911	1만 8,055

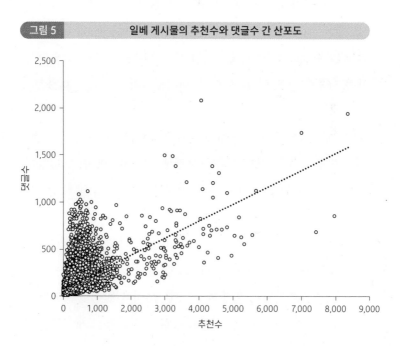

그림 5   일베 게시물의 추천수와 댓글수 간 산포도

게시물은 300~400개 내외의 추천을 받았고 120~160개 내외의 댓글이 달렸다. 하지만 둘의 관계가 항상 일정한 비율로 나타나지는 않는다. 일간베스트가 되기에 충분한 추천을 받았다 하더라도 그 게시물이 '논란'을 야기해 댓글수가 추천수를 상회하는 경우도 있고, 너무나 많은 추천을 받은 나머지 상대적으로 댓글수가 적은 경우도 생길 수 있다. 또한 게시물의 의도 자체가 댓글을 유도하는 것일 수도, 반대로 게시물이나 글쓴이와는 전혀 무관하게 댓글창에서 발생한 이용자들끼리의 갈등에 따라 댓글수가 폭증할 가능성도 존재한다. 따라서 단순 반응량은 일베 내에서의 주목도를 반영할 뿐 반응의 성격이 긍정적인 것인지 부정적인 것인지를 판단할 수는 없다.

일베 역사상 가장 많은 추천을 받은 게시물은 일베 역사상 가장 많은 댓글을 받은 게시물과 같다. "약혐) 정회원 인증한다"라는 제목을 가진 이 글은 일베에서 여러 활동을 했던 이용자가 불의의 사고를 당한 이후 재활 중임을 알리는 게시물이었다. 제목의 '정회원'이란 장애인을 의미하는 것이다. 이 글을 본 많은 일베 이용자들은 글쓴이에게 '동정'을 표하며 '쾌차'를 빌었다. 또한 이 글이 '레전드'가 될 것이 명백해 보였는지 많은 이용자들이 '막플(마지막 댓글)' 경쟁을 향해 내달렸다. 이 글은 총 4만 2,000여 개의 추천을 받고 1만 8,000여 개의 댓글이 달렸다(마지막으로 달린 댓글의 추천수는 4,409개다).

게시물 분석에서 활용한 시계열 분석을 반응량에도 적용해보자. 〈그림 6〉에서 잘 나타나듯, 일베의 월평균 게시물당 추

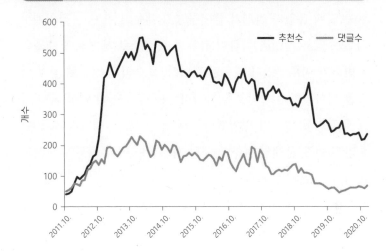

천수는 2012년 후반에 급증한다. 이는 2012년 후반부터 일베의 콘텐츠를 보러 오는 사람들이 많아졌다는 의미다. 댓글수와 추천수는 2014년에 정점을 찍은 이후 줄곧 내리막이다. 이는 앞서의 게시물수 분석 결과와도 비슷하다. 하지만 2019년 후반을 보자. 앞서 살펴본 게시물 생성량 분석 결과에서는 부흥기를 맞이한 듯 급격한 반등세가 나타났던 지점이지만 월평균 추천수 및 댓글수는 지속적인 하락세를 이어간다.

게시물수는 늘었지만 반응량은 줄어든 이 현상을 어떻게 설명해야 할까. 여러 가지 원인이 있겠지만, 아마도 문재인 정부를 격렬히 반대하던 이들이 조국 사태 등의 반전 모멘텀을 맞아 결집한 반면, 개별 게시물의 확장성 또는 호소력은 전성기 시절의 일베보다 협애해졌음을 보여주는 것으로 보인다. 그렇다면 개별 게시물들은 왜 이전보다 덜 주목받았는가? 1차적으로는 일베 유입자 자체가 줄어들었기 때문인 한편, 온라인에서의 보수담론 생성과 확산이 유튜브 중심으로 재편되며 채널의 다변화가 이루어졌기 때문일 것이다. 보수의 시각으로 정치 이슈를 이야기하는 사람들을 찾아다니는 이들이 더 이상 굳이 일베에 접속할 필요가 없어졌다고도 할 수 있다. 게다가 2020년 하반기 이후 문재인 정부에 대한 지지율이 하락 일로에 빠지자 거의 모든 온라인 커뮤니티에서는 한때 '일베'라 낙인찍혔을 법한 논의들이 '보편의' 논의로 재승인을 받으며 일베의 '특장점'이 사라져버렸다.

하지만 무엇보다, 일베가 디시에서 계승한 문화적 동질성이 깨짐에 따라, 다시 말해 일베라는 '커뮤니티'의 본질인 '재미'가 없어지고 웃기는 '능력'을 증명하기 위한 무한경쟁 체제가 깨짐에 따라 더 이상 일베에 '머무를' 필요가 없어졌기 때문은 아닐까? 일베 이용자들이 말하는 일베의 '노잼화', 나아가 '틀딱화'라는 불만은 (일베를 말할 때마다 반드시 따라붙는) 일베라는 사이버 공동체의 토대가 극우-보수라는 정치적 이념에만 있지는 않았다는 사실을 드러낸다.

누가 일베를 채우는가: 미시 시계열 분석

〈그림 7〉은 요일·시간대별 평균 일베 게시물 생성량을 보여준다. 일베 게시물 생성은 시간대별로 유의미한 패턴을 보이지만 요일별로는 거의 아무런 차이도 발견되지 않는다. 이러한

보통 일베들의 시대

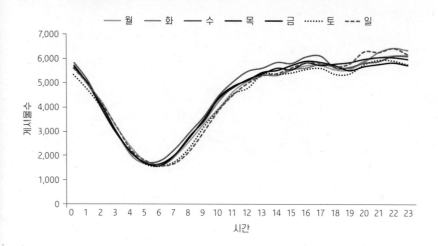

일베에서의 요일·시간대별 평균 게시물 생성량

— 월 — 화 — 수 — 목 — 금 ······ 토 --- 일

게시물수

7,000
6,000
5,000
4,000
3,000
2,000
1,000
0

0 1 2 3 4 5 6 7 8 9 10 11 12 13 14 15 16 17 18 19 20 21 22 23

시간

패턴은 전형적인 일과패턴이다. 마치 직장인이 주중 오전 9시까지 회사에 당도하여 오후 6시에 퇴근하고 11시 내외에 잠드는 것처럼, 매일이 거의 같은 패턴으로 수면시간을 제외한 대부분의 시간에 일정하게 게시물이 생성된다는 의미이다. 조금 차이가 있다면 정오보다 자정에 더 많은 활동량을 보인다는 점 정도를 들 수 있겠다. 기실 이렇게까지 일정한 요일별 시계열 패턴을 보이는 경우는 결코 흔하지 않다. 일베 게시물 생성 패턴의 예외성은 다른 두 가지 사례를 참고해 확인할 수 있는데, 하나는 한국에서 찾아볼 수 있는 대표적인 시계열 데이터인 서울시 공공자전거 이용량 데이터이고, 다른 하나는 일베의 '경쟁' 사이트 중 하나라 할 만한 루리웹의 요일·시간대별 평균 게시물 생성량 분포다.

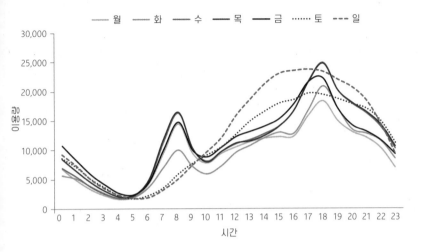

그림 8　　　2020년 5월 서울시 공공자전거의 요일·시간대별 평균 대여량

— 월　— 화　— 수　— 목　— 금　······ 토　--- 일

우선 〈그림 8〉을 통해 서울시 공공자전거 '따릉이' 대여량의 시계열분포를 보자. 방금 살펴본 일베와는 상당한 차이가 있음을 단번에 확인할 수 있는데, 평일 오전 7~8시와 오후 6~7시의 첨두peak가 가장 눈에 띈다. 반면 주말 이용량은 매우 서서히 증가하여 오후 5시 전후로 최고점을 찍고 다시 감소한다. 약간의 일반화를 한다면, 평일 따릉이는 출퇴근용으로 활용되고 주말 따릉이는 산책 등의 레저용으로 활용된다고 할 수 있겠다. 사실 이러한 패턴은 버스나 지하철 등 대중교통 데이터에서도 일관되게 나타나는 것이며, 한국뿐 아니라 해외에서도 비슷하게 관찰된다. 편의를 위해 주중의 패턴을 일과패턴, 주말의 패턴을 레저패턴이라 하자.

　루리웹에서의 요일·시간대별 평균 게시물 생성량을 나타

104　　　　　　　　　　　　　　　　　　　　　보통 일베들의 시대

그림 9   루리웹에서의 요일·시간대별 평균 게시물 생성량

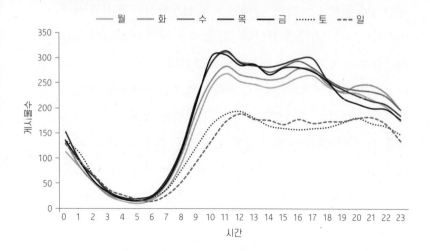

낸 〈그림 9〉 역시 주말과 주중의 패턴이 상이한 것을 볼 수 있다. 주말에는 시간당 평균 150건 내외의 게시물이 생성되는 반면, 주중에는 오전 10시를 첨두로 시간대별 약 250건 내외의 게시물이 올라온다. 대중교통은 '밖으로 나가야 한다'는 허들이 있는 반면 웹 접속은 스마트폰 잠금만 해제하면 된다는 점에서, 루리웹의 데이터가 따릉이에 비해 상대적으로 더 급격한 상승을 보이는 것이 이상한 일은 아니다. 주말 게시물 생성 패턴은 일베의 패턴과 상당히 유사함을 알 수 있는데, 새벽과 이른 오전 시간대를 제외한 나머지 모든 시간대에서 일정한 양의 게시물이 생성되고 있다. 이를 편의상 웹패턴이라 하자. 루리웹의 웹패턴과 달리 일베가 보여주는 패턴은 주말과 주중의 차이가 거의 없다는 점에서 특이하다. 또한 주중 루리웹은 오전 10시에

서 오후 5시까지 게시물 생성량이 최고로 유지되다 늦은 저녁 시간대엔 둔화되는 반면, 일베는 오후 11시까지도 게시물 생성량이 증가하는 경향을 보인다. 즉, 일베는 자정 이전까지 늦은 시간일수록 더 활동적으로 변한다는 뜻이다.

이를 통해 추측하건대, 일베를 구성하는 이용자들의 인구통계학적 특성이 루리웹의 그것보다 다양할 것이라는 가설을 세울 수 있다. 흔히 알려져 있기로, 게임을 중심으로 하는 루리웹은 '덕후'들의 커뮤니티이다. 대부분의 사이버공간이 그렇듯이 이용자들의 정확한 인구통계학적 구성을 알긴 어렵지만, 루리웹의 핵심 주제가 게임과 애니메이션 등인 점을 고려했을 때 핵심 이용자는 이를 주로 소비하는 10대 후반에서 30대 중반의 남성으로 추측할 수 있다. 만약 그렇다면 주중 일과시간, 특히 출근/등교 전후의 급등이 설명되는 한편, 오후 5시를 기점으로 시간이 갈수록 감소하는 게시물 생성량 또한 일정 부분 설명할 수 있다. 주중에 비해 주말의 적은 게시물 생성량 역시 외부에서의 활동(데이트, 여가 활동 등)으로 인한 절대적인 접속시간이 적어서일 수 있다.

이처럼 루리웹 게시물 생성량의 변화 요인을 유사한 연령대(세대 또는 코호트)로 설명할 수 있다면, 정확히 반대의 이유로 일베 구성원들의 '다양성' 또한 추측할 수 있지 않을까? 일베의 게시물 생성량 패턴은 인간의 생체리듬 외에는 다른 설명이 불가능해 보인다. 앞서 인정투쟁에서 자신을 '진짜 병신'이라고 말한 사람과 '사' 자 자격증/면허증을 인증한 사람이 같은 공간에서 '찌질'댄다. 일베는 초창기부터 이용자들 사이에서 '틀딱'들의 유입에 대한 경고가 있었고, 세대 갈등 또한 매일같이 일어나는 곳이다. 중고등학생들의 말이 일베화되었다는 르포는 더 이상 새롭지 않고, '태극기부대'로 불리는 광화문집회에 모인 노년층은 일베를 출처로 하는 게시물을 공유한다. 그렇다면 일과패턴을 보이는 일베의 게시물 생성 패턴은 이렇게 설명할 수 있지 않을까. 학생이 빠지면 회사원이 채우고, 회사원이 퇴근하면 할배들이 서성인다. 누군가 빠지면 다른 누군가가 그 자리를 채우는 것이다. 시계열 그래프로 확인한 일베의 행태적 사실은 세대적으로, 계층적으로 다양한 이들이 일베의 '마력'에 열광하며 끊임없이 일베를 채워왔다는 것을 보여준다.

2. 일베를 채운 혐오의 말들

텍스트 분석에 대하여

시계열 데이터를 활용한 분석을 통해 일베의 외형, 다시 말해 '겉모습'을 보았다면, 이제부터는 텍스트마이닝 기법을 활용해 그 속을 들여다볼 차례다. 텍스트마이닝은 학위논문에서도 소개한 바 있고, 지난 수년 동안 다양한 미디어에서 활용되며 이제는 많은 이들에게 알려진 방법이기도 하다.* 그래도 텍스트마이닝이 낯선 이들을 위해 본격적인 텍스트 분석에 앞서 간단하게나마 방법론에 대한 소개를 하려 한다. 앞으로 나올 내용은 개발자 등 필드에서 자연어처리를 수행하는 이들에게는 너무 많은 것이 생략되었거나 구식인 내용으로 느껴질 수 있는 반면, 프로그램 개발 경험이 전혀 없는 이들에게는 당혹스러울 정도로 난해한 말들이 뒤섞여 있는 것처럼 느껴질지도 모른다. 거듭 강조하자면, 이 책을 '다시' 쓰는 주된 목적 중 하나는 많은 훌륭한 문화연구자에게 연구 대상을 다양한 각도에서 이해할 수 있는 새로운 도구로서의 데이터 분석을 제안하는 것이기도 하다.

우선 텍스트 분석이 '실제로' 어떻게 진행되는지에 대한 간단한 이해를 먼저 해보도록 하자. 모든 텍스트 분석은 인간의 말을 컴퓨터가 이해할 수 있도록 변환해주는 것에서부터 시작한다. 분석하고자 하는 글을 형태소 단위로, 또는 필요할 경우 자소 단위로 분해하여 컴퓨터가 이해할 수 있도록 변환해주는 일련의 활동을 자연어처리라고 한다. 최근 인공지능 기반 서비스들이 각광을 받으며 구글, 페이스북 등 세계 유수의 데이터 기업들은 앞다투어 자연어처리 모델을 내놓고 있다.

그런데 우리말은 어순의 중요성이 상대적으로 크지 않고, 글자의 변화 가능성이 무궁무진하기 때문에 아무리 방대한 사전이 있다 하더라도 사이버공간의 담론을 온전히 담아내기가 어렵다. 예컨대 야민정음**의 모태가 된 야구 판을 살펴보자. 2020년에 은퇴한 "엘지의 심장" 박용택(우투좌타, 2009, 2012,

---

* 텍스트마이닝 기법이 활용된 대표적인 예로는 다음의 기사가 있다. 〈헬조선에 태어나 노오오오오력이 필요해〉, 《경향신문》, 2015.9.4.

보통 일베들의 시대

2013, 2017 골든글러브 수상자, 2503개라는 프로야구 역대 최다 안타기록 보유자)은 21세기 트윈스 최고의 프랜차이즈 스타답게 많은 별명을 가지고 있다. 그가 뼈를 묻다시피 한 구단은 슈퍼스타의 자질이 보이던 박용택에게 팬들의 응모를 통해 뽑은 '쿨가이'라는 공식 별명을 주었다. 하지만 팬들은 그를 쿨가이로'만' 한정하는 데 동의하지 않은 것 같다. 2006년, 박용택이 서울메트로 공식 홍보대사에 위촉되자 팬들은 그를 '메트로박'이라고 부르기 시작했다. 아마도 이것이, 그의 말도 많고 탈도 많던 별명 연대기의 첫발이었을 것이다. 박용택이 불꽃 같은 경기력으로 결정적인 타점을 올릴 때면 팬들은 그를 '용암택' 또는 '용암'이라 부른다. 반대로 그가 결정적인 찬스에서 침묵을 지킬 때면 '찬물택', 슬럼프가 오면 '지게택(노부모를 지게로 지고 산으로 가서 버렸다는 고려장 설화에서 비롯된다)'으로도 불린다. 어깨 부상 이후 외야 송구력이 소녀처럼 약해졌다는 의미에서 '소녀택'이 되기도 하고, 신임 감독과 면담을 할 때는 (저 감독은 몇 년이나 갈지 견적을 본다는 의미에서) '견적택'이 된다. 그중 최악은 엘지트윈스가 11년 만에 가을야구에 진출한 2013년, 외야 수비 중 포구에 실

** 야민정음의 탄생 설화는 워낙 많은 이들이 지분을 주장하고 있기 때문에 '누가 제일 먼저' 시작했는지는 정확히 알기 어렵다. 다만 '야'라는 접두사가 증명하듯이 야민정음은 야구팬(정확히 말하면 디시인사이드 야구갤러리 이용자)들에 의해 창안되었다는 점만은 분명하다. 나의 기억에 따르면, 야구선수 이대형을 '이머형'으로 쓴 것이 가장 초창기에 해당하는 야민정음식 표기다.

패하고 야구공을 발로 차는 결정적인 실책을 했을 때 이탈리아 축구선수 발로텔리의 이름을 따서 생긴 '발로택리'라는 별명이다. 나무위키에 있는 박용택의 별명 항목은 2020년 그가 은퇴한 시점에서조차 거의 매일 수정·추가되고 있으며 2019년 11월 5일 기준으로도 176개를 헤아린다. 만약 우리의 연구 대상이 디시의 엘지트윈스갤러리였다면 우리는 '박용택'이라는 의미를 파악하기 위해 최소 176개의 유의어를 사전에 등록해야 했을 것이다.

한편, 어떤 말들은 일상생활에서 너무나 자주 쓰이는 나머지 사실상 특별한 의미가 없는 일종의 추임새가 되기도 한다. 대표적으로 '특히' '그거' '같은' '생각' 따위의 단어나 말줄임표와 쉼표, 따옴표, 그리고 'ㅋ' 같은 표현*이 그런 부류에 속한다. 이런 단어 또는 표현들은 다른 '중요한' 단어들이 등장하는 빈도보다 압도적으로 자주 나타나는 일종의 잡음이다. 그런데 특정한 단어가 많이 나타난다고 해서 그것이 언제나 중요한 의미를 가지지 않는 것도 아니다. 다시 말해 신호와 소음이 뒤섞이는 것이다. 예컨대 거의 모든 대화에서 수십 수백 번씩 나오는 '생각'이라는 단어를 '지나치게' 많이 나온다는 이유로 삭제해도 괜찮을까? 꼭 그렇지는 않을 것이다.

따라서 텍스트 분석은 프로그래밍 능력만큼이나 분석 대상에 대한 배경지식 또는 관련 분야 전반을 이해하는 '도메인

---

*   'ㅋ'에 대해서는 2장 말미에서 후술한다.

지식domain knowledge'을 필요로 한다. 사실 이는 거의 모든 데이터 분석에 적용되는 철칙이기도 하다. 그럼에도 분석가의 배경지식(과 테크닉)에만 지나치게 의존한 분석은 재현 가능성이라고 하는 과학적 방법의 원리를 저버리기 십상이기에 온전히 그것에만 기대서도 안 된다. 특히 텍스트 분석의 경우는 연구자의 주관이나 경험에 지나치게 의존하게 되는 한편, 분석을 하면 할수록 더 많은 분석을 해야 하는 역설에 빠지기 쉽다. 일베를 포함한 사이버공간은 일일이 유의어와 금지어를 지정하기엔 너무나 많은 신조어들이 나타나고 있는 데다, 한글의 자모를 분리하고 다르게 조합하여 새로운 형태를 만드는 야민정음에까지 이르면 완벽한 텍스트 처리를 하기 위해 거의 모든 게시물을 베끼다시피 해야 하는 지경에 빠지게 되는 것이다. 따라서 분석하는 사람은 이 지난한 작업을 통해 얻고자 하는 결과물이 무엇이고, 그것을 얻기 위해 적용할 방법이 무엇인가에 따라 전처리의 수준과 방법을 취사선택해야 한다. 이 책에서의 목적은 일베라는 사이버공간의 담론을 거시적으로 이해해보고자 하는 것이다. 이런 목적이라면 제외어와 유의어를 정리하는 데 너무 많은 시간을 보낼 이유가 없다. 하지만 그 때문에 '대세'를 이루지 못한 토픽이나 단어들은 분석에 반영되지 못할 것이고, 게시물의 세세한 뉘앙스 또한 적잖이 놓치게 될지 모른다.

　이러한 난점을 타개하기 위해 한국의 학자와 개발자들은 그간 많은 노력을 기울여왔다. 1998년부터 2007년까지 약 10년간 150억 원을 들여 국립국어원이 '21세기 세종계획'에 따라 구축한 '세종 말뭉치', 서울대학교 꼬꼬마 형태소 분석기,[3] 은 전한닢 프로젝트팀의 Mecab-Ko[4] 같은 선구적 작업들은 우리 말을 정량적으로 연구할 수 있는 마중물을 제공했다. 박은정 은 이러한 노력들을 KoNLPy라는 파이썬 패키지로 엮어냈고,[5] 김현중은 온라인상의 신조어 등을 찾을 수 있는 비지도학습 unsupervised learning 기반 자연어처리 패키지인 soynlp[6]를 만들어 일 반에 공개했다.* soynlp는 야민정음 등 '온라인 사회방언'은 물 론 욕설과 신조어를 매일같이 쏟아내고 있는 온라인 담화를 분 석하기 위한 훌륭한 돌파구를 제공하는데, 매일같이 신조어를 만들어 쏟아내는 우리 연구 대상의 특성상 가장 적합한 자연어 처리 모델이라 할 수 있다. soynlp는 최근 활용되는 딥러닝 기 반 모델에 사용되는 자연어처리 기법인 BPE^{Byte Pair Encoding} 방식 에 비한다면 여전히 전통적인 방법이지만, 챗봇이나 문서분류 기와 같은 애플리케이션 개발이 아닌 데이터 분석 수준에서라 면 신뢰하고 쓸 수 있는 가장 강력하면서도 유용한 도구다. 또 한 soynlp는 한국어의 조어 특성을 사전에 모델링하고 주어진 말뭉치를 학습하여 특정한 패턴의 단어가 일정량 이상 발견되 면 사전에 추가하는 비지도학습 방식을 채택하고 있어 신조어

---

* 이 외에도 한국형 인공지능 경연 플랫폼 DACON에 분석코드를 공개한 수 많은 분석가들에게서도 영감을 얻었다. 이처럼 본 연구는 한국어 정보 처 리를 위해 수많은 시간과 노력을 투여하고도 아무런 대가 없이 일반에 공 개한 수많은 파이써니스타(pythonista)에게 큰 빚을 지고 있다. 이 페이지 를 빌려 감사의 말씀을 전한다.

문제를 일정 부분 해소해준다. 본 분석에서는 텍스트의 전처리를 위해서는 soynlp를 활용하였고, 전처리 이후의 본격적인 분석에서는 유의어/금지어 등의 개인화 사전을 적용한 Mecab-Ko를 활용했다.

수십만을 헤아리는 일베 게시물의 '양'은 연구자 개인이 모두 읽고 소화하기 어려운 양이다. 따라서 우리는 노동 집약적이면서도 고도의 정보 처리 능력을 필요로 하는 이 일을 컴퓨터에게 대행시킬 필요가 있다. 애초에 이러자고 지난한 텍스트 전처리를 수행하는 것이니 당연한 수순이다. 이때 우리가 취할 수 있는 전략은 두 가지로 압축할 수 있다. 첫째, 이미 방대한 데이터를 학습한 예측모델을 활용하여 개별 일베 게시물의 내용을 분류하는 지도학습 supervised learning 방법과 둘째, 유사한 단어들을 포함하고 있는 게시물들을 같은 주제라고 가정하는 방식의 비지도학습 계열 군집화 clustering 분석 방법이 그것이다. 2014년의 학위논문과 방법론적 측면에서 가장 큰 변화가 생긴 지점은 기존에 활용하지 않았던 분류모델을 적용했다는 점이다.

이 분석에서는 콘텐츠 스타트업 언더스코어가 개발한 혐오표현분류기를 활용했다.[7] 네이버와 다음 포털 뉴스의 댓글창, 일베, 디시, 워마드 등의 웹페이지로부터 2만 4,000건의 텍스트를 수집한 후, 나를 포함한 혐오표현에 대한 배경지식을 지닌 사회과학 연구자 총 10명이 교차로 데이터를 레이블링했다. 그후 분류성능 Label Ranking Average Precision, LRAP 0.89의 모델을 개발한 후 1만 1,000건의 중립 레이블 데이터 및 외부 데이터를 결합해 최종적으로 LRAP 0.92의 모델을 활용하였다.

물론 딥러닝 기반의 분류 방법이 모든 면에서 완벽하지는 않다. 특히 아쉬운 점은, BERT^{Bidirectional Encoder Representation from Transfomers}를 포함한 딥러닝 계열 NLU 기법의 알고리즘적 한계로 '긴 글'을 분석하는 데는 부적합하다는 점이다. 예컨대 구글에서 개발한 대표적인 언어모델인 BERT는 수많은 자연어처리 분야 과제에서 SOTA^{State-Of-The-Art}를 갈아치운 '사기'스러운 모델이지만, 이 모델이 한 번에 학습할 수 있는 토큰의 길이는 512자에 불과하다. 즉, 너무 긴 텍스트를 입력하면 에러가 난다는 것인데, 이러한 한계는 본 연구에 사용한 혐오표현 분류모델에서도 마찬가지였다. 이에 분류모델을 활용한 분석은 일베 게시물의 '제목'에 한정했다(제목 길이는 최대 247자였다). 이는 분명한 한계이나, 일베를 포함한 온라인 커뮤니티 게시물의 절대다수는 본문의 길이가 제목과 큰 차이가 없고, 특히 일베나 디시처럼 새 게시물 생성이 빠른 커뮤니티의 경우 주목경쟁을 위해 대개의 의미소가 제목에 압축적으로 드러난다는 점에서 '명백히 혐오표현을 포함하고 있는' 게시물을 골라내는 도구로 활용하기에는 충분했다.

이렇게 분류된 텍스트를 조금 더 세분화하기 위하여, 혐오표현 게시물로 분류된 게시물들에 토픽모델링 기법을 재삼 적용했다. 토픽모델링은 문서(또는 데이터)의 특성을 분해하여 특정 문서가 어떤 주제(토픽)에 포함될 확률이 높은지를 산출하는 비지도학습의 통계적 모델을 총칭하는 말이다. 그중에서도 잠재 디리클레 할당Latent Dirichlet Allocation, LDA은 일종의 확률모형으로, 특정 토픽에 특정한 단어가 들어갈 확률을 계산하여 모델링한 후 새로운 문서가 입력됐을 때 기존의 모델을 근거로 어떠한 토픽에 해당하는지를 출력하는 방식으로 작동한다. LDA는 특정 글의 맥락을 이해할 수 있다거나 엄밀한 분석 결과를 도출하지는 못하지만, 분석자에게 주어진 정보가 한정적이거나 분석 대상에 대한 '거시적 그림'을 파악하고자 할 때 쓰기 좋은 탐색적 분석Exploratory Data Analysis, EDA 방법이라고 할 수 있다.

LDA를 좀 더 쉽게 이해하기 위해 한 가지 예를 들어보자. 우리는 고등학교 공통과학 수준의 지식을 가진 직원이고, 그런 우리에게 과학저널 《사이언스》에 실린 모든 논문 중에서 '생명의 (유전적) 필수품 찾기'라는 문서가 어떤 토픽에 포함될 것인지를 분류하라는 업무가 주어졌다고 하자. 이 난감한 상황에서 우리가 취할 수 있는 가장 원초적인 선택지는 일단 모든 논문을 훑으면서 비슷한 단어들을 포함하고 있는 논문으로 몇 가지 그룹을 나눠 분류 바구니를 만들고, 논문을 하나씩 읽어보며 적당한 그룹의 바구니에 던져 넣는 것이다.

우리는 논문들에 대한 검토를 통해 《사이언스》에는 네 가지 토픽이 있을 것이라고 가정했다. '유전자' 'DNA' 등으로 구성된 유전자 토픽과 '생명' '유기체'라는 단어가 자주 나오는 생명 토픽, '뇌' '신경' 등이 포함된 뇌과학 토픽, '데이터' '숫자' 등의 데이터 토픽이 그것이다. 그리고 다시 논문을 보자. 논문은 유전자, 생명, 게놈 등을 자주 언급하고 있다. 이상을 검토한 직원은 이 논문에서 가장 많은 비중을 차지하는 토픽 분포에 따라 유전자 토픽 문서로 간주, 해당 바구니에 넣게 될 것이다. LDA란 이와 유사한 과정을 컴퓨터로 구현한 것이다.

문제는, 숙련된 사람은 《사이언스》에 게재되는 논문의 토픽이 무엇인지 파악할 수 있지만 컴퓨터는 그렇지 않다는 점이다. 따라서 LDA는 구조적으로 토픽의 개수를 사람이 지정해줘야 한다. 가장 최적의 토픽 개수를 얻기 위한 방법으로는 여러 개의 토픽 범위 안에서 최고의 로그우도$^{log\ likelihood}$값을 갖는 것을 선택하는 실루엣 분석$^{Silhouette\ analysis}$ 방법이 자주 쓰인다. 이번 분석에서도 해당 방법을 적용하였는데, 이미 분류모델을 통해 1차적으로 걸러진 자료에 대한 분석임을 고려하여 토픽의 범위는 3~10 사이로 조정했다.

지금까지 복잡하게 설명한 텍스트 분석 전략을 도식화하면 〈그림 10〉과 같다. 즉, 분석 대상 텍스트 전체에서 제목에 혐오표현을 포함하고 있는 게시물을 걸러낸다. 이 과정에서 적지 않은 수가 명시적인 혐오표현을 쓰고 있지 않아 미분류 상태로 남아 있을 것이다. 혐오표현 분류를 통해 한층 좁혀진 분석 대상을 깊게 이해하기 위해서는 토픽모델링 기법을 활용할 것이다. 이를 통해 우리는 일베에서 발화되는 수많은 혐오표현의 내용을 이해할 수 있는 인식론적 지도를 얻을 수 있다. 다만, 우리는 온라인 커뮤니티 분석을 위한 방법으로서의 텍스트 분석이 가진 한계를 분명히 인지한 채로 분석 결과를 이해해야 한다.

예컨대 2016년 4월 14일 자로 일베에 올라온 "물에 둥둥 떠

그림 10   텍스트 분석 전략의 도식화

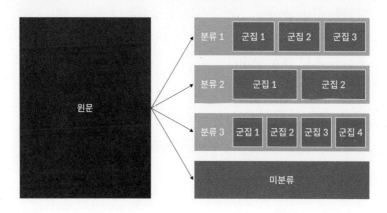

다니는 거 뭐야?"*라는 제목의 게시물을 살펴보자. 이 게시물은 20대 총선 직후라는 시점에 '씨발갑'**이라는 경멸적 의미의 별명으로 불렸던 박원순 당시 서울시장이 한강에서 무언가를 발견하는 듯한 모습의 사진을 첨부하곤 "씨발 저거 세훈이 아니야?"라고 적고 있다. 즉, 이 게시물은 박원순 당시 서울시장이 20대 총선에서 낙선한 오세훈 후보(의 시체)를 한강에서 발견한다는 상황을 연출하고 있다. 이 게시물을 정치 이슈에 꽤나 밝은 이에게 건넨다면 그는 이 게시물이 당시 새누리당(현 국민의

---

*   https://ilbe.com/view/7875943108

**   박원순 전 서울시장을 조롱하는 다양한 표현이 있지만, 사이버공간에서는 '씨발갑'만큼 (좌우를 막론하고) 널리 불린 멸칭이 없다. 이러한 은어는 박 전 시장의 외모를 비하하는 동시에, 그의 친서민 행보(라는 '이중성')를 비난하기 위해 만들어진 '짤'들에서 시작된 것으로 추측한다.

힘)을 조롱하고 있다는 사실을 단번에 알아챌 것이다. 애초에 박원순 전 서울시장이 '서울시장'에 당선되어 유력 대선 주자가 될 수 있었던 배경에 오세훈 시장의 '무상급식 주민투표'* 가 있었다는 점을 기억한다면, 그의 낙선을 다름 아닌 박원순 전 시장의 얼굴로 조롱하는 이 게시물의 '파괴력'은 더욱 컸다고 하겠다. 이러한 해석과 그에 기인한 '웃음'은 중층의 사실과 맥락을 조합해야지만 가능한데, 현재까지의 텍스트 분석 기술은 이러한 맥락을 읽기에 여전히 단순하다. 또한 이 게시물처럼 텍스트로는 전혀 언급되지 않는 것이 있다는 점에서, 이미지 분석과 결합되지 않은 커뮤니티 게시물 분석이 갈 길은 아직도 멀다. 하물며 우리의 분석 도구가 가진 기술적 한계로 인해 '제목'으로만 분류한 경우는 어떻겠는가. 따라서 이제부터 살펴볼 텍스트 분석은 일베에 대한 나름의 기준을 세워놓고 가려 뽑은 '샘플'에 대한 분석이라고 이해하자.

---

* 2010년 12월 서울특별시의회에서 통과된 무상급식 조례안에 대해 보수 성향 시민단체는 포퓰리즘으로 규정하며 주민투표를 제청했다. 이에 따라 2011년 8월 24일 주민투표가 시행되었으나 25% 내외의 투표율을 기록하며 개표 자체가 무산되었다. 주민투표 투표율과 그 결과에 자신의 재신임을 걸었던 오세훈 당시 서울시장은 8월 26일 사퇴를 선언했다. 그렇게 같은 해 10월에 치러진 보궐선거에서 무소속으로 출마한 박원순 당시 변호사가 안철수 당시 서울대학교 융합과학기술대학원장의 지지를 업고 당선된다. 무상급식 주민투표와 오세훈의 사퇴는 결과적으로 박원순이 3선 서울시장이라는 정치적 거물로 성장하는 '초석'이 되었다고 볼 수 있다.

	게시물수	백분율	월평균 게시물수	표준편차	게시물당 평균 추천수	게시물당 평균 댓글수
단순 악플	6만 4,809	41.8%	583.9	255.3	422.1	137.6
여성/가족	3만 7,231	24.0%	335.4	136.5	420.0	173.5
인종/국적	2만 1,083	13.6%	189.9	109.2	351.0	143.5
지역	1만 9,370	12.5%	174.5	114.0	367.5	115.4
연령	4,919	3.2%	44.3	30.5	361.9	154.8
성소수자	3,061	2.0%	27.8	18.3	387.3	169.6
남성	1,950	1.3%	17.6	9.1	386.0	171.9
종교	1,347	0.9%	12.1	11.1	342.3	151.3
기타 혐오	1,281	0.8%	11.5	9.6	388.9	235.6
총합	15만 5,051	100.0%				

혐오의 대상

게시물 생성량 등 앞선 시계열 분석에서 활용한 77만여 개의 게시물 중 제목에 명백한 혐오표현을 포함한 것으로 판단된 게시물은 전체의 20.1%에 해당하는 15만 5,051건이었다. 〈표 3〉을 보자. 세부 혐오 카테고리별로 살펴보면 욕설 등 '단순 악플'이라 할 만한 게시물이 가장 많은 비율을 차지한다. 악명 높은 일베의 여성혐오를 증명하듯 여성/가족에 대한 혐오표현이 그 뒤를 이었다. 여성 혐오표현은 양적으로도 매우 많지만, 게시물당 평균 댓글수와 추천수 역시 매우 높은 것으로 나타났다. 이

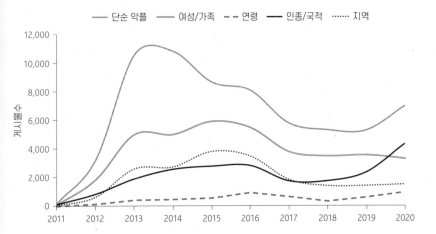

그림 11   일베에서의 주요 혐오표현 연간 변동량

— 단순 악플   — 여성/가족   – – 연령   — 인종/국적   ······ 지역

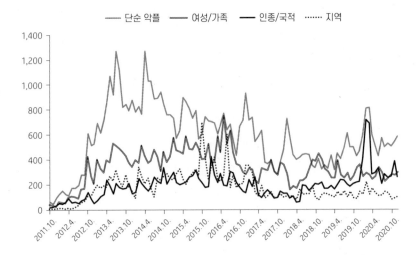

그림 12   일베에서의 주요 혐오표현 월간 변동량

— 단순 악플   — 여성/가족   — 인종/국적   ······ 지역

는 일베 이용자들이 '김치녀', 나아가 '메갈'과 같이 여성혐오 또는 '젠더 갈등'을 부추기는 게시물에 높은 관심을 보였다는 사실을 방증한다. 또한 여성/가족 관련 혐오표현은 욕설만으로 의사소통의 시작과 끝을 맺을 수 있는 일베의 커뮤니케이션 특성을 고려한다면 혐오의 '대상'이 적시된 주제로는 최대의 '지분'을 차지한다고 보아도 무리가 없다. 그 외 중국(인)으로 대표되는 인종/국적 혐오표현과 호남으로 대표되는 지역 혐오표현은 13% 내외의 비율을 보였으며 5% 미만의 수준으로 연령 및 성소수자 혐오표현이 나타났다.

〈그림 11〉은 총 아홉 가지로 분류된 세부 혐오표현 중 단순 악플 등 상위 다섯 가지의 연간 변동량을 나타낸 것이고, 〈그림 12〉는 상위 네 가지의 월간 변동량을 나타낸 것이다. 여기서는 〈그림 12〉를 집중적으로 보자. 전체적으로는 일베 게시물의 변동 추이와 대동소이하지만, 혐오표현별로 살펴보면 그 변화의 폭이 상당하다. 우선 여성/가족 혐오표현의 경우, 강남역 살인사건이 발생한 2016년 5월 역대 최대 월간 버즈량을 기록하기까지 지속적인 양적 성장을 거듭하며 '여혐 커뮤니티'로서의 면목을 가감 없이 보여준다. 그에 비하면 호남 혐오로 대표되는 지역 혐오표현은 5·18 광주 민주화운동 기념일을 전후로 한 시점의 패턴화된 버즈량 변동 외에도, 다소 뜬금없는(2015년 10월) 버즈량 폭증이 일부 눈에 띤다. 이러한 '불안정성'은 지역에 대한 혐오표현이 일베의 대표적인 밈인 만큼 특정한 시점의 '떡밥'에 따라 그 버즈량이 좌지우지되는, 다소 주변적인 혐

오표현일 가능성을 보여준다.* 이러한 결과는 2014년 학위논문을 통해 제시했던 내용과 대동소이한 것이다. 당시 나는 논문에서 '일베의 적'으로 여성, 북한, 좌파, 그리고 호남을 제시하였는데, 이번 분석에서도 여성과 호남에 대한 혐오표현은 그대로라는 사실이 확인되었다.

비교적 일정한 비율을 유지하는 상위 네 가지 혐오표현 중 가장 눈에 띄는 변화는 외국인에 대한 혐오표현의 증가다. 직접적으로는 2020년부터 본격화된 코로나19의 확산으로 인한 중국 혐오가 원인이겠지만, 2016년 이후 양적 퇴조가 분명하던 외국인 혐오 자체가 2018년 이후부터 본격적으로 상승 곡선을 그린다는 점은 특기할 만하다. 심지어 2020년에 이르러서는 코로나19라는 특수 상황을 고려하더라도 일베의 혐오표현 역사상 처음으로 외국인에 대한 혐오표현이 여성에 대한 혐오표현을 뛰어넘는 기염을 토한다. 국내 최초의 코로나19 확진자가 확인된 직후, 2020년 2월의 인종/국적 혐오표현은 역대 어떤 혐

---

* 이러한 분석 결과는 2022년 20대 대통령선거 과정에서 국민의힘의 '제갈량'을 자임한 당대표 이준석이 주도했던 대선 전략과도 절묘하게 맞아떨어진다. 주변화된 지역감정이 2030 세대를 정치적으로 동원하는 데 큰 영향을 끼치기 어렵다고 할 때, 그 대안으로 여성에 대한 피해의식과 중국에 대한 공포를 적절히 섞는 정략적 판단이 나올 수 있는 것이다. '지역 혐오를 버리고 여성혐오를 취한다'는 판단이 2030 세대를 정치적으로 동원하는 데 얼마나 '성공적'이었느냐에 대해서는 논란의 여지가 있지만, 지역 혐오에 기대던 한국 정치에 이준석과 국민의힘이 여성혐오라는 새로운 축을 더했다는 사실만은 분명해 보인다.

오표현의 변동보다도 극적인 증가를 나타내고, 이후부터는 '안정적'으로 여성혐오와 비등한 수준의 비율을 나타낸다. 외국인, 정확히 말하자면 중국인에 대한 혐오표현의 급격한 상승은 온라인에서의 혐오표현이 사회적 문제로 각인된 2010년대 이래 계량적으로 증명되지 않았던 사실이라는 점에서 특기할 만하다. 한국형사정책연구원에서 진행한 2018년의 광범위한 온라인 혐오표현 연구를 참고하면 이러한 외국인 혐오표현의 증가를 더욱 확실히 알 수 있다. 해당 연구에 따르면 여성, 인종(국적), 장애, 성소수자 등 4대 혐오표현 중 인종/국적 관련 국내 온라인 커뮤니티의 버즈량은 최하위에 머물렀다.[8] 조사 시점과 방법적 한계를 고려하더라도 2018년에서 2020년 사이의 변화는 극적이다.

하지만 그렇다고 해서 '중국 혐오'가 다른 혐오를 제치고 '대세'를 이루었다는 식으로 말하기엔 무리가 있어 보인다. 우리가 가지고 있는 데이터가 옳다면, 〈그림 13〉에서 보이는 것처럼 인종/국적 혐오표현의 절대량은 급증했을지언정 그러한 주장에 대한 동조(추천과 댓글)는 유의미하게 증가하지 않았기도 하거니와 코로나19의 장기화가 확실시되던 2020년 하반기부터는 다시 기존의 버즈량으로 돌아가 일정한 수준을 유지했기 때문이다. 21세기 중국의 '굴기' 이후 되살아난 중화주의는 과연 한국인들의 무의식 속에 각인된 공포를 일깨웠다. 특히 2017년 한국의 사드 배치 이후에 잇따른 보복조치와 동북공정, 악명 높은 전랑 외교는 중국에 대한 혐오를 정당화하는 데 일조

| 그림 13 | 인종/국적 혐오표현 월간 게시물 생성량과 반응량 |

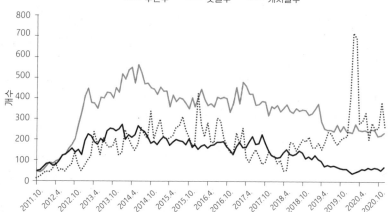

| 그림 14 | 인종/국적 혐오표현의 세부 토픽 월간 게시물 생성량 |

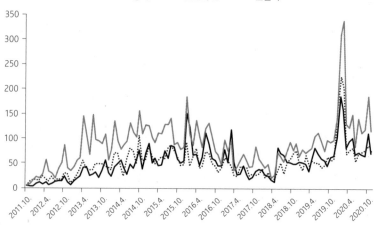

했다. 더욱이 2022년 초에 벌어진 러시아-우크라이나 전쟁이 '러시아엔 소수민족이 없다'는 주장으로 요약할 수 있는 블라디미르 푸틴의 '유라시아주의'에서 시작되었다는 점에서, 동북아시아에 속하는 한국이 언제든지 중화주의의 깃발 아래 중국의 침략을 받을 수 있다는 불안 또한 촉발되었다. 이러한 추세를 볼 때, 일베에서 2020년 상반기에 나타난 외국인 혐오표현의 첨두는 아직 다가오지 않은 미래를 예견하기라도 하는 듯 암울해 보인다.

일상이 된 '좌파' 혐오

양적으로만 본다면 일베에서 나타나는 혐오표현은 단순 악플과 여성/가족, 지역, 그리고 인종/국적 관련 내용이라고 요약할 수 있다. 그런데 일베라면 응당 등장했어야 할 혐오 대상이 빠진 것 같다. 바로 민주당과 정의당(구 통합진보당)을 위시한 제도권 리버럴-진보정당(출신 정치인)과 북한이다. 이번 분석에서 활용한 모델의 한계로, 북한과 '좌파'를 향한 혐오표현은 (우습게도) 단순 악플로 분류되었다. 정당이나 이념에 대한 혐오표현을 검출하기 위해 개발된 모델이 아니기에 이 같은 결과가 나왔지만 실망할 필요는 없다. LDA 분석을 통해 '좌파' 관련 토픽을 구분해낼 수 있었기 때문이다.

6만 4,809개의 '단순 악플' 분류 문서의 적절한 토픽수를 찾기 위한 실루엣 분석을 진행한 결과, 6개의 토픽일 때 가장 적절한 값이 나오는 것으로 계산되었다. 〈표 4〉는 이에 따라 '단순

토픽 번호		1	2	3	4	5	6
토픽명		관계	저격	정보	국제	사건 사고	정치
게시물수(건)		9,827	1만 3,971	8,006	9,110	1만 901	1만 3,190
비율		15.1%	21.5%	12.3%	14.0%	16.8%	20.3%
키워드	1	새끼	새끼	노무	미국	기사	새끼
	2	사람	병신	시발	재앙	경찰	나라
	3	여자	저격	게이	세월	사건	재앙
	4	생각	게이	장소	영화	뉴스	문재인
	5	병신	댓글	이기	한국	기자	대통령
	6	친구	시발	일본	트럼프	조사	북한
	7	남자	사진	정보	조선	방송	한국
	8	시발	인증	사진	조국	박원순	병신
	9	자기	좌표	우리	병원	신고	국민
	10	시간	이거	가격	의사	내용	우리
	11	찐따	하나	댕댕이	사람	사람	빨갱이
	12	인생	주작	정도	백신	언론	개새끼
	13	우리	민주	브금	자살	서울	좌파
	14	정도	분탕	시간	때문	사실	이유
	15	특징	홍어	마스크	환자	요약	정부
	16	군대	광고	반일	사망	조작	박근혜
	17	하나	사이트	운지	코로나	관련	사람
	18	소리	정보	버스	가족	검찰	일본
	19	지랄	지랄	폐렴	이유	보도	정치
	20	부모	개새끼	마리	치료	확인	노무현

표 4 단순 악플 게시물의 세부 내용

악플' 문서에 6개의 토픽이 있다고 가정하고 토픽모델링을 구현한 결과이다. 거의 모든 토픽에 '새끼' 등의 욕설이 포함된 한편, 개별 토픽마다 해당 토픽의 내용을 구성하는 단어들이 비교적 잘 분리된 것을 확인할 수 있다.

우선 단순 악플 게시물 중 '여자' '친구' '부모' 등을 언급한 관계 토픽 게시물은 9,827건, '저격' '좌표' '정보' 등의 키워드가 포함된 저격 토픽은 1만 3,971건으로 나타났다. 저격 토픽의 경우 각종 '인증'과 '좌표' 및 여러 '분탕'과 '주작'에 대한 고발 등의 내용이 주를 이루었다. 고전적 사례인 '문재인 의자' 게시물과 같이, 일베에서의 저격문화는 정치적 이슈와도 매우 긴밀하게 연결되어 있다는 점을 기억하자.

한편, (욕이 나올 정도로) '노무노무' 괜찮은 정보를 '(일)게이' 들에게 전파하는 정보 토픽은 8,006건으로 나타났다. 온라인 커뮤니티의 가장 일상적인 행위 양식인 정보교환이 혐오표현으로 예측된 이러한 결과는 (일베 이용 여부와는 별개로) 대개의 젊은이들이 일상생활에서 욕설을 일종의 강조 표현처럼 활용하는 언어습관이 반영된 것으로 보인다. 일본과 중국, 미국 등 국제관계 관련 게시물은 9,110건이었는데, 빈도 순위상 높지는 않으나 '코로나' '환자' 등의 키워드에서 추측할 수 있듯 일베 이용자들은 팬데믹에 대처하는 각국의 상황을 예의 주시했던 것으로 보인다.

'기사' '경찰' '사건' 등의 키워드가 포함된 사건 사고 토픽 역시 특기할 만하다. 이 토픽은 1만 901건의 게시물이 속한 것으로 계산되었는데, 키워드 중 2020년 7월에 사망한 박원순 전 서울시장의 이름이 눈에 띈다. 이에 대해서는 박원순 전 서울시장이 유명을 달리하던 시점의 뉴스를 실시간으로 공유하며 그에 대한 저주와 조롱을 퍼부었으리라고 쉽게 예측할 수 있다.

마지막으로 살펴볼 토픽은 정치 토픽이다. 앞서 확인한 사건 사고, 저격 등의 토픽들에서도 정치적 이슈를 일부 확인할 수 있었지만, 정치 토픽은 그 구체적인 대상을 적시하고 있다는 점에서 다른 토픽들과 차이가 있다. 정치 토픽으로는 총 1만 3,190건의 게시물이 분류되었고, '문재인'('재앙') '박근혜' '노무현' 등의 역대 대통령 이름과 '빨갱이' '좌파' 그리고 '북한' 등의 이념 지칭적인 성격의 단어들이 키워드로 나타났다. 정치 토픽 게시물은 전체 혐오표현 게시물의 약 8.5%를 차지하는데, 사건 사고 등 여타의 토픽으로 분류된 게시물까지 포함한다면 그 양은 더욱 많아질 것으로 예상된다. 바꿔 말해, '단순 악플'로 분류된 게시물의 상당수는 일베의 정적인 좌파와 북한을 향한 비난으로 보기에 무리가 없다.

〈그림 15〉는 전체 분석 기간 중 각 토픽의 월간 비율을 나타낸다. 가장 눈에 띄는 결과는 저격문화의 퇴조와 정치 토픽의 증가다. 관계, 정보 등의 토픽은 상대적으로 일정한 비율이 유지되고 있지만, 정치 토픽의 경우 그 출렁임이 다른 토픽에 비해 심대하다. 저격문화는 일베의 초창기인 2014년경만 하더라도 가장 지배적인 행태였으나, 시간이 갈수록 점점 쪼그라들어 '단순 악플' 내의 '평범한' 토픽과 유사한 수준으로 그 비율이 내

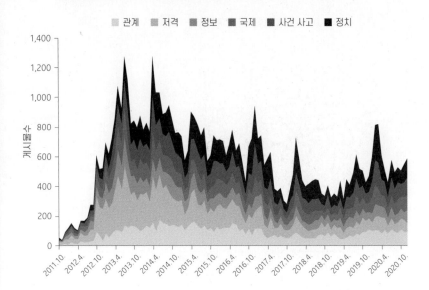

그림 15   단순 악플 게시물 세부 토픽의 시계열 분포

■ 관계   ■ 저격   ■ 정보   ■ 국제   ■ 사건 사고   ■ 정치

려간다. 이러한 변화는 2016년 하반기, 즉 박근혜 전 대통령 탄핵 정국이 결정적인 영향을 미친 것으로 보이는데, 월간 토픽 비율에서 저격 토픽과 정치 토픽의 추세선을 시각화한 〈그림 16〉에서도 확인할 수 있다. 이러한 변화는 일베의 상징과도 같던 '저격' 밈을 생산하던 주요 계층이 탄핵 정국 이후 일베에서 퇴장하고, 그 자리를 정치에 (과)몰입하는 이용자들이 차지하게 됐다는 가설을 지지하는 증거로 보인다.

'김치녀'와 페미니스트

일베가 악명을 떨친 중요한 이유 중 하나는 '김치녀'로 대

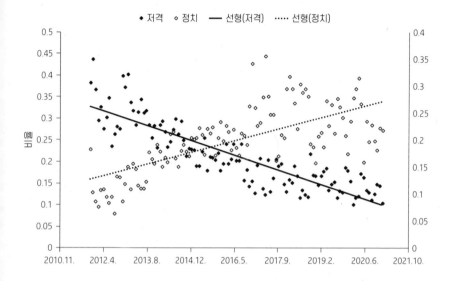

그림 16　　일베에서의 저격 토픽과 정치 토픽의 시계열 변동

● 저격　○ 정치　── 선형(저격)　····· 선형(정치)

표되는 온라인 여성혐오를 적극적으로 퍼뜨린 원점과도 같은 사이트라는 데 있다. 전체 혐오표현 게시물 중 여성/가족 혐오 표현의 비율은 이미 사실로 받아들여지고 있는 앞서와 같은 현상을 재확인한 것에 불과하다. 토픽모델링 결과를 통해 좀 더 세부적으로 살펴보자.

실루엣 분석 결과 여성/가족에 대한 혐오표현 게시물은 〈표 5〉에서 보이는 것처럼 5개의 토픽으로 나눌 수 있었다. 28.2%로 가장 많은 비율을 차지한 토픽은 '여경'에 대한 비난, '김치'녀에 대한 '정보'와 그들을 징벌하기 위한 '좌표'의 공유, 징벌에 대한 '인증' 등을 다루는 저격 토픽(1만 548건)인 것으로

표 5			여성/가족 혐오표현 게시물의 세부 내용		
토픽 번호	1	2	3	4	5
토픽명	관계	결혼	페미니즘	저격	여성 특권
게시물수	7,007	8,239	5,443	1만 548	6,114
비율	18.8%	22.1%	14.6%	28.2%	16.4%
키워드	1	여자	김치	페미	김치	김치
	2	남자	여자	방송	새끼	사람
	3	한국	결혼	사건	댓글	경찰
	4	여성	남자	미국	게이	여성
	5	이유	남편	여고생	여경	김여사
	6	생각	친구	기사	보지	자리
	7	결혼	시녀	낙태	창녀	신고
	8	자기	생각	대통령	사진	시발
	9	때문	새끼	수술	시발	버스
	10	보지	자기	민국	정보	전용
	11	남성	특징	시위	카페	화장실
	12	나라	얼굴	문재인	인증	전화
	13	사회	정도	가슴	장소	아줌마
	14	군대	남친	북한	보소	요약
	15	김치	하나	근황	요약	학교
	16	사람	사람	살인	좌표	시간
	17	자신	나이	달창	반응	사고
	18	일본	엄마	스타	돼지	운전
	19	페미	이상	의사	사이트	지하철
	20	남녀	시간	재앙	저격	우리

나타났다. 그 밖에도 여성을 성적으로 대상화하는 키워드들이 다수 확인되는데, 이들 키워드는 그 자체로 일베에서의 여성혐오를 증명한다. 다시 말해 여성의 '몸'을 성적인 착취 대상으로 보고 대상화하는 전형적인 여성혐오적 표현들이다.

두 번째로 높은 비율을 차지한 토픽은 결혼 토픽이었다. 총 8,239건의 게시물이 해당된 이 토픽은 단순히 '결혼하고 싶다' 따위의 의사 표명이나 '결혼하려면 어떻게 해야 하는가'와 같은 고민 상담이 아니다. 이후 3장의 게시물 사례 분석에서 확인하게 되겠지만, 적지 않은 이용자들, 특히 기혼자들은 '김치녀'와의 결혼을 극구 말리거나 결혼을 하더라도 '사흘에 한 번은 패야 한다'는 식의 발언을 쏟아낸다. '시녀'와 같은 키워드는 결혼해봤자 아내의 시녀가 될 뿐이라는 일베 이용자들의 자조와 관련이 있다. 이러한 주장들은 2021년 하반기 온라인에서 떠돈 '퐁퐁남' 또는 '설거지론'*을 예비한다.

그럼에도, 결혼 자체는 (안 하든 못 하든 간에) 일베 이용자들

---

* 연애 경험이 적으면서도 경제적으로 여유가 있는 남성이 성적으로 문란한 여성과 결혼하는 것을 '설거지'에 빗대 표현한 조어다. 이때 설거지는 가사 노동의 상징으로도 사용되지만, 그보다는 여성을 더러운 접시 또는 그릇에 비유함으로써 다른 남성과의 관계를 통해 이미 '더러워진' 여성을 (순진한) 남성이 '뒤처리'를 한다는 함의를 갖고 있다. 이러한 맥락에서 설거지를 '당한' 남성은 '퐁퐁남'으로, (퐁퐁남의 아내인) '미시'들이 많다고 알려진 동탄 등은 '퐁퐁시티' 등으로 지칭된다. 설거지론에 대해서는 천관율 에디터와 함께 뉴미디어 스타트업 얼룩소를 통해 텍스트 분석에 기반한 글을 발행한 바 있다. 자세한 내용은 다음의 글을 참고하라. 〈설거지론, 그리고 젠더 혁명〉, 얼룩소, 2021.11.18.

에게 중요한 이슈이자 궁극적인 욕망이라는 점은 확실해 보인다. 이를 뒷받침하는 토픽이 연애와 결혼을 포함한 남녀관계 일반을 다룬 관계 토픽이다. 총 7,007개의 게시물이 여기에 포함되는데, '여성'과 '결혼'에 대한 각자의 '생각'과 여러 추측들이 복합적으로 다뤄지고 있다. 연애를 할 수 없는 사정, 도대체가 이해할 수 없는 '썸녀'의 행동들, 나를 배신한 그 여자, 순정을 바친 그녀가 실은 어장 관리의 달인이었다는 이야기 등 로맨틱한 사랑에 대한 꿈과 그에 대한 '여자들의' 배신이 '썰'의 형태로 공유된다.

하지만 결혼도 섹스도 '상대'가 있어야 가능한 일이다. 수많은 일베 이용자들이 봉착한 문제는 관계의 대상들이 타락한 존재, 즉 '김치녀'라는 데 있다. 윤보라가 옳게 지적한 것처럼, '김치녀'라는 말은 '일부' 여성이 아닌 한국 여성 '전체'를 의미한다는 점에서 특수하다. 일베에서 "한국 여성들은 전부 못생기고, 공중도덕 관념과 책임감이 없고, 이기적이며, 무조건 돈 많은 남자와 명품만 밝히는 속물, 은혜를 모르는 후안무치, 성적으로 방종한 '걸레년'과 '낙태충'이다".[9] 이는 결혼 토픽이 암시하는 일베의 이상적 여성상과 대치되는 것이기도 하다. 이들 '김치녀'는 도덕적이며 책임감이 투철한 이타적인 '소수의' 여성이 진정성 있는 '나'에게 헌신적인 사랑과 섹스를 제공하여 단란한 가정을 이루는 일을 방해한다고 여겨진다. 이 단란한 가족 로맨스를 방해하는 김치녀의 극의가 바로 '페미니즘'이라고 할 때, 이들 페미니스트는 '가슴'도 작은 주제에 '낙태'나 하는 방종

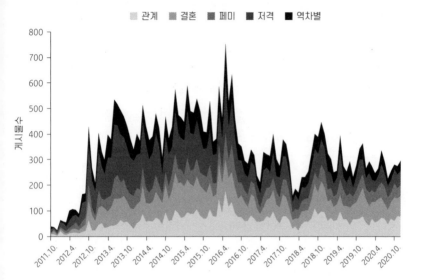

그림 17   여성/가족 혐오표현 세부 토픽의 시계열분포

관계 ■ 결혼 ■ 페미 ■ 저격 ■ 역차별

한 이들이고, 각종 '사건' 사고나 일으키는 트러블 메이커이자, 무엇보다 정치적 좌파로서 일베의 숙적이 된다. 이러한 키워드가 모두 포함되어 독립적인 페미니즘 토픽(5,443건)을 이룬다. 또한 '지하철'의 임산부 지정석과 '김여사'를 위한 여성 전용 주차공간 등의 여성 특권 토픽은 페미니즘의 요구를 각하하는 동시에 한국 사회 '역차별'을 고발하는 사례로 끊임없이 소환된다.

여기서 잠시 〈그림 17〉을 보자. 이 그래프는 여성/가족 혐오표현의 세부 토픽 게시물수를 시계열분포로 나타낸 것이다. '의외'로 2015년 메갈리아로 촉발된 '페미니즘 리부트' 이후 이렇다 할 백래시의 흔적이 나타나지 않는다는 점을 눈치챌 수 있다. 일베를 아는 사람이라면 상식적으로 그들이 누구보다 활발하게 백래시 활동을 추구했을 것이라 생각하겠지만 데이터상으로는 강남역 살인사건 추모 현장에서의 '핑코게이' 사건에 반응한 것 정도를 제외하면 눈에 띄는 백래시의 양상은 보이지 않는다. 이를 다소 극적으로 표현한다면, 일베가 선봉에 서서 쌓아놓은 여성혐오의 카르마karma로 '여자 일베'라는 악명을 얻은 메갈리아가 만들어졌지만, 정작 일베는 뒷짐을 지고 전선에서 빠진 형국이라고 할 수 있겠다. 일베가 '빠져나온' 자리를 채우고 여성과의 전면전에 나선 이들은 여성과 페미니즘 의제에 '온정적'이었던(그래서 일베로부터 '씹선비' 소리를 들었던) 나머지 남성들이었다.

이러한 시계열 토픽 분포는 다음과 같은 해석이 가능할 것이다. 일베 이용자들은 사이버공간에서 활동하는 온라인 페미니즘 활동가(넷페미)들이 구사하는 미러링의 어휘에 '면역'이 되어 있었거나, 아니면 넷페미들이 뭐라고 하든 '개소리'로 여기며 (우스워할 뿐) 아무런 자극도 받지 못했거나. 어느 쪽이든 '번식 경쟁'에서 탈락해 그 원한을 '여성우월주의'로 해소하려는 일군의 '정신병자'로 페미니스트를 보는 일베의 '전통적인' 태도만은 흔들림 없이 유지되고 있는 것처럼 보인다.

'미개한' 전라도, '미개한' 지방

지역에 대한 혐오표현은 총 5개의 토픽으로 세분화됐다. 그 중심은 단연 호남이었다. 일베에서의 전라도 혐오는 호남

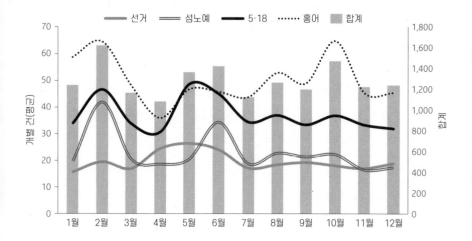

그림 18 월평균 호남 혐오표현 세부 토픽 게시물 생성량

지역(민)을 외국 또는 비인간(홍어)으로 타자화하거나, 광주 민주화운동을 폭동으로 규정하며 그에 대한 진압을 정당화하는 5·18 수정주의, '염전' '섬 노예' 등 전라도에서 일어난 엽기적인 사건을 반복적으로 언급하는 낙인효과 강화 등의 패턴을 갖고 있는 것으로 나타났다.

〈그림 18〉은 일베에서의 연간 호남 혐오표현 토픽 생성량을 월별로 세분화한 값을 시각화한 것이다. 그림에서 나타나듯이, 합계상 가장 많은 혐오표현이 나타난 달은 2월이다. 눈치 빠른 독자라면 호남에 대한 혐오표현이 5월에 집중되지 않았다는 데서 의외성을 느낄 것이다. 토픽별 생성량을 살펴보면 '5·18' 토픽은 5월에 집중적으로 발생한 것을 확인할 수 있다. '홍어' 토픽은 거의 모든 시점에 가장 높은 생성량을 기록하고 있다.

보통 일베들의 시대

호남인들에 대한 혐오표현은 일베에서 거의 일상처럼 여겨지는 한편, 2014년 염전 섬 노예 사건과 같은 '야만'스러운 사례들이 때때로 이목을 끈 것으로 보인다.

〈표 6〉을 보자. 수치상 가장 적은 토픽부터 살펴보면, 선거 토픽은 지역 혐오표현 게시물 중 그나마 전라도가 덜 특정된 토픽이다. '단순 악플' 게시물에서의 정치 토픽 및 여타 시계열 분석에서도 확인하였듯이, 선거를 포함한 정치 이벤트에 대한 일베 이용자들의 관심은 대단히 높다. 하지만 지역 비하 맥락에서의 선거 토픽은 지역주의 투표 성향에 대한 반감이 나타난 것으로 보인다. 매우 제한된 샘플이나마 전라도에 대한 비난은 물론, 대구('머구'), 부산, 충청도('멍청도'), 서울 등 다양한 지명이 동시에 나타나기 때문이다. 이를 긍정적으로 해석해본다면 '망국적'이라고까지 일컬어지던 지역주의가 해체되고 있다는 신호로도 읽을 수 있을 것이다. 최소한 일베를 알고 그 문화에 익숙한 이들이라면 지역주의 투표 경향이 옅어질 것이라는 가정 역시 설득력을 얻는다. 하지만 그렇다 하더라도 누군가에게는 '고향'인 특정 지역을 비난하고 그 지역 출신의 정치인들을 비열하게 낙인찍는 이들과 그들을 옹호하는 정당을 지지한다는 것은 쉽게 상상이 되질 않는다.

이러한 상상을 가능하게 하는 것이 바로 고향 토픽이다. 1차적으로 고향 토픽은 '까보전', 즉 '까고 보니 전라도'로 요약되는 '통수(뒤통수)'의 연대기이다. 어딘지 행동이나 사상이 의심스러운 사람은 '전라도 출신'이더라는 식이다. 하지만 이를 조금

표 6			지역 혐오표현 게시물의 세부 내용		
토픽 번호	1	2	3	4	5
토픽명	고향	선거	홍어	5·18	섬 노예
게시물수	4,132	2,541	5,698	4,290	2,853
비중	21.2%	13.0%	29.2%	22.0%	14.6%
키워드 1	전라도	전라도	홍어	광주	노예
2	사람	투표	새끼	폭동	대구
3	지역	게이	전라도	경찰	전라도
4	출신	머구	분탕	사건	지역
5	고향	인증	댓글	민주	신안
6	전라	대통령	시발	폭행	서울
7	경상도	우리	병신	운동	염전
8	서울	서울	개새끼	폭도	사건
9	통수	동네	게이	사진	전남
10	이유	보수	저격	여자	신안군
11	호남	부산	지랄	전화	광주
12	자기	나라	김대중	요약	중국
13	생각	새끼	하나	신고	공항
14	특징	북한	정보	학교	도시
15	디언	박근혜	이유	사람	영화
16	우리	재앙	사람	학생	주민
17	때문	멍청도	생각	당시	인구
18	광주	빨갱이	좌표	사고	경북
19	전남	문재인	냄새	시민	세금
20	감정	택시	드립	진압	한국

보통 일베들의 시대

만 비틀어 생각해본다면, 특히 '경상도'가 고향 토픽의 키워드에서 상위권에 있음을 고려한다면 일베에서 나타나는 지역 혐오표현이 호남에 국한되는 것 같지는 않다. 그보다는 호남을 포함한 지방 전체를 낙후되고 닫힌 사회, 즉 '비정상적'인 사회로 규정하는 것에 가까워 보인다. 즉, 서울을 '정상적'인 상태로 상정하고 욕망하는 만큼 지방을 무시하고 그곳에 사는 이들을 '루저'로 격하한다. 이런 조건에서 고향은 탈출해야 하는 또 다른 지옥일 뿐 애향심이 자리잡을 곳은 없다. 수도권 인근에 거주하는 이들은 지방을 식민화 또는 타자화하고, 그 외 지역에 사는 이들은 수도권을 선망하거나 그곳이 아니면 교육이나 취업의 기회를 얻지 못한다고 여긴다. 이는 근본적으로 서울에 모든 자원이 집중되어 나타난 지역 불균형 문제다. 전라도는 그 탈출에의 욕망 또는 필요성이 5·18 수정주의와 맞물리며 타 지역에 비해 상대적으로 높다고 인식될 뿐이다.

지역에 대한 낙인은 '섬 노예' 토픽에서 더욱 명료하게 드러난다. 일베에서 잊을 만하면 베스트 게시물이 되는 섬 노예 토픽은 2014년 염전 섬 노예 사건이 있었던 '신안군'으로 특정됐으나 실은 서울 아닌 곳의 혼돈과 야만성을 손가락질하기 위한 포르노그래피였다. 이 같은 지역 비하의 맥락에서 전라도는, 공장식 양계장 정도를 제외하면 변변한 산업 기반이 없어 그곳에 "진입했다는 걸 알게 해주는 신호"가 "코를 찌르는 닭똥 냄새"[10]라고 할 수 있을 정도로 낙후된 지방의 지방이며 타자의 타자가 된다. 조귀동은 저서 《전라디언의 굴레》에서 1960년대 퀘

벡해방전선의 지도자였던 피에르 발리에르^{Pierre Vallières}의 관점을 빌려 호남 문제의 본질은 인종 문제라고 지적한다. 그에 따르면 전라도인은 "근대화와 그에 따른 대규모 인구 이동 속에서 다른 인간 집단, 정확히는 좀 더 열등한 이등시민으로 간주되고 스스로도 구별된 정체성을"""" 갖고 있다. 즉, 호남인들이 피부색이나 외꺼풀 같은 외양적 특징으로 구별되는 '인종'은 아니지만 체계적인 차별과 낙후된 인프라, 국가폭력에 의한 학살의 기억 등으로 인해 '이등시민이라는 자각'을 갖고 있다는 것이다.

그 반대편에서 호남을 타자화하는 일베 이용자들은 호남인들의 태생적 열등함을 주장하며 이등시민이라는 낙인을 정당화하고자 한다. 낙후된 비非국토(또는 식민지)에 거주하는 야만스러운 비국민으로서의 호남인이라는 낙인은 '문명'의 지배가 필요하다는 주장으로 이어진다. 그 문명의 백기사가 (계엄)법을 앞세운 군경이라 할 때, 잠자코 맞지 않고 저항하는 것은 '폭동'일 뿐 아니라 일종의 '내란'이다. 이처럼 겹겹이 쌓인 지역에 대한 혐오와 야만에 대한 공포는 5·18 당시의 계엄령 선포와 그 이후의 과정을 국가폭력이 아닌 정당한 법 집행이자 사회 혼란을 막기 위한 일종의 정상화 과정으로 인식하게 한다. 5·18 토픽에서 희생자 또는 시민 피해를 지시하는 키워드보다 '경찰' '폭도' '폭동'과 같이 '진압'의 정당성을 지시하는 키워드가 더 많이 나타나는 까닭도 그 때문이다. 일베 이용자들에게 '민주화'는 이 모든 '정상'을 '비정상'으로 이끈 것이다. 무법적인 '폭도'들이 민주유공자가 되어 대대로 '무임승차'를 하는 데 반해,

'홍어'들의 폭동을 평정한 전두환은 사형수가 되어 '억울하게' 수의를 입었다는 주장은 이렇게 완성된다.

번외: ㅋ으로 떠다니는 냉소의 파편들

마지막으로 한 가지 짚고 넘어갈 것이 있다. 테스트 분석에 필요한 데이터를 마련하는 데이터 전처리 과정에서 잘려나간 글자들은 아무 의미도 담고 있지 않았을까? 물론 그렇지만은 않을 것이다. 그중에서도 내가 주목하는 데이터는 웃음 표현, 즉 'ㅋ'과 'ㅇ'이다. 모든 컴퓨터 매개 커뮤니케이션 환경에서 쓰이고 있는 'ㅋㅋ'은 키읔의 개수에 따라 원문의 뉘앙스를 완전히 바꿔버리기도 한다. '넵'이라는 1음절의 단어조차 문장부호나 ㅋ, ㅎ과 결합되어 역동적인 의미 변화를 일으킬 수 있다. 게다가 ㅋ이나 ㅎ, ^^ 등은 (웃음이라는 커뮤니케이션 양식이 그러하듯) 대화 상황에 따라 정반대로 해석될 여지가 있기 때문에 맥락 의존적이다.

사이버공간에서의 웃음 표현이 가지고 있는 이러한 특성을 전제로, 일베에서의 'ㅋ' 활용은 조금 더 들여다볼 필요가 있다. 'ㅋ'의 활용에만 초점을 맞춘 연구는 학계에 소개된 바 없지만, 그렇다 하더라도 우리는 ㅋ의 개수에 따라 전달하고자 하는 감정이 다르다는 사실을 직감적으로 알고 있다. 가장 일반적으로, 무리 없이 쓸 수 있는 온라인에서의 웃음 표현은 'ㅋㅋ'이다. ㅋㅋ은 상대방에게 호감이나 선의가 있음을 전제로, 그의 말을 긍정하고 있다는 의미를 내포한다. 따라서 긍정적인 거의 모든 상황에서 ㅋ을 두 번 연달아 쓰는 것은 상례상 무리가 없다. 너무나 무리가 없는 나머지 거의 어떠한 특징도 없다. 따라서 청자의 입장에서는 성의 없다고까지 느낄 수 있는 중의적인 표현이 ㅋㅋ이기도 하다.

ㅋㅋ에 ㅋ 하나를 더 보탠 ㅋㅋㅋ은 웃음을 유발하려는 발화자의 의도가 성공했음을 알려주는 신호가 될 수 있다. ㅋㅋㅋ은 긍정이나 호감을 넘어서 '재미있음'을 드러내는 표현에 가깝고, 네 번 이상 ㅋ을 쓴다면 매우 긍정적이며 '현(실)웃(음)'을 참지 못할 정도의 흥분(또는 몰입)과 긍정을 나타낸다. 혹자는 ㅋ이 적대적 상황에서도 쓰이는 예를 들어 ㅋ의 반복적 활용이 '긍정'적인 맥락에서만 쓰인다는 주장을 기각할 수도 있다. 하지만 화자가 부정적 의도로 쓴 것이 명백하다 할지라도, ㅋ의 개수가 많아질수록 열광의 정도를 강하게 드러낸다는 것은 부정하기 어렵다. 이것은 마치 콘서트장과 같이 떠들썩한 곳에서 감정적 흥분상태가 되면 자기도 모르게 목소리가 커지는 것과 같다. 특정한 격화 상황에서 심장이 떨리는 것과 같이 온라인에서 빠르게 키보드를 타자하는(또는 ㅋ을 계속 누르는) 것은 일종의 신체적 반응인 것이다.

그렇다면 ㅋ을 하나만 쓰는 것은 어떤 의미인가. 대화 맥락에서 ㅋ은 긍정이라기보다는 부정, 존중보다는 멸시에 가깝다. ㅋㅋㅋㅋ이 폭소라면 ㅋ은 피식 소리를 내는 헛웃음이고, 상대방의 의도를 인지하고는 있지만 호응할 생각은 전혀 없는 태도이며, 더 나아가면 상대에 대한 명백한 비아냥이자 도발이다.

보통 일베들의 시대

표 7	ㅋ의 사용 개수에 따른 감정상태 가설			
사용 개수	0	1	2	3	4
감정상태	무반응	부정/비아냥	중립/긍정	긍정	매우 긍정/흥분

마지막으로, 화자의 발화가 청자의 웃음을 전제로 구성되었음에도 ㅋ이 단 하나도 나타나지 않는다면 이는 웃음-소통의 완전한 실패를 의미한다. 그러나 사이버공간에서의 모든 의사소통이 웃음을 전제로 하지는 않을 것이므로, 어떤 온라인 커뮤니티든 일상적으로 가장 많이 나타나는 ㅋ의 사용 개수는 0건개일 것이다.

온라인 웃음 표현의 또 다른 대표 주자라 할 수 있는 'ㅎ'의 활용은 어떨까. ㅎ의 용법은 ㅋ의 그것과 거의 유사하지만 강도는 조금 덜한 웃음 표현이다. ㅎㅎ은 ㅋㅋ과 유사하나 ㅋㅋ보다는 다소 겸양의 태도를 드러낸다. 이는 마치 동료에게는 ㅋㅋ을 쓰고 상사에게는 ㅎㅎ을 쓰는 게 좀 더 '적절하게' 느껴지는 정도의 미미한 차이다. 미묘한 뉘앙스의 차이가 있음을 인정하면서, 여기서는 분석의 용이함을 위해 ㅎㅎ을 ㅋㅋ과 동의어로 간주하자.

ㅋ에 대한 이상의 장황한 논의를 요약하면, ㅋ의 활용은 웃음의 리커드 척도와 다름없다는 가설을 얻게 된다. 이 가설은 〈표 7〉과 같이 정리할 수 있다.

그렇다면 일베에서 ㅋ은 어떻게 쓰이는가. 〈그림 19〉는 일

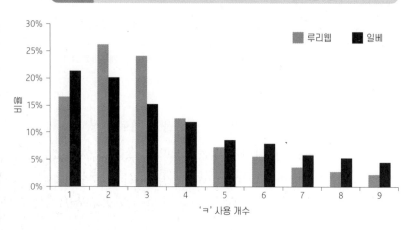

그림 19   일베와 루리웹의 게시물당 웃음 표현 비율 비교

베와 루리웹 정보게시판 게시물의 본문에서 ㅋ의 숫자만 헤아린 후 시각화를 위해 자연로그를 취한 것이다. 두 곳 모두 큰 틀에서 U자형을 그리고 있다. 일베가 유머 커뮤니티임을 고려한다면, 4개 이상 반복적으로 ㅋ을 활용한 사례가 많다는 사실은 그다지 놀랄 일도 특별한 일도 아니다. 일베뿐만 아니라 대부분의 온라인 커뮤니티는 그 핵심적인 기능이 소소한 재미와 웃음을 주는 데 있으므로 ㅋ이 4개 이상 반복되어 나타나는 비율은 높을 수밖에 없다. 이는 루리웹 분석 결과에서도 잘 드러난다.

일베의 진정한 특수성은 ㅋ을 단 1개만 사용한 사례가 2~3개를 사용한 사례보다 많다는 데 있다. 앞서 정리한 가설이 맞는다면, 대부분의 커뮤니티에서 ㅋ을 1개만 쓰는 것은 다소 터부시되어 활용 빈도가 높지 않을 것으로 기대할 수 있는데 일베는 그러한 기대를 보기 좋게 깨버린다. 반대로 루리웹은 예상대로의 분포를 보여주고 있다. 이러한 결과는 무엇을 의미하는 가? 지금 단계에서 확언하긴 어렵지만, 일베는 루리웹 이용자들이 보여주는 바와 같은 전통적인 웃음 컨센서스를 구성하지 않는다. 그렇다면 일베 이용자들은 웃음 소재를 제안하고 구성원들의 승인을 얻는 과정에서 필수적으로 여겨지는 상대방의 동의와 호감 표현에 무관심한 것인가? 아마 그렇지는 않을 것이다. 일베는 근본적으로 '유머 커뮤니티'인바, 일베적이라 할 만한 특유의 컨센서스가 있다고 가정하지 않으면 ㅋ이 ㅋㅋ보다 많은 현상을 설명할 수는 없다.

일베적 혐오

내부의 타자들

이번 장은 일간베스트에 등극한 게시물을 살펴본다. 정확히는 앞선 데이터 분석을 통해 식별된 일베의 적, 호남과 여성, 그리고 진보좌파를 다룬 게시물들을 살펴볼 것이다. 이들은 북한이라는 외부의 적을 겨냥한다면서도 실상은 내부의 적인 '종북'에 더 많은 냉소와 분노를 표출한다. 내부의 적을 향한 증오는 호남에 대한 멸시와 결합되어 5·18 수정주의로 발전한다. 5·18에 대해 북한군, 다시 말해 외부의 개입이 있었다고 주장하면서도 '반골 기질'을 가진 '홍어'들의 '폭동'이라고 깎아내리는 양면적인 태도를 보인다. 그리고 무엇보다, 가족주의적 포섭의 대상으로서 여성을 향한 맹비난을 쏟아낸다. 요컨대 일베적 혐오는 한국 사회를 '분열'시키는 존재로서 내부의 타자들을 향한다.[*]

이 같은 일베의 타자화는 지금까지 알려진 극우주의 및 극단주의 연구와는 상반된다. 혐오 발화의 내용상 일베는 극단주의자들의 그것과 대단히 유사하지만, 혐오의 대상이 내부에 있다는 점에서 네오나치나 재특회와는 전혀 다르다. 이러한 특징은 일베를 전형적인, 또는 국제적인 맥락에서 통용되는 극우주의로 위치시키는 것을 주저하게 만드는 하나의 요인이다. 이 때문에 우리는 일베가 주는 여러 인상에 대한 평설보다도 실제 그곳에서 어떤 논의가 이루어지는지를 살펴볼 필요가 있다. 이때 각각의 혐오 대상에 대한 일베의 공격은 다음의 세 가지 과정을 따른다. 첫째, 혐오 대상을 식별하기 위한 사회적 무시. 둘째, 자신들의 정당성을 확인하고 의사를 결집하기 위한 분노 표출. 셋째, 일베적 사회를 회복하기 위한 의례로서의 저격. 이들 각각은 일베 이용자들의 주장을 (내부적으로) 정당화할 뿐 아니라 일베 특유의 열광적 상태를 만들어내는 과정에도 지대한 영향을

─────

* 여기에 한 가지가 더 추가될 수 있다면 그것은 아마도 제노포비아, 즉 외국인 혐오일 것이다. 그러나 2장에서 확인한 것처럼, 일베에서의 외국인 혐오는 수치상 크게 드러나지 않을 뿐 아니라 그 중요성이 인정된다 하더라도 현재로선 대단히 한계적(marginal)이며 상황적이다. 다시 말해 (아직은) 중국 조선족 남성 오원춘이 한국 여성을 살해한 수원 토막 살인사건이나 한국 최초의 귀화인 출신 국회의원이었던 이자스민 전 의원 등의 개인 및 코로나19와 같은 국제적 사건에 종속되어 있다. 이는 일베에서의 제노포비아가 심각하지 않다는 의미가 아니다. 다만 일베라는 커뮤니티를 이끄는 핵심 동력을 설명하는 데 상대적으로 그 중요성이 낮을 뿐이다. 한국 온라인 커뮤니티에서의 제노포비아를 연구하기 위해서는 좀 더 다양한 온라인 커뮤니티와 유튜브 같은 플랫폼의 데이터를 교차 분석해야 할 것이다.

끼친다.

그러나 이러한 과정을 과연 '일베 특유의 현상'으로 낙인찍을 수 있을까? 사이버공간에서의 열광만을 놓고 이야기한다면 우리는 이미 2008년 촛불집회 당시 현장 생중계 영상에 댓글을 달던 이들의 수많은 증언을 마주한 바 있다. 여기에 '베스트' 시스템은 열광의 밴드왜건 효과를 극대화한다. 즉, 많은 사람들이 '모인' 곳에서 자신의 생각과 같은 생각이 공유되고 있다는 '사실'을 확인한 이들은 쉽게 자신의, 혹은 집단의 의견이 정당하다는 확신을 가지게 되며 이에 따라 사이버공간의 열광이 폭발성을 갖게 된다는 것이다. 그 대표적인 예가 앞서 언급된 '인증대란'이었으며 (약간의 과장이 허용된다면) 이러한 양상은 일베를 비롯해 다음 아고라에서, 네이트 판에서, 오유에서도 볼 수 있는 일반적인 현상이었다.

이 장에서 다루는 일베 게시물들은 일부 독자에게 충격으로 다가올 수 있기에 주의가 필요하다. 게시물 원문과 댓글에 가득한 혐오표현과 욕설 등을 직접 인용하는 대신 그 내용만을 전달하고자 노력하였으나, 일베 특유의 냉소와 조롱을 읽어내려가는 일 자체가 고역으로 느껴질 수도 있다. 그런가 하면, 이번 장은 2014년의 논문에서 크게 달라지지 않은 내용이라는 사실도 미리 언급하고자 한다. 8년이라는 꽤나 긴 시간 동안 일베에서도 그간의 중대한 정치·사회적 사건에 따라 다양한 게시물과 반응이 나타났겠으나, 이번 장의 목적은 각 시기나 사건에 대한 일베 이용자들의 생각을 알아보는 것이 아니다. 다시 말

	제목	추천수	비추천수	댓글수
사례 1	518) 광주 가는 버스 안에서 일베 중이다	323	37	145
사례 2	일베에 왜 518 글이 올라오는 이유??	269	21	348
사례 3	일본유학 게이가 느낀 김치년 VS 스시녀 가장 큰 차이점 BEST 5	479	474	387
사례 4	나도대자보썼다.jpg	5,708	213	1,142
사례 5	[펌]종북세력의 실체 군대 다녀온 사람들은 알 거다..!	503	17	210
사례 6	독립군 후손, 625 참전용사, 베트남 파병 장병, 518 유공자 현재 모습.JPG	711	31	170
사례 7	이것이 518의 FACT 다!!!!!!!	693	144	565
사례 8	[재업] 광주 사태가 폭동인 이유	528	44	356
사례 9	개씨발년甲.jpg	472	187	328
사례 10	[스압]일베 상주하는 좌좀들에게 해주고 싶은 말.TXT	1,574	145	1,037
사례 11	518 핵폭탄)드.디.어.올.것.이.왔.다!!!	1,195	104	351
사례 12	차 안 가지고 와서 빡친 김치년.jpg	855	88	628
사례 13	레알 강남스타일.jpg	531	94	452
사례 14	문재인 후보님이 100만 원짜리 의자? 그러실 분 아니다	930	35	124

해, 데이터 분석을 통해 재구성한 혐오의 '구조'가 최초 분석을
시도했던 시점과 대동소이한 상황에서 추가적인 사례를 소개
하는 것은 별 의미가 없다고 판단했음을 밝힌다. 〈표 1〉은 이 장
에서 살펴볼 게시물 사례 1~14를 정리한 것이다.

1. 일베가 타자를 호명하는 방법

독일의 사회학자 악셀 호네트^{Axel Honneth}는 저서 《인정투쟁》을 통해 인정의 세 가지 차원이 있는 것과 마찬가지로 사회적 무시나 모욕 역시 세 가지 차원으로 나눌 수 있다고 주장했다. 첫 번째는 인정이 신체적 불가침에서 출발하는 것과 마찬가지로 "신체를 자유롭게 사용할 수 있는 가능성을 폭력으로 빼앗는 실제적 학대"[1]이다. 호네트는 이것이 가장 기본적인 모욕이라고 말했다. 두 번째는 권리의 박탈로, 이는 "한 개인이 다른 사회 구성원들과 동등한 정도의 도덕적 판단력을 인정"[2]받지 못함으로써 굴욕감을 느끼게 한다. 다시 말해 그 개인이 사회적 상호작용의 동등한 주체로 인정받지 못하는 느낌을 주는 무시이다. 마지막으로는 개인이나 집단이 공동으로 믿는 사회적 가치에 대한 부정, 다시 말해 문화적 평가절하이다.

이 같은 호네트의 이론화는 사회적 무시가 가지고 있는 다양한 측면을 설명해주고, 무시를 당한 주체가 정치적 저항과 같은 인정투쟁으로 나아갈 수 있는 함의를 제공해준다. 이를 우리의 논의에 비추어본다면 일베는 여성, 호남 등의 '타자'들이 한 사회의 구성원으로 인정받을 권리를 부정하고, 분단 체제에 기대어 여타 사회적 가치를 부정하는 무시를 행하고 있다고 할 수 있다. 사례 1~4는 일베가 '타자'들을 어떻게 호명하고 무시하는지를 드러낸다.

전라도, '7시 방향'에 위치한 '홍어들의 나라'

호남은 일베의 주요한 혐오 대상이다. 일베 이용자에게 전라도 사람들은 '민도'가 낮으며 자기들끼리만 연합하여 타지인들의 '뒤통수'를 때리는 사람들이다. 이들의 인식에서 전라도 사람들은 태생적으로 사회 부적응자이므로 가난해지는 것 또한 당연하다. 나아가 일베 이용자들은 모든 사회문제의 근원을 항상 전라도에서 찾는다. 어떤 사건이나 사고가 터지면 그 관계자들에 대해 곧바로 '전라도 출신'이 아니냐는 말들을 쏟아내는 식이다. 세월호 참사가 발생했을 때도 기도하는 사람의 사진과 함께 "제발 전라도였으면"이라는 코멘트를 단 게시물이 수많은 추천을 받았다. 이들은 전라도에 대해 직접적으로 언급하지 않는 경우에도 서남방언을 조합한 일베 특유의 사회방언을 사용하는 것으로 전라도를 경멸하는 의미를 전달한다.

사례 1은 "518) 광주 가는 버스 안에서 일베 중이다"라는 게시물로, 일베의 전라도 혐오를 잘 드러낸다. 글쓴이는 광주행 버스 탑승을 인증하며 광주, 그리고 5·18을 에둘러 비난하고 있다. 이 게시물은 전라도에 대한 혐오표현을 직접적으로 쓰고 있다는 점에서 특기할 만한데, '슨상님' '홍어'가 대표적이다. '슨상님'은 김대중 전 대통령을 의미하는 것으로, 호남 사람들이 김대중을 지칭할 때 '선생님'이라고 부른 데 기인하여 이를 서남방언으로 표기한 것이다. 이는 넓은 의미에서의 '지역드립'으로도 볼 수 있다. '지역드립'은 종종 호남에 한정하여 '홍어드립'이라고 부르기도 할 정도로, 일베에서 '홍어'는 호남을 표상하는 단어로 자리잡았다. 또한 '홍어드립'은 자주 '호성드립'과도 연관되는데, '호성드립'은 전 해태타이거즈 야구선수였던 이호성이 처자를 살해하고 자살한 사건을 호남 사람들의 폭력성 혹은 야만성의 근거(즉, 팩트)로 들며 희화화하는 것을 말한다. '호성드립'에는 특히 "성님은 힘이 장사셨제"와 같은 표현이 따라붙는다. 사이버공간에서 전라도에 대한 혐오표현은 서남방언을 이용한 희화화와 김대중에 대한 절대적 지지에 대한 조롱, 그리고 호남 사람들의 '민도' 자체를 공격하는 방식으로 나타난다.* 댓글에서는 광주의 치안이나 광주 시민들의 폭력성을 경계하는 발언들을 자주 찾아볼 수 있는데, 가령 "진심으로 조심해라 말 한마디 잘못했다가 어째 될 줄 모른다"라거나 "홍어국 안 위험하겠냐 몸조심해라"라는 등의 발언이다.

하지만 이 게시물에서 무엇보다 중요한 지점은 광주를 '적'으로 명시한 지점이다. 이것은 5·18을 '무장 폭동'으로 보는 관점과 연결되어 광주를 '외국'으로 취급하는 일베의 경향을 그대로 보여준다. 일베에서는 호남을 한반도의 '7시 방향'에 있는 다른 나라라는 의미에서 '7시국' 혹은 '홍어국'으로 부르며, 호남 사람들을 '국민'의 범주에서 제외한다. 댓글에서도 이러한 인식은 그대로 반복된다. 광주에 거주하고 있다는 일베 이용자에게

---

* 이는 다시 이용자들이 대구를 '고담 대구'라고 부른 것과도 이어져 있다. 지역에 대한 이러한 인식은 각 도시에 대한 편견을 만들어냈는데, 가령 대구에서는 '황당한' 사건이, 인천에서는 강력 사건이, 광주에서는 성범죄가 많이 일어난다는 식이다.

"여권 없으면 너두 외노자다 걸리면 강제추방이고 치외법권 지역이다ㅋㅋ조심해"라고 하는 말이 대표적이다. 일베에서는 같은 일베 이용자라 하더라도 서로를 배려하는 언사를 찾아보기 어렵다. 오히려 그러한 행동은 '친목질'이라 하여 주된 제재의 대상이 되는데, 하물며 스스로를 광주 출신이라고 말하는 것은 커다란 금기에 해당한다. 광주 출신이라는 일베 이용자에게 다른 이용자들은 "홍어 새끼야 왜 태어났노?"와 같은 비난을 서슴지 않는다. 또한 글쓴이에게 '여권'이나 '비자'를 가지고 갔느냐고 묻는 이들이 많았는데, 이는 일베에서 광주·호남에 대한 타자화가 얼마나 높은 수준으로 이뤄져 있는지를 보여준다.

사례 2는 일베 운영자가 이용자들에게 직접 질문을 한 흔치 않은 사례로, '5·18드립'의 이유를 묻는 게시물이다. 이 게시물의 댓글들은 5·18에 대한 일베의 인식을 잘 보여준다. 댓글들은 일베에서의 5·18 폄훼의 이유를 명쾌하게 설명하고 있는데, "5·18을 보는 시각이 다양"하다는 점을 주장할 뿐 아니라, 보다 근본적으로는 "5·18 옹호자[진보 진영]를 비꼴 겸 일베가 유머사이트이므로 유머[드립]도 칠 겸 겸사겸사"라고 말함으로써 일베의 호남 혐오가 그리 단순한 문제가 아님을 드러내고 있다.

우선 일베에서는 5·18을 '옹호'하는 사람들이 '진보 진영'으로 인식된다. 5·18이 정치적 이득을 얻으려는 '진보세력'의 '음모'로 '신격화되었다'는 생각이 지배적이기 때문이다. 이는 민주화의 가치, 나아가 진보를 상징하는 지역으로서의 광주라는 개념을 떠올리게 한다. 요컨대 일베 이용자들이 5·18을 폄훼함으로써 진정으로 노리는 것은 진보 진영 자체라는 것이다. 더욱이 이들에게 진보는 자주 종북, 또는 북한 정권과 혼동된다는 점에서 '5·18 북한 개입설'을 지지하는 방향으로도 나아간다. 또한 일베가 5·18 관련 드립을 '유머'로 국한하고 있다는 점에 주목하자. 이들에게 지역드립은 그 정도가 아무리 심해도 어디까지나 유머코드에 불과한 것이다. 따라서 그들이 보기에 '진보단체'의 '고소 크리'는 유머를 유머로 받아들이지 못하는 이들의 옹졸한 행태일 뿐이다. 이는 역설적으로 그들이 스스로의 발언의 심각성을 전혀 인지하지 못한 채 일종의 클리셰로서의 혐오를 남발하고 있다는 것을 의미하며 일베가 인식하는 한국 사회의 문제가 지역보다는 이념에 있다는 점을 보여준다. 이후에 서술할 일베 이용자들과의 인터뷰에서 더 자세하게 이야기하겠지만, 일베에서의 지역 혐오는 한국에서 1960년대 이후 대중화된 지역주의와는 그 결을 달리한다. 대부분의 일베 이용자들이 이른바 '청년'이라는 점에서, 일베의 지역주의가 기존의 지역주의와 다른 것은 자연스러운 결과일지도 모른다.

글쓴이인 운영자는 댓글을 통해 "5·18드립은 대충 알고 있었는데 노잼인데 계속 올리니깐 물어본 것임"이라며 애초에 유머코드로서의 '5·18드립'이 전혀 가치가 없는 것 아니냐는 질문을 던지기도 했다. 물론 이 같은 질문에 "드립도 모르는 병신"이라며 욕설을 한 경우도 있었지만, 그러한 글쓴이의 의견에 동조하는 의견도 많았다. 그러나 이 사례의 진정한 의미는 5·18에 대한 일베의 비난이 결국 일간베스트에 등극하고자 하는 경

쟁 때문이라는 사실을 밝힌다는 데 있다. "명절날 세배는 꼭 재
미로 하는 건 아니다"라는 대답은 5·18 폄훼가 일베 이용자들
에게 일종의 '의례'로 자리잡고 있는 것임을 드러낸다. 5·18은
"폭동절"이고, "일베 한번 가볼 생각"이 있다면 "머릿속에서 드
립을 쥐어짜내" '신선한' 드립을 쳐보고자 한다는 것이다. "좆도
재미없지만 ['폭동절'이라는] 의무감에 일베[추천을] 주게" 되는 순
환은 '일간베스트 저장소'라는 웹사이트가 만들어내는 자극 경
쟁 구도의 일면을 보여준다. 마치 크리스마스 시즌이면 일종
의 의례처럼 쇼핑몰은 으레 세일을 하고 소비자는 쇼핑을 하듯,
'폭동절'이라는 '축제' 기간이 되면 일베 이용자들은 앞다투어
'소비'할 만한 콘텐츠를 만들어내고 그 콘텐츠를 소비하는 것이
다. 이는 (일베 이용자들이 '중력절'이라고 일컫는) 노무현 전 대통령
서거일에도 마찬가지이다.

　'어그로'로서의 5·18드립이 '흥하기' 때문이라는 점을 지적
하는 이용자들도 많았는데, 이러한 지적은 "5·18 갖고 드립 치
면 홍어들 광분하잖아"라는 발언으로 드러난다. 여기서 우리는
일베적 혐오의 중요한 동인을 찾을 수 있다. '타자'인 대상이 분
노하는 것 자체가 불러일으키는 카타르시스는 호남과 5·18은
물론 이 책에서 다루는 다른 타자들에 대한 비난에도 쾌감을 더
한다. 이들의 '드립'이 어디까지나 '유머'였다는 자기변호가 배
후에 깔린 것은 물론, 더 중요한 것은 타자가 분노한다는 사실
그 자체이다. 이처럼 상대방이 자신의 말을 듣고 감정이 격해져
몸서리치는 것을 보는 재미를 일베에서는 '부들부들잼'이라고

말한다. 일베가 보기에 '부들부들잼'은 무식한 도덕주의자인 '씹선비'들을 공격할 때 가장 잘 나타나는 반응이며, '씹선비'에는 5·18의 성스러움을 신봉하는 이들에서부터 여성, 진보주의자들에 이르기까지 광범위한 이들이 포함된다. 다시 말해 일베에서 말하는 '씹선비'란 일베를 제외한 타자, 즉 이성보다 감정을 앞세워 정확한 판단을 하지 못하는 '좀비' 같은 이들 전반을 아우르는 말이다.

여성, '개념 없는 김치녀'

일베에서 말하는 '김치녀'에 대해 논의하기 전에 우리는 여성에 대한 타자화가 일베에서만 이루어지는 것은 아니라는 점을 분명히 짚고 넘어가야 한다. 여성을 향한 차별적 시선은 언제나 범주화를 포함하는데, 이는 또한 부정적 여성상을 여성 일반에 덧씌우는 담론적 장치가 된다. 김수진은 식민지 조선의 신여성 담론을 분석하며 근대적 지향을 표명한 지식인들의 욕망과 정체성이 투영된 장소가 신여성이었다고 주장했다. 당시 지식인 남성들에게는 물론이고 식민지 조선의 대중에게도 알려진 '모던걸'은 나혜석 등으로 특정되는 지식인 여성에 국한된 것이 아니라 "큰길에 나오는 모든 여자"[3]였으며, 그들의 외모나 지식은 "주체적인 사고의 발로"라기보다 "단순한 허영심"[4]에 찌든, "요컨대 유녀"[5]의 것으로 특정지어졌다는 것이다. 이는 1930년대 초《신여성》의 주요 필진이었던 남성들이 거의 공통적으로 가지고 있던 인식으로, 식민지 조선의 담론장에서 여성은 근본적으로 비주체적이고 의식이 없는 이들로 그려졌다. 여성을 "퇴폐와 타락, 자본주의적 상품화, 그리고 배금주의의 체현자라고 비판"하면서도 기실 여성에 대한 매혹됨의 눈길과 끊을 수 없는 엿보기의 욕망을 드러내고 있다고 김수진은 주장한다.

이러한 경향은 현대에 와서도 크게 변하지 않았다. 2006년을 전후로 일반화된 '된장녀' 개념, 즉 여성을 '소비주의'와 '허영'으로 일축하는 남성들의 조소와 비아냥은 실상 "소비를 통해 여성들이 충족하고 있는 욕망의 내용을 알 수 없을뿐더러 그들을 통제할 수도 없다고 느낄 때"[6] 나타난 것이다. 이러한 남성들의 불안은 여성에 대한 격렬한 비난과 비하적 젠더 호명으로 표현된다. 모던걸을 바라보는 조선인들의 이중적 시선이 다가오는 근대를 향한 욕망과 불안을 가시적인 여성에게 투영한 것이었다면, '된장녀'로 표상된 21세기의 여대생을 향한 공공연한 비난은 그들을 '된장'이라 명명한 (20대 남성으로 추측되는) 이들의 불안과 공포가 분노로 응축되어 표현된 것이라고 할 수 있다. 또한 과거의 신여성 비하 담론이 대중미디어에서 소수 남성 오피니언 리더들의 관음적 시선에 의해 형성된 것이었다면, 지금의 여성혐오는 컴퓨터 매개 커뮤니케이션을 통해 교환된 수많은 '증거'와 '증언'이 합쳐져 끊임없이 재생산되고 있다.

그런 면에서 사례 3 "일본유학 게이가 느낀 김치년 VS 스시녀 가장 큰 차이점 BEST 5"는 여성에 대한 타자화를 가장 극단적으로 보여주는 게시물이다. 글쓴이는 한국 여성들의 특징을 다음과 같은 다섯 가지로 정리한다. 첫째, 한국 여성들은 더

치페이 문화를 몰라서 "밥 좆나게 처먹고 커피 한 잔" 사는 것도 제대로 하지 않는 "무개념녀"이다. 둘째, 대화를 나눌 땐 "지 하고 싶은 얘기만 좆나게" 하고 "지 심심하면 웃겨봐라 재밌는 얘기 해달라"며 "징징"대서 아무리 "성격 좋던 사람도 성격 다 배린다[버린다]". 셋째, 연애를 할 때는 [밥값을 계산하지 않는 것과는 정반대로] 대단히 계산적이어서 "저울질하고 따지는 게 좆나게 많"으며 "김치년들은 같지도 않은 자존심은 있어가지고 지가 좋아하는 남자라도 조금 튕겨야 비싸 보이는 줄" 안다. 넷째, 연애 스타일에 있어서 '김치년'들은 "거의 일방적으로 받기만" 한다. 글쓴이는 그 이유가 "주변 친구랑 비교를 존나게" 하기 때문이라며 "내가 비싼 거 사주면 주변 친구들한테 자랑 존나 하면서 들들 볶겠지 병신 같은 년ㅋ"이라고 냉소한다. 마지막으로 연락 빈도에 있어서, "24시간 내가 하는 것을 실시간으로 보고" 해야 하기 때문에 "사생활은 절대 있을 수 없다"고 말한다. 그리고 뒤이어 이러한 한국 여성에 대비되는 존재로서 일본 여성을 배치하며 그 특징을 다음과 같이 정리한다. 일본 여성들에게 더 치페이는 "기본 중의 기본"이고 듣는 자세가 바르기에 "남자의 자신감을 키워"주며, '밀당'을 하지 않고 "남자에게 헌신"한다. 그뿐만 아니라 일방적으로 받기만 하지도, 선물의 가치에 매달리지도 않으며 "작은 것에도 감동하고 받은 것은 반드시 갚"는 '개념녀'인 데다, 남자가 연락을 못 하면 "다이죠부~ 하면서" "최대한 이해하려고 한다".

이상의 내용을 요약하자면 한국 여성들은 이기적이고 의

존적이며 계산적인 반면, 일본 여성들은 정서적으로 남성에게 위안을 주고 경제적으로도 독립적이라는 것이다. 한국 여성에 대한 이러한 불만은 '허영' 혹은 '허세'에 대한 불만으로 요약될 수 있다. 여성들의 허영은 SNS에 매달리는 모습만 보아도 알 수 있거니와, 별 '쓸데도 없는' 명품 백에 '환장'하고 자기들끼리 비교하기에 바쁘지만 그것을 직접 구매할 경제적 능력은 없어서 남성을 '착취'한다는 논리다. 따라서 여성은 언제나 남성을 '도구적'으로 이용한다는 것이다. 일베에 올라온 수많은 "연애하다 헤어진 썰"은 "간도 쓸개도 다 빼 줬더니" "돈 많은 놈팡이"랑 "바람나서 도망"갔다는 이야기가 대부분을 차지한다. 이처럼 친밀성을 요구하는 남성들의 '소박한' 소망은 허세로 가득 찬 '김치녀'들의 '종특(종족 특성)'으로 인해 항상 실패할 수밖에 없는 기획이 된다. 글쓴이가 한국 여성에게 가진 가장 큰 불만 역시 여성들이 친밀성에의 요구를 좌절시킨다는 데 있고, 따라서 그 대안으로 일본 여성을 제안하고 있는 것이다.

이 글은 1 대 1에 육박하는 추천 대 비추천 비율을 보인다는 점에서 일베 이용자들의 반응이 긍정적이지만은 않았다고 할 수 있다. 그러나 글쓴이에게 쏟아진 비추천의 이유 대부분은 그의 주장이 더 이상 '신선하지' 않고 누구나 알고 있는 내용이라는 데 있었다. 유머는 그 본질상 패턴은 있을지언정 내용은 지속적으로 달라져 새로움을 유지해야 하는데, 글쓴이의 글은 그동안 수없이 반복된 내용을 또 반복하고 있으므로 추천만큼이나 많은 비추천을 받은 것이다. 바꿔 말하면 이 글이 작성된

2013년 1월, 글쓴이가 지적한 '김치녀'의 '패악질'과 그 완벽한 대립쌍으로서의 '스시녀'의 비교는 일베에서 이미 '상식'이었다. 한마디로 '김치녀 대 스시녀'라는 '떡밥'은 '쉴 대로 쉬었'다는 것이다.

또한 어떤 이용자들은 한국 여성이나 일본 여성이나 "거기서 거기"라며 여성 전반에 대한 혐오를 표출하거나, 어디까지나 "케이스가 하나밖에 없어서 단정은 못 짓겠지만" "내가 클럽에서 본 스시년은 존내 간"을 보더라며 일본 여성에 대한 지나친 일반화를 경계하기도 했다. 나아가 "스시녀에 대한 환상만 키워줄 뿐 뭐 아무것도 해결되는 거 없"으며 "혹여나 이런 글들만 골라 보고서 헛된 환상에 빠지는 게이가 없었음 좋겠다"는 주장도 적지 않았다. 즉, "보슬은 어디든지 있"으며 어떤 의미에선 차라리 "한국 여자가" "앞뒤 없이" "솔직"해서 낫다는 것이다. 하지만 이때의 '솔직'함 역시 한국 여성들의 '무식'함을 의미한다는 점은 변하지 않는다.

좌파, '자유민주주의를 위협하는 불순세력'

사례 4는 2013년 겨울 고려대학교에서 시작된 "안녕들 하십니까" 대자보 운동에 맞서 한 일베 이용자가 직접 작성한 대자보를 인증한 게시물이다. 이 게시물의 실질적인 내용은 대자보를 캡처한 이미지인데, 그 내용이 다소 길지만 인용할 만한 가치가 있다. 대자보 작성자가 수기로 작성한 대자보 원문의 강조 표시(글자색, 밑줄, 기호 등)는 최대한 반영하고자 했다.

저도 "안녕 못합니다".

안녕하냐고 묻는 사람들 때문입니다.

학업에 전념 중이신 대학생 여러분! 자신의 직업과 역할에 충실하신 ○○ 시민 여러분! 요즘 '안녕하신지' 묻고 싶다고 하는 대자보가 전국 각지 대학에 붙어 있다는 것을 잘 알고 계실 겁니다. 국정원이 대선에 개입했다느니, 박근혜 대통령이 부정 선거로 뽑힌 대통령이라느니 하는 **사실관계가 파악 되지 않은** 선동을 여러 대학교의 몇몇 학생들이 개인의 주장을 담은 대자보 말입니다.

현재 국정원의 대선 개입은 ☆수사 중이며 법원에서도 아직 국정원이 대선에 개입했다는 판결을 내리지 않은 상황입니다. 박근혜 대통령은 전체 선거인 4,050만 7,842명 중 투표에 참여한 3,072만 1,457명 중 **1,573만 3,128명의 득표**를 얻어 51.6%의 지지를 받아 당선되었습니다. 전체 투표자의 절반 이상의 지지를 얻어 당선된 대통령을 어떻게 '부정'이라고 말할 수 있겠습니까?

이는 명백히 **민주주의에 대한 도전**이자 **대선 결과에 대한 불복**입니다. 박 대통령을 인정하지 않으며 현 정부를 비판하지만, **정작 3대 세습 독재 정권 '북한'에 대한 비판에는 침묵**하는 사람들은 反[반]국가 종북세력이자 자유민주주의를 파괴하려는 불순세력입니다.

또 요즘 "철도가 민영화된다"는 "가스, 전기 등 공공 부문이 민영화된다"느니 하는 말이 돌고 있습니다만, **이는 결코 사실이 아닙니다.** 정부에서는 **"철도를 민영화하지 않겠다"**고 못을 박아놓은 상태이며 오히려 이번 철도 민영화는 **"철도 개혁"**입니다.

2005년 공기업으로 전환된 코레일은 영업으로 인한 **손실액이 무려 "17조 원"에 달합니다.** 그런데도 코레일의 노조는 **임금 인상**을 요구하며 파업에 돌입했습니다. 철도노조는 코레일이 17조 적자를 가지고 있음에도 불구하고 **임금 6.7% 인상을 주장**하며 자신들의 밥그릇 수호에 여념이 없습니다. 코레일 노조는 **평균 연봉 6,000만 원**을 받고 있으면서도 연봉의 인상을 주장하고 있는 것입니다.

노조의 '철도 민영화 반대'는 **노조의 임금 인상을 위한 구실**에 불과하며 코레일의 정상화를 막아서고 있습니다. 국민을 볼모로 삼는 철도노조의 행태를 우리가 지지해야 하는 이유가 무엇이란 말입니까?

지금의 KTX는 서울-광명-천안·아산으로 운행되고 있습니다. 그런데 강동지역(강남, 송파, 구리, 남양주 등)은 KTX를 이용하기가 불편했기 때문에 나온 방안이 바로 수서발 KTX입니다. 그러나 현재의 코레일은 엄청난 적자로 인해 노선 신설이 힘들었습니다. 그래서 정부가 제안한 방안이 코레일의 자회사 설립입니다. 코레일 지분의 자회사를 설립→**경쟁 체제 구축→서비스 질 향상↑**으로 요약할 수 있겠습니다.

"어찌 코레일의 자회사 설립이 '민영화'란 말입니까?"

정부에 반대하는 사람들은 말합니다.

"나라가 독재로 회귀하고 있다", "유신이 부활했다"

자신들이 할 일을 다 내팽개치고 데모질, 선동질을 하는데도, 정부에서 방관하는 것을 보면서도 잘도 '독재'라는 프레임을 씌웁니다. 정말 7~80년대 독재 정권이었다면 당신들이 시위하고, 자유로운 의견의 표출이 가능하겠습니까? 민주주의의 벽 뒤에 숨어서 민주주의의 과실을 먹고 있는 당신들(= 반국가세력)이 할 말입니까?

스스로를 깨어 있는 시민이라 착각하지 마십시오. 사람들을 반국가 투쟁에 동원하고 허위 사실을 유포·선동하는 당신들은 민주주의를 언급할 자유도, **민주주의를 누릴 자격도 없습니다.**

진짜로 깨어 있는 시민들은 사회에서 묵묵히 자신이 맡은 일을 수행하고 최선을 다할 뿐입니다. 허위 사실에 선동당하지 않고 진실을 추구하며 참된 정의를 실천하는 것이 ☆진정한 민주시민입니다. 존경하는 대학생 여러분! ○○ 시민 여러분! 우리는 진실을 알아야 합니다. 우리의 선조들과 군인들이 피땀을 흘려 지켜낸 **대한민국**이라는 나라를 지켜야 합니다. 내부의 분열을 조장하고 그것에 의해 이익을 얻는 단체가 어디이겠습니까. **바로 북한입니다.** 현역 국회의원이 내란음모죄로 잡혀가는 심각한 안보위기를 가지고 있는 나라가 여러분이 살고 있는 대한민국입니다. 이럴 때일수록 국민들이 힘을 모아 반국가세력을 분쇄하고 <u>안보의식을 튼튼히 해야 합니다.</u>

허위 선동세력이 안녕하냐고 묻는다면 저는 대답하겠습니다. "나는 안녕하다. 자유 대한의 땅 위에서 행복하다. **그러나 당신들과 같은 세력이 정부를 비난하고 분열을 조장한다면 그것으로 나는 안녕하지 못하다**"고 말입니다.

"여러분은 안녕하십니까? **저는 '안녕'합니다.**"

일베에서 공유되는 종북에 대한 단상이 가감 없이 드러난 이 글은 다양한 쟁점을 가지고 있지만 본 논의의 틀에 한하여 살펴보도록 하자. 우선 글쓴이는 "안녕들 하십니까" 운동이 "명백한 민주주의에 대한 도전이자 대선 결과에 대한 불복"이라며 반민주적인 선동이라고 주장하고 있다. 그가 보기에 대자보를 붙이는 '세력'이 주장하는 "국정원의 대선 개입" 논란은 대단히 과장되었을 뿐 아니라 "수사 중"인 상태이기 때문에 언급 자체가 불순하다는 것이다. 그뿐만 아니라 철도노조의 파업에 관해서도 정부는 "'철도를 민영화하지 않겠다'고 못을 박아놓"았다고 눙치는 한편, 철도노조의 평균 연봉을 들먹이며 "밥그릇" 싸움으로 일축한다. 이러한 사례를 나열한 후 글쓴이는 현 정권에 대한 반대 목소리를 내는 이들을 "反[반]국가세력"이라고 단정하며 곧 종북으로 치환한다. "내부의 분열을 조장하고 그것에 의해 이익을 얻는 단체"가 "바로 북한"이기 때문이다. 나아가 글쓴이는 이들 "反[반]국가세력"이 "자신들이 할 일을 다 내팽개치고 데모질, 선동질"을 하며 "허위 사실"을 유포해 국가의 혼란을 꾀하고 있다고 주장한다. 이런 '종북'의 반대편에 있는 "진짜로 깨어 있는 시민들"은 "사회에서 묵묵히 자신이 맡은 일을 수행하고 최선을 다할 뿐"이며 "진정한 민주시민"이란 "진실을 추구하며 참된 정의를 실천"하는 이들이라는 것이다.

이처럼 정부에 대한 의심이나 불만을 제기하는 모든 이들은 '종북'으로 호명된다. 한국의 전통적인 냉전주의를 반복하는 것처럼 보이는 글쓴이의 '종북' 호명은 그에게 '분열'에 대한 공포가 자리잡고 있다는 사실을 잘 보여준다. 이는 다음의 사례 5에서도 볼 수 있다. 일베의 한 이용자는 "군대 갔다 와서 생각을 달리하게" 되었다며 중국 및 베트남의 "공산화 과정"은 내부의 적 때문이었다는 주장의 게시물을 올렸다. 이어 그는 공산주의자들의 적화통일 전략에 대해, '인권' 등을 들먹거리며 적 개념을 모호하게 하는 "화전양면전술"이 핵심이며 북한의 경우도 이와 다르지 않다고 주장한다. 실제로 베트남 케이스는 일베에서 자주 언급되는 비교 대상이다. 미국의 전폭적인 지원과 압도적 경제력을 가졌음에도 월맹이 패망했던 것을 반면교사 삼아 한국의 철저한 '안보' 무장 주문을 골자로 한다.

화전양면전술과 같은 군대용어의 사용은 일베에서 나타나는 다양한 주장을 이해하기 위해 반드시 짚고 넘어가야 할 지점이다. 북한, 혹은 종북에 대한 일베 이용자들의 주장은 군대에서 군인들에게 실시하는 정훈교육과 상당한 유사점을 공유한다. 나폴레옹전쟁이 프랑스 '국민'의 형성 과정에서 '근대 시민교육'의 요람이 된 것처럼, 한국 역시 근대화 과정에서 기술과 거리가 멀었던 농촌 총각들을 군대를 통해 조직화된 산업 역군으로 재생산해냈다. 그뿐만 아니라 '국시'로서의 반공 이데올로기가 주입되며 한국적 '시민됨' 혹은 '주체'의 표상 또한 만들어냈다. 이러한 주체는 전시 상황인 조국의 발전을 위해 체제에 순응하며 묵묵히 자신의 소임을 다하는, 말하자면 '가만히 있으라'를 요체로 하는 주체이다. 전시 상황에서 체제에 대한 비판이나 불만은 이적 행위이며 비국민의 행태가 된다.

한국의 병역제도가 남성에게'만' 지워진 의무라는 점에서, 국가에서 인정하는 시민은 필연적으로 남성, 그중에서도 직업을 가진 가부장일 수밖에 없다. 우리가 만약 일베를 일베답게 만드는 멘털리티를 이야기할 수 있다면 그것은 근대 대한민국의 형성 과정에서 각인된 시민됨을 마주하는 일베인들의 자세일 것이다. 그런데 일베가 마주한 문제는, 일베 이용자들을 청년이라고 할 때, 시민 예비군이어야 할 이들이 시민됨의 기초적인 물적 토대를 잃어가고 있다는 사실이다. 조국의 부름을 받고 국방의 의무를 이행했음에도 직업을 가질 방도는 요원하고 결혼을 통해 가족 로망스를 실현할 가능성도 극적으로 낮아졌다. 결혼에 이르기 위한 길(연애)은 험난하기 그지없으며, 무엇보다 파트너가 될 여성들은 언제나 지대추구자rent seeker와 같이 물적 조건을 기대할 뿐 자신들이 기대하는 '로맨스'를 충족시켜주지 않는다.

글쓴이의 '명문'을 접한 일베 이용자들은 열광적으로 환호했다. 5,700개가 넘는 추천수와 1,155개의 댓글은 해당 게시물이 올라오기 전날 새벽 한 일베 이용자가 고려대학교에 걸린 대자보를 찢고 이를 인증하는 게시물을 올린 것*이나, 2013년 출범한 신보수주의 학생운동단체 자유대학생연합에서 "안녕들하십니까"에 대한 반박 대자보를 써줄 대학생을 공개 모집한다는 공고[7]가 올라와 수많은 조롱을 받고 있는 상황에서 나온 것이라 더욱 큰 지지를 받았다. "대자보부터 찢는 행위와는 격이다르"다며 글쓴이를 칭송하거나 "멋진 글"이다, "잘 썼다"는 말로 칭찬하는 댓글이 줄을 이었다. 이러한 반응은 '행게이', 다시말해 '행동하는 일베 이용자'를 찬양하는 일베의 문화에 따른것으로 볼 수 있다.

그러나 한편에서는 여전히 국정원의 대선 개입 사건에 의구심을 가지는 이들도 있었는데, 일베에 올라온 "국정원 개입, 댓글 뭐라 반박해야 되냐"는 질문에 대해 한 이용자는 "국정원은 나라의 안보를 지키는 합법 조직"이기 때문에 "당연"히 "선

---

* 고려대학교 커뮤니티 사이트인 '고파스'에서는 해당 게시물을 올린 일베 회원에 대한 대대적인 신상 털기와 인신공격이 이뤄졌고, 이에 따라 글쓴이는 고파스에 사과글을 올렸다. 그러나 같은 시간 일베에 자신의 신상이 털린 데 대한 고소를 준비한다는 게시물을 올려 구설에 올랐다. 이후 글쓴이가 훼손한 대자보의 작성자가 재물손괴 및 모욕 혐의로 글쓴이를 고소하며 검찰에 송치됐다. "고려대 파업 대자보 찢어버렸다. 행게이 ㅍㅊㅌ?"라는 제목의 원문 게시물은 삭제된 상태이다.

동하는 종북세력들을 공격, 차단할 의무가 있다"고 알려주고 있었다. 곧이어 그는 "댓글 몇 개 단 거 가지고 대선 개입이라고 하면 전노[민주노총], 전교조 및 몇몇 공무원들이 댓글로 선동한 것은 왜 비판 안 하"냐며 일베 특유의 논리적 비약과 이중잣대에 기반한 주장을 제시했다. 이러한 비약은 앞서 인용한 대자보에서도 잘 나타난다. "박 대통령을 인정하지 않으며 현 정부를 비판하지만, 정작 3대 세습 독재 정권 '북한'에 대한 비판에는 침묵하는 사람들은 反[반]국가 종북세력이자 자유민주주의를 파괴하려는 불순세력입니다."

이와는 별개로 우리는 '종북' 개념에 대한 일베 이용자들의 혼돈을 확인할 수 있다. 화전양면전술 등 '북괴'를 염두에 둔 어휘를 써가며 종북주의자들을 비난하고는 있지만, 종북 개념의 지나친 확장성은 그들이 그토록 비난하는 '좀비'들의 '독재 정권' 논법과 크게 다르지 않다. 종북 개념 혼동의 원인은 "저는 '안녕'합니다"라는 작성자의 마지막 문장에서 그 힌트를 찾을 수 있다. 일베 이용자들과의 인터뷰를 살펴보는 과정에서도 언급하겠지만, 종북(주의자)에 대한 일베 이용자들의 혐오는 그들이 '실제로' 매국을 할 것이라는 생각에서 비롯된 것이 아니다. 이는 차라리 '나대지 말라'는 말로 요약할 수 있는, 갈등 자체에 대한 혐오이다. 이들이 보기에 '종북' 혹은 '좌파'는 자신의 생각과 다른 생각을 가진 사람을 '틀린' 사람으로 규정하고 '계몽'하려는 오만한 '엘리트'들이다. 좌파는 그들 스스로의 지성과 도덕성에 대한 강한 확신을 가지고 자신들의 생각을 강요한다고 여겨지고, 이에 대한 반응은 반발감으로 귀결된다. 이는 일베 이용자들이 386 세대를 비난하는 논리와도 정확히 일치하는 것이며, 능력주의로 인한 모멸감과도 공명하는 반응이다.

2. 혐오의 정당화

사례 6~10은 일베 이용자들이 타자로 규정하는 이들을 향해 발산하는 혐오가 어떠한 분노에 기반해 정당화되는지를 보여준다. 이러한 분노는 자주 직접적 행위, 즉 신상 털기나 격렬한 비난으로 구체화되며 열광을 예비한다.

민족주의와 '합법성', 그리고 '팩트'에 대한 집착

사례 6은 독립군 후손과 6·25 참전용사, 베트남 파병 장병의 현재 모습을 폐지를 수거하는 노인들의 이미지로 제시하며 그것과의 비교 대상으로서 친일 작가로 알려진 김완섭의 광주민주유공자증 사진을 나란히 두고는 "적을 상대로 싸우지 말고 정부를 상대로 싸우자"라는 냉소 섞인 결론을 내는 게시물이다. 711개의 추천과 31개의 비추천을 받은 이 글은 많은 일베 이용자들의 공분을 이끌어냈다. 적지 않은 이용자들이 "극단적인 사례"만 짜깁기한 것이라며 이 또한 하나의 선동이라는 주장을 폈지만, 이 게시물과 댓글의 상호작용에서 다뤄진 핵심적인 문제의식은 5·18 유공자에 대한 '과도한' 보상에 있었다. 이들은 광주 민주화운동 유공자에 대한 보상을 '치트키'라고 표현했는데, 구체적으로는 "광주 폭도 주도자 자녀들 전부 대학 특례 입학에 가산점 10퍼"센트나 받고 "호의호식"하고 있다는 주장이다. 이러한 '특혜'가 특히 불공정한 것으로 여겨진 이유는 이들이 '들고일어난' 대상이 다름 아닌 '대한민국 정부'라는 것이었으며 그들을 위해 자신의 세금이 사용된다는 데 대한 분개도 적지 않았다.

이러한 공분의 핵심은 '역차별'론으로, 이는 일베가 자신들을 소수자화하는 전략과 크게 다르지 않다. 하지만 여기서 특히 주목할 만한 것은 일베 이용자들이 내면화한 도덕경제이다. 일베 이용자들은 "백 번 양보해서 민주화운동이라 쳐도 6·25보다" 더 많은 혜택을 받는다는 것은 용납할 수 없다고 말한다. 북한의 남침에 맞서 대한민국을 지키기 위해 희생한 사람들이 가장 취약한 저소득층 노인이 되었으며 당시 수많은 이들의 목숨을 빼앗은 북한 정권이 여전히 위협을 가하고 있는 상황에서 현재를 살고 있는 모든 사람들은 이들에게 도덕적인 부채가 있다는 것이다. 반면에 5·18은 '적'이 아닌 '정부'를 향한 '폭동'이었고, "백 번 양보해서" 민주화운동이라 할지라도 그것에 대한 도덕적 부채는 1980~1990년대를 거치며 민주주의가 제도화되고 공고화되어 이미 시효가 소멸됐다. 이러한 일베의 도덕경제는 일베 이용자로 하여금 5·18과 그에 대한 기억, 추모가 도덕적으로 '등가교환'이 되지 않는다고 느끼게 한다. 즉, 이 게시물에서 나타난 '공적인 분노'는 광주 민주화운동에서 희생당한 이들에 대한 추모가 이미 '과도'하며, 여전히 실재하는 적(북한)에게 투사되어야 할 감정이 더 크다는 정의감에서 비롯된 것이다. 하물며 5·18을 북한이 선동한 전라도인들의 폭동으로 본다면 이러한 분노가 더 커질 수밖에 없다.

이 게시물에서 볼 수 있는 한국전쟁 참전용사와 광복군 후손에 대한 일베 이용자들의 깊은 공감은 그들의 도덕적 부채의식이 민주주의보다는 대한민국 건국 자체에 있다는 사실을 보여준다. 특히 건국이라는 측면에서 한국전쟁으로 대표되는 희생자의식 민족주의[8]를 강하게 의식하고 동원하는 것으로 보인다. 이 맥락에서, 피해자로 규정된 국가는 (마치 2차대전의 피해자인 폴란드가 유대인 학살의 가해자일 수 없다는 인식과 마찬가지로) 가해자의 위치에 설 수 없다. 그리고 일베 이용자들은 병역의무를 통해 국가의 피해자성을 계승하는 존재로 위치하게 된다.

사례 7은 사례 1과 마찬가지로 전형적인 5·18 수정주의 담론을 그대로 담고 있다. "이것이 518의 FACT다!!!!!!!"라는 다소 과장스러운 제목의 이 게시물은 이전에 일베에 게시되었던 다른 글을 그대로 '복사'한 것으로, 광주 민주화운동 당시 시민군들의 모습이라고 주장하는 여러 사진과 함께 "5·18의 진실"이라는 말로 지만원의 책을 요약·발췌하고 있다. 그 내용은 "헌법기관이 내린 정당한 명령"에 따라 휴교령이 내려진 상태임에도 불구하고 "광주의 대학생들"이 "헌법기관이 내린 명령을 위반"했으며, 각종 "유언비어"가 퍼지면서 특히 "구두닦이 넝마주이 등으로 대표되는 소외 계층"과 광주 시민이 공수부대에 대한 "적개심을 품고 거리로 뛰어나왔다"는 것이다. 이 게시물은 5·18을 철저히 지역주의와 북한의 선동에 의한 사건으로 규정하며 광주 시민들이 "경상도 사람들을 집단으로 구타하여 살해했고, 경상도 차량들을 보면 불태워버렸고, 경상도 사람이 운영하는 상점을 불태워버렸다"고 서술하고는 이러한 '폭동'의 근원이었던 유언비어의 "진원지는 북한이었다"고 주장한다. 또한 5·18 수정주의자가 항상 주장하는, '최초 희생자는 경찰'이라는 이야기도 빠지지 않았다.

이 글은 693개의 추천과 144개의 비추천을 받았다. 하지만 댓글은 그렇게 호의적이지만은 않았다. 그 이유는 첫째, 글쓴이가 '가져온' 글이 이미 유명한 글이었다는 점에서 일베를 '날로 먹는다'는 의견이 많았다. 이러한 불만은 각자의 '창의성'을 겨루어 인정받는 구조로 작동하는 일베의 공간적 특성이 각 게시물을 평가하는 근거로도 활용된다는 점을 보여준다. 유머사이트라는 태생상 '중복'은 크나큰 일탈인 것이다. 둘째, 대선 이후 정치 관련 글은 정치게시판에 게시해야 한다는 규칙이 정착했는데 그 규칙을 어겼다는 절차적 문제를 지적한 이들이 많았다. 셋째, 앞서의 두 가지 불만에 대한 글쓴이의 반응이 지나치게 '독선'적이라는 점을 문제시하는 이들이 있었다. 글쓴이는 '정치게시판에 올려라'라든가 '퍼온 글을 자기 글인 양 올리지 말라'는 항의에 대해 전라도 출신자들의 '분탕'이라며 무조건적으로 비난하는 태도를 보였다. 또한 게시물이 주장하는 내용의 정확한 근거를 요구하는 이들에게는 시종일관 "광주 사태 수사기록 18만 페이지를 지만원 박사가 6년간 전부 검토해서 2008년 출판한 《12.12와 5.18》과 2010년 출판한 《솔로몬 앞에 선 5.18》이라는 책"에 나온 내용을 요약·발췌한 것이라며 지만원 '박사'를 절대화한 것과도 무관하지 않았다. 표현의 자유와 합리주의를 표방하는, 어떤 의미에서는 표면상으로나마 '합리적 공론장'을 지향하는 일베 이용자들에게 이러한 글쓴이의 태도는 내용의 옳고 그름을 떠나 상당한 불쾌감을 주는 행위로 받아들여졌다. 따라서 지만원이라는 '권위'에 기댄 글쓴이의 글 역시 선동의 하나라는 지적도 적지 않게 나타났다. 넷째, 일베에서 불문율로 여겨지는 '세 줄 요약' 없이 긴 글줄로 이루어진 게시물이라 지나치게 "복잡하다"는 의견도 많았다. 긴 글은 요점을 잘 파악할 수 없으므로 별 의미가 없다는 것이다.

한편, 이 게시물에서도 스스로를 '소수자'나 '약자'로 동일시하는 댓글이 자주 보였다. 한 이용자는 대법원의 판결이나 5·18을 '성역화'하는 교과서가 "김영삼-김대중-노무현 15년간 좌파 정권"이 만든 결과라고 분개하며 "역사라는 것은 정권 잡고, 힘 있는 놈이 입맛대로 고치는" 것이라는 불만을 토했다. 소급입법으로 법치주의의 원칙을 어기고 "다 끝난 사건을 다시 관 뚜껑 열어서 부관참시"했다는 것이다. 이러한 주장이 일베에서도 완전히 받아들여지는 것은 아니지만 이 같은 수정주의는 나름의 다양한 '근거'를 제공하며 기존의 관점에 문제가 있을 수 있다는 생각을 불러일으킨다. "새로 취임하신 가카(박근혜)가 바꾸실 수도 있겠"다며 "바꾸는 건 몰라도 확실히 광주 사태에 대해서는 확실히 한번 전문가들의 의견을 들어볼 필요가 있을 것 같"다는 의견이 대표적이다. 이 사례 외에도 5·18의 '팩트'를 다룬다는 여러 게시물들의 댓글에서 '이런저런 의견이 많으니 다시 조사해야 하는 것 아니냐'는 '숙고'가 자주 나타나는 것도 같은 맥락으로 이해할 수 있다.

사례 8은 5·18을 촛불집회와 비교하며 "광주 사태가 폭동인 이유"를 제목으로 하는 게시물이다. 일부 종편 방송과 지만원 등에 의해 유포된 북한 개입설이 사실상 기각된 시점인 2013년 8월에 게시된 이 글은 일베에서 5·18을 비난하는 논리가 북한 개입설에서 반호남 지역주의와 '폭력 시위론'으로 옮겨 갔다는 사실을 보여주는 한편, 기실 촛불집회에 대한 반감과도 깊은 연관이 있음을 알려준다. 사례 8은 여타 수정주의론이 그러하듯 '헌법에 의한 합법적 정부'를 전제하면서 논의를 시작한다. 그는 촛불집회와 5·18의 공통점으로 "대통령을 끌어내리고" 정권을 타도하려 했다는 점, 불법 폭력 시위였다는 점, "악질적인 유언비어 잔치판"이었다는 점을 언급하며 촛불집회와 마찬가지로 5·18 역시 '폭동'이라고 주장하고 있다.

촛불집회, 소급하면 거의 모든 집회와 시위에 대한 일베 이용자들의 거부감은 상당한 수준이다. 특히 이들이 혐오하는 것은 '불법' '폭력' 집회이다. '신상 털기'와 '패드립'으로 악명 높은 일베에서 '합법'에 대한 강박이 있다는 사실은 다소 놀랍게 느껴질 수도 있다. 하지만 이들은 사실상 자신들의 '신념'과 '믿음'을 논하면서도 그것이 '믿음'의 영역이 아니라 '사실'의 영역이라 말하기 위해 끊임없이 근거를 찾아 나선다. 이 때문에 5·18을 '광주 사태'라고 칭하고 싶은 마음은 굴뚝같아도 당대의 '법'이 무엇이었는지를 두고 끊임없이 갑론을박하는 것이다.

이 지점에서 일베 이용자들의 '공감'은 희생자나 시위대가 아닌 그들을 '막고 진압하는' 법의 대행자인 경찰과 군인을 향한다. 자신을 촛불집회 당시 기동대원이라고 밝힌 한 이용자에게 많은 일베 이용자들이 "너야말로 진짜 영웅"이라며 찬사와 존경을 표한 것도 그 때문이다. '불법' 집회를 막은 당시 의경들이야말로 진짜 애국자라는 의견은 일베에서 흔하다. 5·18 유족들을 비하하던 이들이라고는 생각할 수 없을 정도의 이러한 공감은 일베 이용자들이 자신들의 행위의 정당성을 '합법성'에 국한해 찾는 행태에서 비롯된다.

'안보의식도 없는 무식한 김치녀'

사례 9는 일베에서 흔히 말하는 '중복' 게시물이다. 이 게시물은 강정마을 해군기지 건설 논란이 가장 증폭되던 시기인 2012년 3월에 작성된 한 트윗의 캡처화면 사진과 짤막한 코멘트로 이루어져 있다. 캡처된 트윗이 작성된 시점으로부터 무려 8개월이 지난 시점인 2012년 11월에 일베에 다시 올라온 것이다. 글쓴이가 작성한 제목이 "개씨발년甲[갑]"이라는 데서 드러나듯 "해군 그냥 없애면 안 되나?"라고 한 여성(이하 '가')이 얼마나 많은 비난을 받았을지는 어렵지 않게 예상할 수 있을 것이다. 추천과 비추천, 그리고 댓글은 각각 472개, 187개, 328개였는데, 이는 전체 일베 게시물에서 각각의 평균적인 비율이 약 5 대 1 대 3인 것과 비교하면 꽤 많은 비추천을 받은 것이다. 그 이유는 이 게시물이 보수 진영 인터넷 커뮤니티에서 이미 상당히 유명한 이른바 '고전'이기 때문으로, 적지 않은 일베 이용자들은 '가'를 "총알받이"로 써야 한다는 글쓴이의 극단적인 주장에 동의를 표하면서도 비추천을 눌렀다.

'가'에 대한 비난은 대체로 그녀가 "무식"하다는 데 초점이 맞춰졌다. 즉, '가'가 제시한 "팩트"가 틀렸다는 것이다. "섬나라도 아닌데"라는 '가'의 말을 "우리나라 섬나라 맞아 ××년아.. 위로 처막혔지 서쪽 남쪽 동쪽 다 바다지"라고 반박하는 댓글이 잘 드러내듯, 현재 한국 상황은 어떻게 보나 "섬"이라는 것이 일베 이용자들의 인식이다. 또한 "해병대도 있고 특수부대도 있"지 않느냐는 '가'의 말 역시 무식하다는 비난을 받았다. 필연적으로 군필자가 많은 일베에서 "해병대가 상륙작전 하려면 해군 상륙정에 올라타야" 한다는 사실은 '지식'이 아닌 '상식'이며, 따라서 해군을 없애도 해병대가 있지 않느냐는 주장은 '상식'도 모르는 '헛소리'가 된다. "해군 안에 특수부대가 있는 건데" 그러한 '상식'조차 모르는 '가'는 일베 이용자들에게 '김치녀'들의 심각한 "안보의식"을 표상한다. 이처럼 '가'에 대한 일베 이용자들의 '저격' 중 상당수가 '지식'의 유무에 기반한다는 사실은 앞선 사례 3에서 살펴본 마녀사냥과도 비슷하다. 여성에 대한 일방적인 비난은 여성의 '무지'가 그 원인이라는 식으로 정당화된다. 이를 요약하면 다음 댓글과 같을 것이다. "무식한 년. 명불허

전 김치년." 여기에 해군을 없애자는 '가'의 극단적인 주장에 근거해 '종북좌빨'이라는 낙인을 추가하고 이러한 타자화는 "촛불"로 더욱 구체화되어 표현된다. "이러면서 독도는 우리 땅이라고 촛불좀비 하지. 시× 논리도 없고 대가리 생각 수준이 저 정도밖에 안 되니 광우병 촛불좀비 되는 거야"라는 댓글은 그러한 표현의 대표적인 예다.

따라서 일베 이용자들이 보기에 진보를 자임하는 여성들은 "총알받이"나 심지어는 북한(혹은 남한)군의 성욕을 해소하는 노예가 되어야 한다. "저런 년들 싸그리 모아서 벗겨놓은 다음에 우리 군으로 보내서 ××받이 시켜야 한다"는 반응은 이러한 극단적 생각의 일면을 보여준다고 할 수 있다. 여기서 더 나아가, 캡처화면에 있는 '가'의 프로필사진으로 외모를 비하하며 앞서와 같은 생각에 반대한다고 말하는 이가 나타나고 글쓴이에 대한 비난의 수위는 끝없이 높아진다.

기어이 수많은 일베 이용자들은 글쓴이에게 '가'의 신상 털기를 위한 '좌표'를 제공하라고 요구했다. 일부 이용자들은 글쓴이가 '좌표'를 제시하기를 기다리지 않았다. 실명처럼 보이는 이름과 트위터 계정명이 그대로 담긴 캡처화면만으로도 '가'를 찾는 데 무리가 없었기 때문이다. "좌표 좀 저 ××년이 뒤질라고 욕 존나 해주겠어"와 같은 표현들은 신상 털기라는 의례로 발전하는 과정에서 분노가 개입된다는 사실을 보여준다. 앞서 소개한 뒤르켐의 논의를 따르면, 일베 이용자들이 보이는 이 같은 격렬한 분노와 '가'의 신상을 털고야 말겠다는 다짐은 비윤리적인 만큼 충분히 도덕적인 행위라고도 할 수 있다. 이들이 보여주는 폭력성은 오히려 그들이 얼마나 강력한 일베의 도덕을 공유하고 있는지를 보여준다. 이제 일베 이용자들은 '가'를 징벌함으로써 그녀가 훼손한 국가 정체성과 국민의 안보의식이라는 성스러움을 회복하는 의례를 수행하게 된다.

'위선적인 종북좌파'

"[스압]일베 상주하는 좌좀들에게 해주고 싶은 말.TXT"라는 제목의 사례 10은 좌파에 대한 혐오의 합정合情적* 이유를 가감 없이 보여주고 있다. 글쓴이는 장문의 글을 통해 국가보안법을 옹호하는 동시에 햇볕정책과 연방제통일 주장을 비판한다. 그에 따르면 "연방제통일은 북한 정권을 숙청시키지 않고 그 정권을 유지한 채로 연방을 이루는 통일"인데, 북한의 "절대 목적"이 적화통일인 한 절대 용납할 수 없는 주장이라는 것이다. 따라서 대한민국에서 이런 주장을 하는 이들은 "리정희" 같은 "종북주의자 내지는 간첩"이기 때문에 "국가보안법"으로 단죄해야 한다. 그는 "억울하게 잡혀간 사람"들을 이유로 국가보안

---

*   합정성이란 "특정 행위, 상호작용, 규칙, 사회 시스템이, 개인 혹은 다수 행위자의 내적 감정, 혹은 객관적으로 생산, 유통, 표현되는 감정적 실재에 발생적으로 연관되거나, 규범적으로 조응하거나, 혹은 구조적으로 연동되는 경향이나 능력을 가리킨다". 자세한 내용은 다음의 글을 참고하라. 김홍중, 〈사회적인 것의 합정성을 찾아서: 사회이론의 감정적 전환〉, 《사회와 이론》 통권 제23집, 한국이론사회학회, 2013.

법을 철폐해야 한다는 의견을 일소하며 "강간죄를 철폐시키기 위해 억울하게 무고죄로 잡혀간 사람의 예를 하나 내세우는 것과 하등 다를 것이 없다"고 주장한다. 햇볕정책의 경우 "좋은 취지에서 나온 걸 누가 모르"냐면서도, 공산주의 역시 '의도는 좋았다'며 조롱한다. 하지만 결과적으로 "쌀 보내줘봤자 북한 정권이 다 해 처먹"지 않았냐며 "변한 건 북한이 핵무장 국가가 됐다는" 사실뿐이라고 일갈한다.

하지만 무엇보다 글쓴이가 분노하고 있는 지점은 '좌파'의 이중성, 더 정확히는 북한 인민들의 고통을 정치적으로 이용하는 좌파의 위선이다. 아래 인용문은 이러한 글쓴이의 감정을 잘 보여준다.

> 너 같은 상당수 양심 없는 쓰레기들은 북한의 동포가 죽건 살건 나완 상관없다는 얄팍한 이기심을 부리거나 김정일의 요구를 들어줘야 평화가 온다는 위선적 평화론에 속고 있지. 이기심과 두려움에 빠진 좌파들은 김정일에게 달라[달러]와 쌀, 비료 온갖 물자를 주면서 그의 독재 체제를 공고히 해줬지. 국제 사회에서 김정일의 범죄를 변호해주면서 하수인 역할을 담당했지. 놀라운 건 김정일의 사악한 범죄의 종범 역할을 자처하며 인도적이라는 수식어를 붙이는 뻔뻔함까지 보였지.
> ......
> 대한민국 사람들이 북한 동포를 북괴로부터 해방시켜야 한

다는 도덕적, 헌법적 결단을 내리지 못하고 그저 북한 주민
들 괴롭히는 북한 정권을 비호하고 돈 퍼주고 하는 짓이야
말로 선을 가장한 악마와의 타협이라고 할 수 있지.

......

솔직해지자. 너희들은 그냥 대가리도 좀비고 인간성도 못돼
처먹은 말종 새끼들이야.

글쓴이는 댓글창에서도 활발하게 이용자들과 대화를 나
누었는데, 북한의 인권 실태에 대한 그의 분노는 진심인 것처
럼 보인다. 그는 "노무현의 악행을 애써 외면하는 새끼들이야말
로 북한에서 인권유린 당하는 북한 주민들 외면하는 인간쓰레
기"임을 자처하는 것이라는 주장을 반복했는데, 이는 보수 일
각에서 '촛불'을 비난하며 진보세력을 조롱할 때마다 쓴 어법과
동일한 논리이다. 예컨대 촛불집회가 그 동력을 거의 상실했던
2008년 금강산에서 발생한 관광객 피살 사건에 대해 많은 보
수 네티즌들은 '박 씨의 죽음에 대해서는 왜 촛불을 들지 않느
냐'며 2010년대에 횡행한 무차별적 종북 호명을 예비한 바 있
다. 하지만 글쓴이의 주장을 '전략적'이라거나 '위선'이라고 단
정하기는 어려워 보인다. 그가 누차 주장하건대, 그의 논리 안
에서는 북한 '동포'에게 무관심한 이들이 '인권'을 운운한다는
것 자체가 '인간성'이 나쁘다는 증거이기 때문이다. 이러한 인
식하에서 북한 주민들의 삶을 피폐하게 만든 "범죄자" 정권을
옹호하거나 지원하는 것은 도저히 용납할 수 없는, 북한 정권에

대한 동조 행위가 되는 것이다.

이 글은 총 1,574개의 추천과 1,047개의 댓글을 받는 등 일베 이용자들의 격한 호응을 얻었다. "가슴속에 사무친 엉어리 [응어리]가 좀 풀린다" "정게[정치게시판]가 망한 뒤로 다섯 손가락 안에 들 깔끔한 정리다" "어린 게 기특허다"와 같은 반응이 줄을 이었다. 많은 일베 이용자들은 그의 주장에 공감을 표하는 동시에 "좌좀들은 한 두세 줄 읽다가" 말 것이라는 등 정치적으로 반대편에 있다고 여겨지는 이들의 지성이나 소통 가능성에 대해 단념하는 반응도 자주 보였다. '지능'이 낮다는 비난은 여성에 대한 타자화에서 극단적으로 표출된 바 있다. 좌파에 대한 지칭, 특히 '좌파 좀비'에서의 '좀비'가 '뇌 없이 맹목적으로 먹이를 찾아 돌아다니는' 괴물을 의미한다는 점에서 진보세력 역시 '무식하다'는 프레임으로 인식된다는 사실을 알 수 있다. 글쓴이에게 쏟아진 "논리적"이라는 찬사에서 우리는 지금까지 확인한 일베적 정체성을 재확인할 수 있다.

3. 일베의 열광과 의례

'광주 사태'를 말하는 '소수자'

사례 11은 일베에서 5·18 수정주의 담론이 가장 많이 언급되던 시기인 2013년 5월 초에 게시된 글이다. "518 핵폭탄) 드.디.어.올.것.이.왔.다!!!"라는 제목의 이 게시물은 그간 5·18

수정주의자로 악명 높았던 '역사학도' 김대령이 쓴《역사로서의 5.18》이라는 책을 한 일베 이용자가 '자발적'으로 광고하는 것으로, 글쓴이는 김대령을 "잘못된 조국의 현대사를 바로잡고자 지난 수십 년간 논객 활동을 해오셨던 바로 그분!"*이라는 말로 지만원과 함께 "진정한 대한민국의 민주투사"로 소개하고 있다. 총 1,195개의 추천과 104개의 비추천을 받은 이 게시물에 달린 351개의 댓글은 그간 '팩트'에 목말라하던 일베 이용자들의 열띤 호응이었다.

일베의 평가에 따르면 '역사학도' 김대령은 "좌파 자료들 쭉 검토하면서 모순점들[을] 파헤"친 사람으로서, "5·18 주동자들의 행적과 5·18의 사건들을 맞춰"보며 5·18이 좌파들에 의해 기획된 것이라는 사실을 '폭로'한 사람이다. 김대령이 미국에 거주하고 있는 것은 그가 '진실'을 알리는 데 치러야 할 대가가 너무 많기 때문인데, 이미 '좌파'가 장악하고 있는 공중파에서 5·18의 진실을 알리려 했다간 "목숨 걸어야" 하는 사태가 빚

---

* 수치적으로 증명된 바는 없지만, 경험적으로 사이버공간에서 느낌표(!)나 물결표(~) 등의 문장부호 활용 행태는 글쓴이의 연령대를 가늠할 수 있는 지표로 받아들여진다. 특히 사례 11의 경우는 (온라인 커뮤니티에 익숙한 이들이라면) 일베에서 통용되는 언어적 행태와 상당히 어긋나 있다는 사실을 대번에 알아챌 수 있는데, 그 이유는 제목이 지나치게 길고(띄어쓰기 제외 34자), 소개하는 이에게 존칭("그분")을 붙였으며, 결정적으로 느낌표를 써서 강조하고 있기 때문이다. 이는 상대적으로 게시물의 글쓴이가 고령층일 것이라는 추측을 가능하게 하며, 적지 않은 일베 이용자들 또한 그렇게 추측한 것으로 보인다.

어지기 십상이라는 것이다. 그런 그가 수십 년간 홀로 연구한 성과를 책으로 내놓았으니 일베 이용자들은 이를 커다란 희생과 용기로 이해했다. 쉽게 말해 그가 "총대 매고 출간"했다는 것이다. 따라서 일베 이용자들은 이 저서가 당시 논란이었던 교과서 개정 문제와 더불어 사회적으로 최대한 이슈가 되기를 희망했고, 그러한 바람에서 책을 구입하는 것은 개인적인 행동일 뿐이라며 "동네 시립도서관에 희망도서"로 신청할 것을 촉구하는 이들도 많았다.

이러한 사례 11은 일베가 5·18을 담론투쟁으로 이해하고 있음을 보여주는 한편, 이들이 스스로를 '소수자'라고 인식하는 이유 또한 알려준다. 일베 이용자들은 광주 민주화운동이 공식적인 국가담론이 된 '배후'에 좌파가 있다는 인식을 공유하는데, 보다 구체적으로는 1980년대 이후 한국 사회 곳곳에 숨어 들어간 '좌파'들이 지식 사회를 잠식했다는 인식이다. 이러한 소수자 담론의 전회는 이들이 스스로의 주장을 '정의'롭다고 여기게 하는 중요한 메커니즘이다. 스스로를 소수자로 위치시키는 전략은 이른바 '역차별'론과도 일맥상통한다. 이들이 보여주는 소수자화와 역차별론, 표현의 자유에 대한 주장 등은 그들이 스스로를 '민주주의를 부정하는 것은 아니'라고 설명하는 것이 완전히 거짓만은 아니라는 사실을 유추할 수 있게 한다.

만약 일베 이용자들을 '청년' 세대로 가정한다면(아마도 이러한 가정이 많은 이들에게 일베가 놀라움의 대상이 된 이유이겠지만) 이들이 민주주의의 제도와 가치를 내면화하고 있을 것으로 예상

보통 일베들의 시대

할 수 있다. 이들의 대항담론이 만들어지는 전략을 살펴보건대, 일베의 공격이 '민주주의'를 향한다는 시각은 문제를 지나치게 단순화하는 것이다. 일베 이용자들의 '소수자'론은 자신이 가지고 있는 정치적 견해를 '자유'롭게 말할 수 없고 그러한 견해가 '알바' 등으로 쉽게 매도되는 일상의 불편함이 자신들을 같은 세대 사이에서도 더욱 고립시킨다고 믿음으로써 '진정'으로 표현의 자유가 보장되는 현실을 요구하게 된 결과다.

하지만 이번 사례에서도 모든 이용자들이 글쓴이의 의견에 동조한 것은 아니었다. 적지 않은 이들이 '역사학도'를 지나치게 우대한다며 불편함을 표현한 것이다. '박사'와 같은 수식어로 저자의 권위를 과장하는 것이 아니냐는 의견에서부터 글쓴이의 글도 결국 '선동'이며 '광고'에 지나지 않는다고 냉소를 표하는 이들도 많았다. 이러한 반응은 '모두가 병신'이라는 일베적 정체성과도 연관이 있는 한편, 일베적 합리주의를 보여주는 하나의 전형이라고도 할 수 있다. 이때 일베적 합리주의란 일베 이용자들이 강하게 의식하고 있는 '적'인 '좌파'의 결정적인 단점, 다시 말해 '감정'적이고 '무비판'적이며 '선동'에 부화뇌동하는 '좀비'의 행태를 반복하지 않겠다는 강한 의지이다. 이는 주장의 근거를 요구하는 상호작용 의례로 구체화되고 이용자들 간의 친목까지도 금기시하는 일베의 문화를 특징짓는바, 앞서 3장에서도 살펴본 것처럼 '팩트'와 '합리'에의 강한 요구를 동반하게 된다. 김대령의 책에 대한 일베 이용자들의 열광 역시 5·18을 폭동이라고 주장할 수 있는 '근거'를 얻었다는 기쁨에서

온 것이지만, 반대로 이러한 열광 자체가 '좌파 좀비'와 같은 행태가 아닌지를 스스로 끊임없이 의심하게 되는 일베의 패러독스를 그대로 반복하고 있다.

'김치녀'에 대한 색출과 징벌

"차 안 가지고 와서 빡친 김치년.jpg"라는 제목의 사례 12는 한 여성(이하 '나')의 페이스북 게시물을 캡처한 것으로, 캡처된 페이스북 게시물의 내용은 한 여성이 자신과의 기념일에 형에게 차를 빌려준 남자친구(이하 '다')에 대해 불만을 토로하는 것이다. 이 게시물은 약 10 대 1에 육박하는 추천 대 비추천의 비율을 보여주며 상당한 지지를 받은 것으로 나타나는데, 앞서 말했듯 이는 일베 전체 게시물의 평균 추천 대 비추천의 비율이 5 대 1인 것을 고려하면 가히 전폭적인 지지라고 볼 수 있다. 총 855개의 추천수는 일간베스트에 등극하는 게시물의 평균 추천수인 256개를 세 배 이상 웃돌고 있으며 댓글수 역시 평균보다 약 다섯 배나 많은 628개로, 이 게시물이 상당히 많은 주목을 끌었다는 사실을 확인할 수 있다.

이 글에 달린 댓글의 내용은 대체로 다음과 같았다. 가장 먼저 '좌표'를 제시하라는 주장이 많았다. 앞에서도 언급한 것처럼 좌표는 게시물의 사실관계를 확인하기 위한 것만큼이나 '나'의 신상을 털겠다는 분명한 의사표시이다. 여러 마녀사냥과 신상 털기가 그러하듯 이 역시 '정의로운 분노'를 직접적으로 표출하는 일종의 '의례'이다. 그러나 글쓴이는 단 한 번도 댓글들에 반응하거나 '좌표'를 제공하지 않았는데, 이 때문에 적지 않은 이용자들이 '주작'이 아니냐는 의심을 표출했다. 다음으로 자주 나온 댓글은 "지 차로 남자친구 태워주는 건 안 되는 거냐?? 지도 없으면서"와 같이 경제적으로 무능한 여성이 남성을 이용한다는 주장을 담고 있었다. 이는 자연스럽게 여성이 남성을 '착취'한다는 주장으로 이어진다. "맨날 남녀평등 외치면서 결국은 성을 무기로 남자한테 삥 뜯는 거나 생각하는 논[년]들이 왜 이리 많아"라는 댓글은 이러한 생각을 대변한다. 이처럼 일베에서 자주 볼 수 있는 '남성 착취설'은 여성을 향한 일베 이용자들의 커다란 불만 중 하나인데, 이는 2장의 데이터 분석 파트에서 살펴본 여성 혐오표현 관련 토픽, 특히 '관계' 및 '여성 특권' 토픽에서 '이기주의'나 '특권' 등의 키워드가 나타난 것과 같은 맥락이다. 데이트, 특히 데이트 비용(부담)에서의 불만도 이에 포함된다.* 이러한 생각은 곧바로 "김치년들은 차가 이동수단이 아니라 명함"이라는 비난으로 이어졌다. 이러한 일베

---

* 이러한 불만과는 달리, 실제 연애 상황에서 '더치페이'는 공고한 규범이 된 것 같다. 2022년 한 결혼정보회사에서 39세 미만 미혼남녀 1,000명을 대상으로 진행한 설문조사에 따르면, 남녀 모두 데이트 비용에서 더치페이를 가장 선호하는 것으로 나타났다. 〈MZ 세대 미혼남녀 평균 데이트 비용 '8만원'〉, 《아시아투데이》, 2022.2.15. 또한 《조선일보》와 서울대학교 사회발전연구소가 16세 이상 남녀 1,786명을 대상으로 진행한 〈2022년 대한민국 젠더의식 조사〉에서도 데이트 비용 부담에 관한 항목에서 20~30대 남녀는 서로 공평하게 부담하거나 경제적으로 여유로운 사람이 더 부담해야 한다는 응답이 가장 많았다. 〈결혼 주저하는 이대남 "집값은 왜 남자가 더 부담해야 하나"〉, 《조선일보》, 2022.5.14.

이용자들, 나아가 남성들의 인식은 기실 뿌리 깊은 것으로, 예컨대 "황금팔뚝 시계—보석반지—현대녀성은 이 두 가지가 구비치 못하면 무엇보다도 수치인 것이다"[9]라는 1928년 안석주의 《조선일보》 사설은 '김치년'을 비난하는 일베 이용자들의 생각과 크게 다르지 않다.

한편, 의외로 많은 이들이 비난한 대상은 남자친구인 '다'였다. 일베 이용자들이 보기에 '나'가 저렇게 "김치짓"을 하는 건 애초에 '개념' 문제도 있지만 남성이 여성을 잘못 "길들여서" 가능하다는 것이다. 이는 일베에서 자주 쓰이는 말인 '삼일한', 즉 '여자는 사흘에 한 번 패야 한다'는 말과 밀접한 관련이 있다. 바꿔 말하면 여성들의 행동이 안하무인격일 때는 반드시 남성의 방관이나 비굴한 태도(즉, '보빨'*)가 있다는 인식이다. 흔히 남초 커뮤니티로 알려진 일베에서 비난의 화살이 남성인 '다'를 향한다는 것이 다소 의아할 수도 있지만 일베의 문화적 기원이 디시에 있다는 사실을 고려한다면 그 이유를 추측하는 것도 어렵지 않다. 즉, 인터넷 커뮤니티에서 친목을 금지하는 오래된 문화가 일베에서도 발현되었다고 할 때, '다'에 대한 비난이 격렬해질 수 있었던 데는 '보빨러'에 대한 반감이 내재되어 있다. 이는 일베에서의 여성혐오를 설명하는 또 다른 시각으로, 커뮤

---

*　일베에서 쓰이는 '보빨'이란 말은 여성을 지나치게 옹호하거나 우대하는 행위를 경멸적으로 지칭하는 것이며, 이러한 태도의 남성들은 '보빨러'라 불린다.

니티의 존속을 위협하는 여성들의 등장은 '보빨러'가 있기 때문에 가능하다는 논리다. 따라서 '다'를 비난하는 것은 기실 여성 혐오와 다름없다.

그런가 하면 띄어쓰기를 제대로 하지 않았다는 것을 이유로 글쓴이의 무식을 지적하는 댓글도 자주 보였다. 자신들만의 사회방언을 사방에 흩뿌리는 이들이 그러한 지적을 한다는 게 자못 우스워 보일 수도 있지만, 실제로 일베에서는 띄어쓰기 등 맞춤법을 지키지 않는 데 대한 비난이 자주 나타난다. 일베에서는 그곳에서 사용되는 사회방언('민주화' 등)이나 자음만의 표기 (ㅇㅂ: 일베, ㅈㄱㅈ: ×고전), 종결어미('~노盧') 같은 일베적 표현을 제외한 일상 언어를 표준어에 맞게 써야 한다. 일베 특유의 사회방언은 랜들 콜린스Randall Collins가 말한 '경계선'으로서,[10] 일베와 일베 아닌 자를 구분할 수 있는 표지가 된다. 또한 일베 이용자들에게 맞춤법에 맞는 문장은 교육을 받았다는 최소한의 표지이며, 이는 온라인에서 각종 외계어 사용 등 어법에 맞지 않는 언어생활을 한다고 여겨지는 여성들과 자신들을 구별짓는 중요한 기호이다.

사례 12에 대한 반응에서는 일베 특유의 지역 혐오도 드러났다. 많은 일베 '중독자'들은 "그냥 가까운 데라도"라는 말에 주목하며 일베를 너무 자주 한 나머지 "'라도'밖에 안 보인다"고 자조하면서도 '나'가 가고자 하는 곳이 전라도 모처일 것이라거나, '나'의 고향이 전라도일 것이라는 말도 안 되는 소리를 하며 높은 수위의 비난을 퍼부었다. 이는 '나'를 일베에서 통용되는 또 다른 '타자'인 전라도와 혼합함으로써 더욱 격리시켜야 할 타자로 만드는 것이기도 하다.

좌파의 '이중성'에 대한 '폭로'

진보세력의 이중성은 일베 이용자들이 느끼는 분노의 핵심 혹은 공격을 위한 최고의 무기이다. 사례 13은 이러한 이중성에 대한 일베 이용자들의 반감을 보여주는 대표적인 예로, 2012년 대선 국면에서 문재인 당시 민주당 후보를 당황하게 만든 '의자' 게시물의 원본이다. "레얼 강남스타일.jpg"라는 제목의 이 게시물은 문재인 후보의 텔레비전 광고에 불과 몇 초간 스쳐 지나간 의자가 최소 100만 원을 호가하는 고급 의자임을 몇 장의 사진으로 '저격'하고 있다. 이뿐만 아니라 문재인 후보가 쓴 안경의 브랜드를 찾아내 60만 원이 넘는 제품임을 보여주고 있는데, 이 모든 '저격'에서 글쓴이는 단 한 글자도 쓰지 않았다. 캡처화면 몇 장으로도 글쓴이의 메시지는 정확히 전달되었고, 다른 이용자들은 기다렸다는 듯이 531개의 추천수로 응답했다. 초반의 몇몇 댓글은 "돈 있는 사람이 그 정도도 못 쓰냐"며, 불과 몇 개월 전 좌파가 이명박 전 대통령을 손녀가 입은 패딩 가격으로 비난한 것과 다를 것이 없다며 글쓴이의 의도를 비난했다. 하지만 대부분의 댓글은 게시물이 지적하는 문제의 핵심이 문재인 후보의 "서민 코스프레"라는 점을 정확히 포착했고, 이에 따라 "이게 서민적이냐", 혹은 "자기 수준에 맞게 사는 건 뭐라 안" 하지만 그런 '수준'을 유지하는 사람이 "서민"임을 주장한다는 것은 이중적이라며 울분을 토했다.

이 게시물의 후속편이라 할 수 있는 사례 14는 문재인 혹은 좌파의 이중성이라는 프레임을 더욱 강하게 밀어붙였다. 글쓴이는 "문 후보님이 앉으신 저 의자의 원조가 107만 원짜리 모 사이트의 브랜드 없는 수입품이 아니라 세계적 가구업체 허먼 밀러사의 400만 원짜리 정품임을 알아줬으면 좋겠다"며 문 후보가 앉은 의자의 가격이 100만 원보다 훨씬 더 비싼 것이라고 지적한다. 이 게시물이 올라온 시점에서 '문재인 의자' 사건에 대한 일베의 지배적 정서는 다음의 인용으로 요약할 수 있을 것이다. "으따 우덜의 진정한 서민 후보 문죄인 후보가 그럴 리가 있당가.... 저건 분명 쥐박이의 음모랑께!!!"

이 게시물에 대한 열광은 수치로도 잘 나타난다. 930개의 추천과 35개의 비추천은 그간의 평균적 추천수 대 비추천의 비율에 비해 매우 이례적이며, 댓글 역시 비판적 의견을 찾아볼 수 없었다. 이 게시물 이후로 일베에서 문재인은 말로만 서민인 '척'하는 위선자가 되었다. 댓글에서는 문 후보의 이중성은 물론이고 앞서 언급된 이명박 손녀의 패딩 논란이 거론되며 문 후보 지지자들의 '이중잣대'에 대한 비난이 쏟아졌다. 다음 댓글은 이러한 비난을 가장 압축적으로 표현한다.

좌좀의 생각
이명박 손녀 패딩: 서민들은 10만 원[짜리] 패딩도 못 사는데 손녀[에게] 100만 원[짜리] 패딩 입히는 이명박 Out

문재인 의자: 능력 있는 사람이 [돈] 쓰는 게 뭐가 문제? 쯔쯔
수꼴[수구 꼴통]들 자본주의 이해도 부족하고 열등감[에]만
찌들었네

일베를 만나다

각자도생의 '평범'을
꿈꾸는 이들

지금까지 우리는 일베의 각종 데이터와 그곳을 채운 게시물들을 분석했다. 77만여 건의 일간베스트 게시물에 대한 양적 분석, 특히 혐오표현분류기를 활용한 텍스트 분석을 통해 일베에서의 주요 혐오 대상이 여성, 진보좌파, 북한, 호남이라는 사실을 확인했으며 일베에서 나타나는 혐오의 '논리'가 '무임승차'로 요약될 수 있다는 것 또한 확인했다. 이제는 이러한 혐오표현을 실제로 구사하는 사람들을 직접 만나봄으로써 데이터로 드러난 혐오라는 증상의 원인을 살펴볼 차례다.

일베 이용자들을 인터뷰한다는 목적 자체는 꽤나 명쾌하지만, 실제 인터뷰 진행은 꽤나 까다로운 일이었다. 일베라는 공간에 대한 악마화가 상당 부분 진행된 시점에(특히 이 인터뷰가 2013년에서 2014년 사이에 이뤄진 것을 고려하면 더더욱) 스스로를 일베 이용자라 밝히고 인터뷰에 응할 연구참여자를 구하는 것부터가 난망한 일이었다. 간신히 연구참여자를 섭외한다 하더라도 그들이 대단히 소극적이거나 자기방어적인 태도로 답변하리라는 것을 예상할 수 있었다. 따라서 사전에 인터뷰 질문들을 면밀하게 설계해야 함은 물론이고, 연구참여자들과의 라포를 형성하기 위한 여러 노력들이 수반되어야 했다. 내가 연구참여자들과의 '신뢰'를 구축한 몇 가지 방법 중 하나는 나 스스로 오래된 야구갤러리 이용자임을 밝히는 것, 그중에서도 악질로 유명한 LG트윈스갤러리 이용자라는 사실을 밝히는 것부터였다.

인터뷰는 미리 설계된 질문지와 일베에서 논의되는 네 가지 주요 혐오 대상을 표상하는 중립적 이미지를 준비하여, 이를 연구참여자들에게 보여주고 그들의 감정적 반응을 살펴보는 것으로 진행됐다. 즉, 편견을 가진 상태라면 특정한 프레임으로 인식될 만한, 그러나 불쾌감을 주지는 않을 만한 이미지를 선정하여 참여자에게 제공한 뒤 그것을 보았을 때 연상되는 느낌과 감정을 인터뷰 과정에서 확인하고자 했다. 또한 연구참여자와 함께 해당 이미지가 포함되는 카테고리를 일베에서 직접 검색하여 열람한 후, 참여자의 자발적인 연구참여와 자연스러운 감정 변화의 과정을 관찰했다.

연구참여자로는 일베에 직접 글을 작성하거나 일베에 게시되는 글을 자주 열람하는 사람들을 섭외하고자 했는데, 여기서 한 가지 짚고 넘어갈 문제가 있다. 바로 '일베 이용자는 과연 누구인가' 하는 문제다. 이는 일베에 대한 다양한 논의 중 하나이기도 하며 연구참여자 선정에서도 주요하게 고민한 문제였다. 일베가 다양한 연령대의 이들이 아무 제약 없이 모이는 인터넷 커뮤니티라 하더라도 이용자의 대다수는 20~30대 남성일 것으로 추측된다. 이러한 추측은 웹사이트 분석 평가 서비스를 제공하는 랭키닷컴www.rankey.com의 분석에서도 지지되는데, 이에 따르면 일베는 20~30대 이용자가 전체 이용자의 과반수 이상을 차지하는 것으로 나타났다.[1] 하지만 2014년 일베에서 세월호 참사의 유가족을 향해 '좀비'라는 표현을 써가며 비난한 50대 이용자가 검거되거나[2] 정치게시판 이용자들을 '아재(아저씨)'라 부르며 조롱하는 데서 나타나듯이* 일베라는 공간의 이용자 구성은 대단히 중층적이다.

문재인 정부 청와대에서 2019년 11월에 발표한 〈데이터로 보는 국민청원〉에 따르면, 25세부터 44세 사이의 인구는 뽐뿌 www.ppomppu.co.kr를 통해, 50대 이상은 일베를 통해 국민청원에 유입된 것으로 나타났다. 이는 앞선 2장에서 지적한 풍선효과, 즉 박근혜 전 대통령 탄핵 사태 이후 젊은 층들의 급격한 이탈 현상을 간접적으로 지지하는 증거라고 할 수 있다. 이처럼 중층적

---

* '정계 아재(정치게시판을 이용하는 아저씨)'들은 일베가 디시로부터 전승한 사이버문화를 전혀 이해하지 못하는 경우가 많아 '일베적' 문화와 의례에 제대로 적응하지 못하는 일종의 문화지체 현상을 보인다. 또한 이들은 일베 이용자들이 가장 중요하게 생각하는 가치, 즉 '이성적이고 합리적인' 비판과는 동떨어진 '신념'에 따른 비난에 치중하기에 일베 내에서도 '우파 좀비'라는 비난과 조롱을 받는다.

인 온라인 커뮤니티 연구에서 인터뷰 대상들의 '연령'을 특정하고 정당화하는 것은 쉽지 않은 일이다. 다만 위에서 언급된 랭키닷컴의 분석 결과와 일베의 '전성기'를 이끈 2010년대 초반에 생성된 게시물의 특성을 고려하여 2030 남성을 본 연구의 인터뷰 대상으로 삼았다.*

한편, 연구참여자들의 지역 및 학력 또한 유의해 안배하고자 했다. 우선 지역의 경우, 일베 이용자는 오늘의유머 등 여타 온라인 커뮤니티의 이용자들로부터 특정 지역 출신이라는 비아냥거림을 받는 경향이 있다. 다시 말해 일베 이용자들은 대개 현 국민의힘의 지지 기반인 영남, 그중에서도 대구·경북 출신으로 특정되는 경향이 있는데, 이는 어디까지나 편견에 불과하므로 최대한 지양하며 서울·경기 지방은 물론 호남 출신 일베 이용자 또한 인터뷰 대상으로 선정하고자 했다. 아울러 일베 이용자들이 '루저'라는 시각도 이들을 특정할 때 자주 언급되는 편견이다. 어떤 사람이 '루저'인지 아닌지를 판단하는 기준을 사

---

* 40대 이상의 일베 이용자들은 번번이 약속을 지키지 않거나, 인터뷰 자리에 나타나더라도 일베 접속 자체를 부인하기 일쑤였다. 이러한 난점은 40대 이상의 중장년층 일베 이용자를 연구 대상에 포함하지 못한 현실적 이유이기도 하다. 여성 일베 이용자의 경우는 '일베'라는 사회적 낙인이 더욱 강하게 작동한다는 게 문제였다. 일베가 네이트 판(pann.nate.com)이나 소울드레서(cafe.daum.net/SoulDresser) 같은 여성향 커뮤니티 이용자들에게 사실상 '절대 악'으로 여겨지는 상황과 여성 이용자들이 일베 안에서조차 '암베충'이라 불리며 경멸의 대상이 되는 상황에서 여성 이용자는 자신을 드러내는 데 더욱 소극적일 수밖에 없다. 이러한 이유로 (다양한 시도를 했음에도) 여성 일베 이용자를 섭외하는 데는 실패했음을 밝힌다.

이름	성별	나이	학력	학교	직업	거주지역	출생지역
A	남	25세	대재	지방 소재 4년제	학생	대구	대구
B	남	22세	대재	서울 소재 4년제	학생	서울	서울
C	남	28세	대졸	지방 소재 4년제	회사원	인천	인천
D	남	26세	대재	서울 소재 4년제	학생	서울	대구
E	남	20세	대재	서울 소재 4년제	학생	서울	서울
F	남	21세	대재	재수생	학생	인천	서울
G	남	23세	대재	지방 소재 4년제	학생	인천	인천
H	남	25세	대재	지방 소재 4년제	학생	서울	서울
I	남	22세	대재	지방 소재 2년제	학생	부산	부산
J	남	32세	대졸	지방 소재 4년제	회사원	울진	전주

회학적 언어로 쓴다면 그가 중간계급 이상의 경제자본 혹은 문화자본을 가지고 있는지의 여부일 것이다. 하지만 2장에서 언급한 일베에서의 '인증대란'을 통해 볼 수 있었듯이 그들이 스스로 '루저'가 아님을 증명하는 방식은 학벌이었다. 이러한 사실에 착안하여 본고에서도 그들의 '내부자적 입장'을 수용해 특정 학벌에 치우치지 않도록 인터뷰 대상을 선정하고자 했다. 한국 사회에서 학벌이 가지고 있는 상징, 다시 말해 계급 재생산

의 유력한 도구가 학벌이라는 점에서 높은 학벌의 소유자는 중간계급 이상의 물적 토대를 소유하고 있을 가능성이 높기도 할 것이다. 이렇게 선정된 총 열 명의 연구참여자는 〈표 1〉과 같다.

1. 불안과 공포

울리히 벡^{Ulrich Beck}의 《위험사회》는 불안의 사회학적 이론화를 위한 초창기 작업인 만큼이나 불안의 성격을 이해하는 데 중요한 함의를 제공한다. 현대 사회에서 위험^{risk}은 체계적으로 재생산되는 확률과 가능성의 문제로, 언제 어디서 무슨 일이 벌어질지 모르는 것으로서 모두에게 적용된다.[3] 특히 과학의 비약적인 발전에 따라 위험은 더더욱 공포스럽고도 이해 불가능한 것이 되었고, 이는 불안을 더욱 부추기는 것으로 이어져 과거엔 정치적이지 않았던 것도 정치적 함의를 띠게 된다. 리처드 세넷^{Richard Sennett}은 후기자본주의가 불안과 공포^{dread}에 의해 추동된다고 보았는데, 그에 따르면 "불안은 무슨 일이 일어날지도 모른다는 것과 관련"이 있는 한편 "공포는 무슨 일이 벌어질 것임을 알고 있는 상황"[4]에 따른 것이다.

이와 비슷하게 지그문트 바우만^{Zygmunt Bauman}도 인간의 공포를 1차원적인 본능적 공포와 2차원적 공포 두 가지로 구분했다. 2차원적 공포는 사회적·문화적으로 순환되는 파생적 공포이며, 자신이 위험에 빠지기 쉽다고 느끼는 감각이다.[5] 이 지점에서 바우만의 공포 논의가 주는 함의는 '공포를 느낀다'고 하는 감수성이 감정 아비투스와 깊이 관련될 수 있다는 데 있다. 예컨대 기존의 계급투쟁적 성격의 노동운동과 달리 위험사회적 신사회운동이라 할 수 있는 2008년 촛불집회에 나온 많은 사람들이 중산층이었다는 점을 상기해볼 때 '나는 불안하다'는 주장은 근대성에 대한 성찰에서 나온 것인 한편 스스로 불안하다고 느끼는 감각 자체가 계급적일 수 있음을 보여준다.

하지만 일베 이용자들의 감정을 이해하는 데 이러한 후기 근대론이 매우 불충분한 것도 사실이다. 특히 한국 신자유주의의 기원이 박정희 정부 말기부터 시작되었다는 점을 고려한다면[6] 한국 사회의 구성원들이 느끼는 불안과 공포는 '후기근대'로 총칭되는 시기로 환원되지 않는다. 특히 이 책에서 집중적으로 인터뷰한 이들이 청년 세대라는 점을 고려한다면, 이들이 체화한 것처럼 보이는 불안과 공포는 취업과 생존에 직면한 이들이 느끼는 구체적인 감정이라기보다 차라리 유예된 감정이며, 현재와 미래에 대해 가지는 막연한 상像이라고 할 수 있다. 일베 이용자들이 보이는 불안은 크게 두 가지로 정리할 수 있다. 첫 번째는 그들이 처한 사회경제적 위기에 따른 불안, 더 정확히 말하자면 불투명한 미래에 대한 불안이고, 두 번째는 그러한 경제적 위기와 고립감을 해소할 수 있는 친밀성의 영역이 붕괴되었다고 느끼는 데서 기인한 불안이다.

불안 1: 취업과 평범한 가정 꾸리기라는 목표

오늘날 청년 세대 문제로 일컬어지는 것들, 즉 노동시장의 유연화와 그에 따른 생애주기의 예측 불가능성은 일베 이용자들에게도 예외 없이 적용된다. 인터뷰에 참여한 일베 이용자들 역시 미래에 대한 불안감을 토로했다. 그들은 자신의 꿈에 대해 이야기하는 것을 사치로 여기며 삶의 궁극적인 목표 또한 야망의 실현보다는 사적 친밀성 확보에 국한했다. 이때 사적 친밀성의 확보란 좋은 가정을 꾸린다는 목표로 나타난다.

솔직히 불안해요. 워낙에 취업난 소리를 많이 듣고요. 제가 아까 말씀드렸지만, 제 꿈이 그거[취업난]에 굉장히 결정적이에요. 저는, 돈을 많이 버는 게 굉장히 궁극적이라서, 궁극적인 목표라서, 취업난 이런 얘기 들으면 좀 실감이 돼요. (E)

E가 삶의 궁극적인 목표로 "돈을 많이 버는" 것을 말한 이유는 그것이 '평범'한 가정을 꾸리는 데 가장 기본적인 조건이라고 생각하기 때문이었다. 이 평범한 가정은 지속 가능해야 하며 그러기 위해서는 가능한 한 위험을 감수하지 않으면서도 많은 보상을 받을 수 있는 직업을 가져야 했다. 이 때문에 그는 대학에서의 전공 또한 취업의 문이 넓은 경영학을 선택했다고 말했다. 이러한 선택의 가장 결정적인 원인은 주변에서 들려오는 '취업난'과 같은 이야기에 불안감을 느꼈기 때문이고, 불안감이 그로 하여금 보다 안정 지향적인 꿈을 갖게 한 것이다. 그리고

이런 안정 지향의 바탕에는 유년 시절 겪었던 외상적 기억, 즉 1997년 외환위기가 있었다.

E 외에도 많은 연구참여자가 외환위기와 구조조정에 대해 이야기했는데, 이는 주로 부모님이 겪은 고통이나 고난을 이야기할 때 등장한 것이었다.

> 아버지가 IMF로 좀 힘들긴 하셨는데 그래도 나름대로 평범한 가정에서, 그러니까 평범하다는 게, 중산층인 가정에서? 누나도 열심히 공부해서 ○○대학교 갔고 …… 아빠 얘기 들으면 밥 한 끼로 두 끼 먹고 진짜 불도 못 때고, 그런 얘기가 전혀 자기 과거에 대해서 전혀 비참하게 생각하고 그런 게 아니라 그게 다 사실이잖아요. 근데 저는 그거를 막 거기 나와 있는[일베에 올라온] 사진들을 보거나 우리 아빠 얘기, 생생한 얘기를 들으면서 확실히 더 느끼게 됐어요. 아 지금 우리가, 내가 커온 환경은 우리 집이 IMF로 인해서 좀 가난하긴 했지만 어떻게 보면 나는 진짜 너무 복 받은 환경에서 자랐구나. 우리 아버지는, 우리 집은 가난했지만 엄마가 저 먹고 싶은 건 진짜 다 사주셨거든요. 햄버거 먹고 싶어 하면 햄버거 사주고 뭐 아무튼 다 사주셨어요 진짜. (B)

> [제가] 어릴 땐 굉장히 조용했어요. 동생이랑 여섯 살 차이 나는데, [동생이] 태어나고 …… 그때부터 아버지가 정신을 차리고 바람은 안 피웠지만, 그래도, 그때 IMF 터져가지고 회사

에서 잘렸어요. 그래서 경제적으로 무능력했고. 그 상태로
한 10년 동안 장사를 하신다고 했는데 그것도 잘 안되고, 그
러다가 용접 기술을 배워가지고 그나마 형편이 좀 나아졌거
든요. (I)

이들의 불안은 노동자들이 언제 "빈민으로 전락할지 모른
다는 불안과 공포'"에 시달린다는 정수남의 지적과는 궤를 달
리한다. 그 이유는 그가 주로 연구한 연구 대상과 본 연구의 대
상이 갖는 세대 차, 달리 말해 현 상황을 내면화하고 순응하는
전략이 세대별로 다른 데서 오는 차이 때문이다. 노동빈민의 불
안과 공포가 종종 저항과 비행위의 방식을 취하는 반면, 아직
노동시장에 진입하지 못했거나 이제 막 발걸음을 뗀 일베 이용
자들이 속한 2010년대의 청년들은 진입 자체에 대한 불안을 가
지고 있었다. 사회학자 시어도어 켐퍼^{Theodore Kemper}의 지적처럼,
사람들은 불안이 분노로 외사화^{extrojected}될 때 저항 행위를 할 수
있는 반면, 수치심이나 무력감 등으로 내사화^{introjected}될 때는 순
응이라는 행위 전략을 선택한다. 공포라는 '부정적' 감정을 극
복하기 위해 적극적인 순응과 노력의 이름으로 자기계발(혹은
자기최면)에 몰두하는 것이다. 여기에 추가적으로 현재의 생활
과 앞으로의 전망에 대한 낙관, '큰 욕심'을 부리지 않는다는 태
도가 뒷받침되면 순응은 더욱 강화된다. 이러한 태도는 자신의
노력이 자신을 배반하지 않을 것이라는 강한 믿음이 뒷받침된
것이라고 할 수 있으며, 자신의 능력이 '그 정도'라면 거기서 더

보통 일베들의 시대

이상의 '과욕'을 부리지 않고 만족하며 사는 것이 올바른 삶이라는 생각으로 이어진다. 이러한 생각은 다음과 같은 말에서 잘 드러난다.

잘 사는 게 마치 김정은, 김정일처럼 살아야 잘 사는 게 아니라 그냥, 그러니까 자기 신변의 위험 없이 안정적으로, 자기가 뭘 잘하면 그 분야에서 인정을 받고 살 수 있는, 이거 자체가 잘 사는 거라고 생각을 하거든요. (G)

따라서 사회적 불안에 대한 이들의 염려는 "신변의 위험" 수준으로 격하되며, 사회적 소수자들의 사회제도적 안전망에 대한 요구는 열패자들의 하소연에 지나지 않게 된다. 그리고 이러한 불안은 매우 쉽게 정치적 보수화와 연결되는데,[8] 사회 안전망에 대한 신뢰가 없고 모든 것이 개인의 선택으로 환원되는 상황에서 불안은 그 누구도 아닌 개개인이 해결해야 하는 문제가 되기 때문이다. 모든 문제가 개인화된 현실을 그대로 순응하는 상황에서 사회를 향한 의문을 가지기는 불가능하며, 이에 따라 개인이 느끼는 불안의 해소 또한 사적 친밀성의 영역에서 위로받고 해결하려는 태도로 나아간다. 즉, 새로운 가족주의가 부상하는 것이다. 이러한 맥락에서 일베가 사회적 문제로 가시화되기 시작한 2014년 지방선거 및 교육감선거 국면에서 유력 후보자들이 '가족' 문제로 낙선한 것이나, 대통령 탄핵의 빌미가 된 최서원 씨 가족 문제, 조국 사태 등은 결코 우연이 아니며 이것은 단순히 '가부장적 전통의 귀환'도 아니다. 신자유주의 체제가 만들어낸 불안의 사사화 속에서 친밀성이 공적 영역으로 소환되었을 때, 사생활은 더 이상 사적인 것이 아니다. 이러한 사례들은 한국 공론장의 현주소를 적나라하게 드러내는 동시에 친밀성의 영역이 얼마나 확장되었는지를 보여준다고 할 수 있다.

불안 2: 친밀성의 약속을 배신하는 여성

친밀성의 영역이 확장된 것과 관련하여 일베 이용자들의 '목표'가 가정을 꾸리는 데 있다는 말에 주목해보자. 감정을 사회학적으로 다룬 학자들인 에바 일루즈^{Eva Illouz}나 벡게른샤임 ^{Elisabeth Beck-Gernsheim}이 말한 것처럼 오늘날 로맨틱한 사랑은 과거보다 더 중요한 가치가 됐다. 벡게른샤임은 오늘날과 같이 '다소 삶이 편해진' 시대의 개인들은 개인이 느끼는 불안감을 (공동체가 아니라) 가족이나 사랑과 같은 개인적 친밀성을 통해 해소하게 된다고 말했다. 그는 이 때문에 현대인들이 "낭만적 사랑과 영원한 사랑의 결합이라는 이상"[9]에 점점 더 매달리게 되며 이윽고 사랑이 현대의 세속적 종교로 발돋움하게 된다고 주장한다. 하지만 사적 친밀성이 강렬해진 것 자체가 안전하고 확실한 것이 없는 개인화된 사회에서 비롯되었다는 점을 생각해보면 사랑이라는 종교는 언제나 '혼란'스러울 수밖에 없다. 이러한 혼란에 대해 일루즈는 "현대의 애정생활이 과학적 지식, 선택 기술, 절차를 중시하는 규칙 등 감정의 미묘한 맥락을 걷어내는 장치로 **대칭과 상호성의 합의를 지켜내도록 강제**"[10](강조는 필자)한다는 점을 옳게 지적한다. 이에 에로틱과 사랑을 떠받들던 의미들은 사랑의 합리화 과정 앞에 무너진다. 이러한 열정과 에로티시즘의 상실은 평등이 만들어내는 두 가지 문화적 감수성, 즉 불안과 아이러니에서 비롯되는데, 특히 불안에 대해서만 언급하면 다음과 같다. 사랑에서의 불안은 거의 모든 곳에 침투한 평등의 구호로 인해 모든 행위가 오해의 여지를 살 수 있다는 데서 비롯된다. 즉 현대적 사랑의 불안은 "서로 행위를 주고받는 일에 어떤 규칙이 있는지 알아내야만 하는 어려움"[11]을 겪을 수밖에 없다는 데 있다.

이 맥락에서 일베 이용자들과 여성 사이의 전선은 가시화된다. '남성' 일베 이용자들은 후기근대적 불안과 순응의 피로를 로맨틱한 이상적 사랑을 통해 해소하고자 한다. 하지만 '김치녀'라는 한국 여성 일반은 사랑의 이상을 물질화하고, 결혼을 통한 안정의 목표를 '평등'의 이름으로 파괴하는 존재들이다. 그러면서도 경제적으로는 남성에게 의존하고, 병역의무로 대표되는 공동체적 책임을 회피하며, 일상생활에는 전혀 필요 없는 물건(명품백)에 집착한다. 남성들(특히 일베 이용자들)은 이러한 여성들의 통제 불가능성을 강하게 성토하는데, 이들의 인식에서 '김치녀'에 대한 공감대는 정치적 지향과 무관하게 형성되어 있는 것이다. 30대 J의 말을 들어보자. 그의 주장은 여성에 대한 혐오나 분개가 비단 어제오늘의 문제가 아님을 잘 보여준다.

(연구자: 여성 문제도 일베에서 '김치녀'나 '된장보슬' 이런 얘기 많이 하잖아요. 그건 어떻게 생각하세요?) 나는 이건 예전의 질서를 계속 갖고 싶어 하는데 능력은 안 되는…… 가부장, 남자로서 여자를 휘어잡고 싶은데 예전처럼, [이제는] 능력이 안돼. 경제적인 능력도 안 되고 다른 능력도 안 돼. [사회적] 지위도 없고. 우리 사회 과반수의 남자들은 일베가 아니더라도 다 그렇게 생각한다고. 아, 진짜로. (J)

이러한 분개는 어느 정도 불안을 완충해줄 수 있다고 믿었던 유일한 가치인 사랑(연애, 결혼)이 대단히 합리적이고 계산적인 의례가 되었다는 사실에서 비롯된다. 이 때문에 이들은 언제나 사랑에 목말라하면서도 '아파'할 수밖에 없다. 불안한 현대에서 거의 유일한 안정을 보장하는 사랑에 대한 배신감이 격렬하게 표현되는 것은 물론이다.

불안 3: 관계에 대한 불신과 은폐된 지역 혐오

사랑 또는 연애관계에 비하면 호남 사람들에 대한 일베의 불안은 상대적으로 미약한 수준이다. 거의 대부분의 연구참여자가 자신에게는 "지역주의"가 없다고 주장했다. 이들은 자신에게 오히려 전라도 출신 친구들이 많다며, '홍어'라는 표현으로 대표되는 일베의 전라도 혐오가 지나치게 과장되어 알려져 있다고 불만을 표했다. 대구를 '통구이'나 '고담'이라 부르듯이 광주나 호남을 '홍어'라 부르는 것은 특별한 지역 혐오가 아니며 따라서 전혀 문제 될 게 없다는 것이다.

(연구자: H 씨는 그럼 지역감정이 없는 거예요?) 네, 전 자신 있어요. 왜냐하면 제 진짜 친한 친구들, 진짜 친한 친구들 중에 한 절반 정도가, 절반 좀 안되게가 호남이에요 호남. (연구자: 대학교 친구요?) 아뇨, 초등학교 중학교부터 쭉 올라오던 애들요. 대학에서도 지금 진짜 친하게 지내는 애들 중에 이제 뭐냐 두 명, 두 명이 호남이고 한 명은 부모만 호남이고, 두 놈이 경상도, 아무튼 섞여 있어요, 다. 우리는 그냥, 걔네들도 나 일베 하는 거 알고. 내가 맨날 그래요 장난삼아서, "이 홍어 새끼야". 게임하다가 만약에 [친구가] 뒤에서 공격하면 "이 새끼 전라도 새끼라가지고 통수치네" 막 이러고. 아, 저는 진짜 지역차별주의적인 이런 게, 이런 얘기를 하긴 하지만 그런 의식은 전혀 없어요. 예를 들어서 경상도 새끼한테는, 제가 만약에 화염방사기로 게임에서 [친구를] 쏴요, 죽여요. [그러면] "이 통구이 새끼 똑같이 됐네" 이러면서…… 저는 진짜 막 이런, 아 어떻게 보면 진짜 나쁜 드립이죠. 진짜 나쁜 드립인데, 제가 이런 거에 대해서 경각심이 없다고, 경각심이 없게 얘기를 하다 보니까 그냥 그 친구들도 처음에는 [기분 나쁘다는 듯이] "아, 아" 이러다가 이제는 익숙해져서 그냥 지들도 [장난처럼] 그러고. (H)

그 때문에 많은 이용자들은 '홍어'로 대표되는 사이버 지역 혐오의 기원이 일베라고 여겨지는 데 분개하기도 했다. '홍어택배' 게시물 등으로 찍힌 '패륜사이트'라는 낙인 때문에 "어디 가서 일베 한다고 말하지도 못"한다는 것이다. 3장에서도 살펴봤지만 '홍어'와 같은 표현들은 사실 디시, 특히 야구갤러리에서 비롯된 것이다. 그러한 하위문화를 이어받은 것에 불과한 일베가 과도하게 "욕을 먹"고 있다는 것이 일베 이용자들의 주장이었다.

하지만 인터뷰에 참여한 일베 이용자들은 '까보전(까고 보니 전라도)'이나 '홍통(홍어가 뒤통수를 친다)'과 같은 표현을 일종의 '진리'처럼 받아들이는 것으로 보였다. '지역감정'이 없다고 단언한 참여자조차 "전라도 사람이라고 하면 일단 조심하게" 된다며 호남에 대한 편견을 드러냈다. 전라북도 전주에서 고등학교를 다녔다는 한 연구참여자는 "제일 친했던 애들이 다 광주 애들"이었다면서도 결과적으로 "다 척을 졌다"며 "이놈들 다 이런가[뒤통수치나]" 생각했다는 경험담을 들려줬다. 그는 전라도 사람들에 대해 "잘해줄 땐 되게 잘해주는데 너는 내 편이거나 [아니면] 남이다"라는 생각을 가지고 있기 때문에 "뒤끝"이 있다고 설명하며, 흔히 말하는 '뒤통수 맞았다'는 표현도 그래서 나온 것 아니겠느냐고 덧붙였다. 이와 비슷하게 전 애인이 광주 출신이었다고 밝힌 A는 헤어지는 과정에서 "진짜 '까보전'은 과학인가"라고 생각했다가 어머니의 설명을 듣고 다시 생각하게 되었다고 말했다.

엄마도 이제 "전라도 사람들이 원래 그렇다"[라고 말씀을 하시더라]. 전라도 사람들이 통수친다고 얘기하잖아요. 근데 그건 아닌데, 그게 왜 그러냐면 [엄마가 말씀하시기를] 원래 전라도 사람들이 정이 많아서 정을 잘 주는데 거두는 것도 한순간이라서. 그러면 [짧은 시간 안에 태도가 달라진] 그때 사람들은 뒤통수를 맞았다고 얘기를 하는 거다. (A)

그는 "서울이든 경상도든 강원도든 충청도든 전라도든 간에 지내다가 한순간에 그냥 둘이 멀어질 수도 있"다고 말하면서, "친구를 잃는 건 정말 힘들"고 하필이면 전 애인이 "광주" 출신이었을 뿐이라고 말했다. 따라서 그는 자신의 경험이 지역 혐오를 강화했다기보다는 인간관계에서의 쓴맛을 본 것으로 설명했고, 그 경험은 '누구에게라도' 뒤통수를 맞을 수 있다는 불안을 처음으로 느끼게 한 것이었다. 하지만 이때 기존의 지역주의는 개인의 불안을 특정한 방향으로 강화했다. 이 과정에서 흔히 '밥상머리 교육'이라 불리는 가족 간의 대화는 특히 중요하게 작용하는 것처럼 보인다.

아, [지역에 대한] 생각, 생각에서, 생각에서는 이제, 교육상의 문제이기도 한데, 뭔가 좀 조심해야겠다 그런 건 있어요. (연구자: 아, '통수'요?) 예, 그건 있어요. 저희, 저희 부모님도 제 결혼 얘기를 하면서 언제나 얘기하시는 게, 할머니 할아버지 어머니 아버지 다 전라도는 안 된다고. …… 하여튼 그렇게

[가정에서 들은 이야기에 기반해서] 전라도를 바라보게 되죠. 근데 이제 앞에서 대놓고 막 싫어하거나 그러진 않아요. 그러면서도 이제, 쟤네도[전라도 출신 친구들도] 나쁜 애들이 아닌건 다 알죠. 다 사람 좋은데. 그래서 전 통수 같은 경우는 말 그대로 조심하는 거고 '아 너는 [언젠가] 뒤통수칠 거지' 이런식으로는 생각 안 해요. 근데 조심을 하는 거고 그냥, 그거는. (연구자: 근데 그건 어느 지방에서 태어나든 다 마찬가지 아닌가요?) 그래 뭐 다 마찬가진데, 그냥, 그냥 이제 중점? 그냥 이제 그래도 그렇게 배웠으니까 그렇게 조심해야죠. (연구자: 그럼 경상도 친구들을 봤을 때는 어떤 조심을 해요?) 경상도 같은 경우는, 저는 이건 되게 별개의 얘긴데, 경상도 같은 경우는 전 그렇게 생각해요. 친한 척한다고 친한 건 아니다. (웃음) 그건, 그건 진짜 맞는 거 같아요. 약간 그런 게 있어요. 그러니까 뒤통수 이런 건 아니더라도, 그냥 '야 인마 우리 친구 아이가' 이런 식으로 [경상도 친구들이] 다가와도 결국에는 별로 친근하지 않아요. (H)

H가 드러내듯 전라도 사람들에 대한 불안은 결국 인간관계 자체에 대한 불안으로 읽을 수 있다. 이러한 불안은 "자신이 전라도 출신이기 때문에 아무런 이유 없이 죽을 수 있다는 절대적 위기감"[12]을 느껴 호남발 지역주의가 탄생한 것과는 전혀 다른 맥락이다. 즉, 절대적 위기를 경험함으로써 하나의 운명 공동체가 되어 이것이 같은 지역민들 간의 연대와 단합으로 이어

보통 일베들의 시대

진 것이 아니라, 일상에서 수시로 맞닥뜨리는 위기와 배신감이 아무도 믿을 수 없는 '자연상태'를 일상화한 것이다. 이러한 불신은 보상받지 못하는 자신의 '친절'에 대한 불안인 동시에, 탈감정적 친절이 본질적으로 동반하는 위선에 대한 피로가 결합된 결과라고 할 수 있다.

공포: 북한이라는 절대적 혼란

북한의 존재는 북한을 향한 남한 사람들의 편견과 북한의 다양한 행태로 촉발되는 공포가 여전히 존재한다는 점에서 반드시 언급되어야 한다. 북한에 대한 일베 이용자들의 태도는 다양한 감정이 복합적으로 섞여 구성된다. 많은 일베 이용자들은 북한의 '지도부'와 '주민'을 구분하며 전자에 대해서는 '김돼지' '뽀글이'와 같은 비하적 표현을 써가며 직접적으로 혐오감을 드러냈고, 그들이 지휘하고 있는 북한군에 대해서는 불안과 공포를 드러냈다. 이러한 공포는 2010년의 천안함 폭침 사건과 연평도 포격 사태와 직접적으로 연관됐다. 특히 군 복무 중 이두 사건을 겪은 이들은 피부로 느낀 북한군에 대한 공포를 회상했다.

[군에] 들어가서 제가 일병인가, 그때쯤 [연평도 포격 사태가] 터졌어요. 그때 막 다 모아놓고 '뉴스 봐라' 그래서 그때, 당직사관이죠? 당직사관이라고 하죠, 그 사람이 이제 애들 불러 모아놓고서 뉴스 보게 했거든요. 그때 [연평도 포격 사태가]

터졌어요. 그래서 좀 많이 무서웠죠. 아, 이거 어떻게 될지 모르겠다. 사실 그때 당시에 하사관도 되게 어렸던 걸로 기억하는데, 저도 나이가 그때 한 스물네 살, 스물세 살? 스물네 살이었으니까, 몇 살 차이 안 났어요. [하사관이] 스물여섯 살? 형이었는데, 좀 무서운 눈초리로 이렇게 보더라고요. 이렇게 견장 차고, 감정을 안 드러내려고 하는데 약간 걱정하는 게 조금씩 보여. 하여튼 그렇게 해서 터진 거 봤죠. 군대에 있을 때. (D)

하지만 이들의 공포와 불안이 직접적으로 북한과 맥이 닿아 있는 것만은 아니었다. 북한에 대한 일베 이용자들의 감정은 공포보다는 연민과 답답함에 가까웠다. 연구참여자들은 북한에 대한 느낌을 묻는 질문에 대부분 "불쌍"하다고 대답했다. "망하는[침몰하는] 배에서 구멍 하나 막고 있는 건데, 이게 언제까지 갈 수 있을지도 모르"는 상황이라는 것이다. 또 다른 연구참여자는 군함을 폭침하거나 섬을 포격하는 게 "믿을 것도 거의 없는 북한이 쓸 수 있는 유일한 수단"이라며 이러한 "행보"가 "어린아이" 같다고 표현했다. 이와 비슷하게, 또 다른 연구참여자는 북한 주민들이 안되긴 했지만 "심적으로는 [북한 사람들이] 좀 빡구 새끼들" 같다며 "왜 [체제를] 안 뒤집나" 모르겠다고 불만을 표시했다. 곧이어 그는 1987년 남한의 민주화운동과 2010년에서 2011년 사이에 일어난 튀니지혁명 등을 예로 들었다. 그의 논리 안에서는 부정한 정권을 뒤집지 못하는 북한 주민들 역시 일정 부분 책임이 있으므로 그들이 겪는 고통은 결국 그들의 '선택'에 따른 책임이 된다. 따라서 "굶어 뒤질 때까지" "내버려 둬"야만 북한은 바뀔 수 있고, 햇볕정책 등 대북 지원을 아무리 한들 그 지원이 주민에게 가지도 않을뿐더러, 설혹 주민에게 간다고 하더라도 혁명을 지연시킬 것이기 때문에 어느 쪽이든 세금을 낭비하는 짓이 된다.

이 지점에서 대북 지원과 북한에 대한 혐오는 연결고리가 생기는데, 이는 바로 김대중-노무현 정권 시절 그렇게나 "퍼줬"는데도 돌아온 것은 어뢰와 포탄이었다는 것이다. 이를 근거로 배신감을 느꼈다는 한 연구참여자는 "시도 때도 없이" "맨날 서울 불바다 만든다고" 주장하는 북한을 보며 "아, 얘네들은 안 되겠구나…… 이제 걔네들이 표면적으로는 어떻게 다가올지 몰라도, 어떤 목적을 달성하기 위해서 이런 위협도 많이 하는구나" 하는 생각을 하게 되었다고 말했다. 이러한 생각은 입대와 더불어 '북한 주적' 개념의 확립으로 이어지고, 일베를 통해 더욱 확고해진다. 일베 이용자들이 생각하는 북한의 목적은 "적화통일"이며, 이를 이루기 위해 "화전양면전술"이나 "성서격동"과 같은 다양한 전술을 쓰는 북한 정권은 "적"이다. 한 연구참여자는 북한의 행태를 "뒤통수"라고 표현했는데, 이는 북한 정권뿐만 아니라 북한의 지령을 받고 남한에서 활동한다고 여겨지는 "종북"주의자들에 대한 불안과 공포로도 이어졌다.

그렇다면 이들이 말하는 "종북"이란 구체적으로 무엇일까. "종북"이 무엇인가에 대해서는 그들조차도 대단히 혼란스러워

하는 모습을 보였고, 이는 '종북'이란 말에 너무나 다양한 개념이 섞여 있기 때문이었다. 다음의 대화는 종북이라는 말이 가져온 혼돈의 일면을 보여준다.

(연구자: 촛불도 종북이었다고 말하는 사람들이 있잖아요.) 그건 너무 과격한, 아니 뭐라 그래, 극단적인 생각 아닌가. (연구자: 문재인도 종북인가요?) 설마 그러겠어요? (연구자: 노무현은요?) 하, 참 어렵다 이거. (한숨) 저는 그 정도로 보지는 않아요. 진짜 이석기급. 그 정도는 돼야지. (F)

다른 연구참여자 또한 "좌파와 종북"의 개념이 너무 많이 섞여 있어서 "뭐가 뭔지 모르겠다"고 말하며 "좌파인데 북한은 싫다"는 사람을 만났을 때의 충격을 잊을 수 없다고 이야기하기도 했다. 한편, 비교적 정치 관련 게시물을 자주 올린다는 A는 종북과 친북을 다음과 같이 구분했다.

친북은 북한과 친하게 지내면서 북한에 이제, 다양한 인도적 지원이라든가 물질적, 그리고 문화적 지원 및 교류를 통해서 북한……의 이제, 마음을 열자, 그런 정책이었죠. 그러니까 김돼지[김정은]한테 어떻게 다가가야 할지, 그런 식으로 이제, 김대중 슨상님께서 좋아하시는 햇볕정책 있잖아요. 그거랑 상당히 유사하다고 보는데. 그런데 종북은 말 그대로 우리나라 전복하려는 거죠. 이번에 이석기가 했던, 그 이제, 국가 전복 모의가 담긴 녹취파일이라든가, 그런 게 종북이 아닐까 싶어요. 그러니까 우리나라에 만약 [정치적] 급변 사태가 일어난다면 그때 "앞뒤로 호응을 하겠습니다, 장군님~" 하면서 그렇게 하는. (A)

곧이어 그는 "친북은 무식한 거고 종북은 나쁜 거"라고 규정했다. 즉, 그가 보기에 친북은 "북한의 실상을 잘 모르"면서도 "인도적"이라는 말에 "홀려서" "애먼 짓을 하는" 이들인 반면, 종북세력은 "북한의 실상을 잘 알면서" "북한의 지령을 받고" "대한민국을 전복"하려는 이들이라는 것이다. 그는 또한 아직까지 종북세력이 존재하는 이유에 대해 대학 시절 "이상하게 물이 든" 채로 성장한 386 세대가 "그게 잘못된 거라는 걸 알면서도 이제 자기가 대학생 때부터 [교육받은 것에 대해] 어른이 되었음에도 불구하고 북한의 실상을 보지 않고 그것을 인정하고 싶지 않은 것"이라고 진단했다. 다시 말해 "아니야, 내가 신봉해왔던 사상이 그럴 수가 없어"라는 생각으로 종북세력이 된다는 것이다. 이러한 나름의 '진단'은 일베의 팩트중심주의 및 합리성주의와 연결되어 '사상', 즉 '신념'에 대한 배격으로 이어진다. 앞서 우리는 일베 이용자들이 선동에 대한 강렬한 혐오를 가지고 있음을 확인했다. '종북주의자'들에 대한 일베 이용자들의 감정은 그들이 한국의 "안보"를 위협하는 내부의 적임에도 불구하고 사실상 분간이 되지 않기 때문에 불안과 공포로 연결되기도 하지만, 이미 국가로서의 '가망'이 없는 북한을 "어리석은 사상"에 기대어 아직까지도 옹위하는 이들이라는 점에서 냉소와 연결되기도 한다.

2. 응어리진 분노

뒤르켐이 일찍이 《사회분업론》과 《종교생활의 원초적 형태》에서 지적했듯이, 분노는 어디까지나 정의로운 것이되 이 정의로움은 도덕적 연대에 준거한다. 뒤르켐이 보기에 어떠한 범죄는 해당 사회의 집합감정을 거스르는 행위이다. 이때 감정은 "피상적으로 지나가는 감정이 아니라 우리 자신 속에 깊숙이 뿌리내린 감정이요 어떤 성향"이다.[13] 따라서 형벌이 인간의 열정, 특히 복수의 열정을 만족시키는 것인 한 그것은 분노와 직결된다. 범죄자의 죄는 단순히 피해자 및 그 가족들에 한정되는 것이 아니다. 그가 침범한 것은 (성스러운) 공적 도덕이며, 이에 사람들은 모여서 피해자의 분노를 공유하며 함께 분노한다. 즉, 이때의 분노는 공적 분노이며 범죄자는 이윽고 "속죄"[14]의 대상이 된다. 이에 공적인 분노는 속죄의례를 통해 성스러운 것의 회복을 선언하며, 그 의례에 참여하는 모든 이들을 집합흥분 속으로 밀어 넣는다. "대규모 집회에서 발생한 감정이 폭력성을 가질 수 있게 되"[15]는 것도 이 때문이며, 이처럼 폭력조차 "집단의 연대구조와 그들의 감정적 연계를 반영하는 도덕"[16]에서 나온다. 그러므로 "속죄의 명목으로 가해진 고통은 이러한 공적인

분노의 표현, 즉 만장일치의 구체적인 증거일 뿐이다".[17]

한편, 잭 바바렛Jack Barbalet은 주체가 부당한 이익을 얻었다는 느낌을 받았을 때 경험하는 감정을 분노로 규정한다.[18] 특히 사회적 관계 속에서 행위자들은 자신의 의지와 상관없이 외적인 힘에 의해 자신의 가치와 기회가 침해받았을 때 분노를 경험한다. 켐퍼와 콜린스는 사회적 관계의 핵심 질서를 권력과 지위의 관계로 설정하고, 타인에 의해 지위 상실이 발생할 경우 사람들이 분노와 증오를 느낀다고 주장하며 분노는 개인적 이유에서 발생하는 우울과 달리 투쟁의 에너지를 제공한다고 말했다.

여기서는 일베 이용자들이 느끼는 분노, 특히 앞서 2~3장에서 분석한 혐오 대상들에게 느끼는 분노를 중점적으로 살펴보고자 한다. 분노가 정의에 대한 감각과 매우 긴밀하게 연결되어 있고 권력이나 지위를 부당한 이유로 상실했을 경우에 나타난다는 점에서, 그들이 말하는 분노는 그들이 느끼는 도덕 혹은 정의감 또한 드러내줄 것이다. 이들은 여성이, 전라도가, 좌파가 무엇을 빼앗아 갔다고 느끼는가? 이들의 분노는 뒤르켐이 말한 것처럼 성스러운 것과 집합의식을 회복하는 원천으로 기능하는가?

표현의 '자유'

일베 이용자들의 분노를 말하기에 앞서 '표현의 자유'에 대한 이들의 생각을 알아볼 필요가 있다. 이는 어찌 보면 전혀 맥락이 닿지 않는 일처럼 보일 수도 있다. 하지만 인터뷰 결과 이들의 분노는 상당 부분 '자유' 그 자체에서 비롯되었고, 인터넷 상에서 마음껏 분노를 내뿜을 수 있었던 것 또한 자유에 대한 생각 때문이었다는 사실을 발견할 수 있었다. 이들은 자유 중에서도 특히 표현의 자유를 적극 옹호했는데, 이에 대해서는 다음 연구참여자들의 말을 들어보자.

저는 저희 부모님이 죽었을 때 저희 부모님한테 욕하는 사람이 있어도 그 사람 욕하지 않을 거예요. 왜냐하면 나는 우리 부모님을 정말 사랑하고 있지만 그 사람은 우리 부모님의 죽음에 대해서 다르게 생각할 수 있으니까. 그리고 그게 잘못됐건 그르건 간에 그건 그 사람의 생각이니까. …… 그 사람들이 우리 부모님을 욕한 거에 대해서 내가 뭐라고 할 권리는 없고 [욕할 수 있는] 권리를 욕해서도 안 돼요. 아니 진짜 그거는 어떻게 보면 뭐 극단적 상대주의라고 얘기할 수도 있겠는데 …… 그냥 그렇게 생각해요. 이걸['홍어택배' 게시물] 보고 욕하는 사람들은 자기는 그렇게 생각할 수 있어도 남한테 그 생각을 강요하면 안 된다는 거죠. 남이 그렇게 못 느낀다고 해서 그걸 보고 막 패륜아 새끼 잡아 처죽여야 돼, 이렇게 얘기하면 안 되는 거예요. (B)

저희가 이렇게 '노알라'처럼, 그렇게 풍자를 하면 고인 모독이라고 좌좀들은 평가를 하죠? 그런데 좌파들이 저번에 박근혜 대통령이 출산하는 그림, 그 출산하니까 박정희 대통령이 나오는 그림[을 그렸는데], 그건 어떻게 보면 똑같은 모독 아닌가요? 그런데 왜 그건 풍자라고 생각하고 노무현 대통령이 이렇게 합성 소재로 쓰이는 건 고인 모독이라고 하는 건지 전 이해할 수가 없거든요. 그냥 똑같이 풍자라고 인정해주든가, 아니면 자기들도 똑같이 고인 모독을 한다고 하든가. (A)

결국 우리나라 안에서도 독도는 일본 땅이라고 하는, 그게 뻥이든 진심이든 그것도[그런 의견도] 결국은 용인해야죠. (연구자: 북한을 지지하는 건요?) 그거는 이제, 다른 거는 다 그럴 수도 있는데, 그거는 우리나라가 어쨌든 형식적으로 전시 상황이니까, 휴전 상황이니까 좀 위험하죠. 그게 되게 애매해요. 민주주의라서 용인을 하자니 위험하고, 그럼 반국가적으로 잡아야 되냐 하면 그것도[그런 의견을 존중하는 것도] 민주주의고. 여기서 좀 맹점이 생기는 거 같아요. (E)

우리는 이미 1장에서 표현의 자유에 대한 일베 이용자들의 강한 집착이 일베의 탄생 과정과 매우 긴밀한 관련이 있다는 사실을 확인한 바 있다. 방금 살펴본 연구참여자들의 말 역시 같은 맥락에서 이해할 수 있을 것이다. 하지만 그보다 중요한 것은 이들의 '자유에 대한 사랑'이 가지고 있는 역설이다. 서동진이 《자유의 의지 자기계발의 의지》라는 저서 제목을 통해서도 명시적으로 드러냈듯 자기계발의 의지는 곧 '자유의 의지'인바,

체계에 동화되는 논리는 억압이나 착취가 아닌 '자유의 실천'으로 수렴되고 있다. 서동진은 부르디외를 인용하며 "개인의 자유의 소망 아래 세워진 이 경제질서의 궁극적 토대"가 "사실상 실업, 불안정 취업, 해고 위협에 의한 공포 등의 구조적 폭력"이라고 지적한다. 나아가 "정작 중요한 것은 바로 그것이 '자유'의 소망 위에 세워진다는 것이며, 그것이야말로 역설적으로 '구조적 폭력'이라고 할 수 있을 것"[19]이라고 말한다.

이러한 자유의 역설은 전체주의자라는 오해와 오명에도 불구하고 뒤르켐이 도덕적인 것, 혹은 종교적인 것을 옹호한 것을 떠올리게 한다. 즉, '계약의 비계약적 전제'라는 유명한 금언 金言이 의미하는 것처럼, 인간은 사회가 있으므로 상대방의 행위를 예상할 수 있고 서로가 계약을 존중할 것으로 기대할 수 있다. 이러한 기대와 예측 가능성은 인간과 인간의 배후에 그들의 행위를 규제하는 사회, 바우만의 표현에 따르면 '고체 근대solid modernity'가 전제되기 때문이다. 이런 사회에서 개인은 무제한적 자유가 가져다주는 무능과 공포로부터 기댈 만한 준거점을 얻을 수 있지만, 오늘날과 같은 유동하는 근대, 혹은 후기근대 사회에서는 자유의 이름으로 그 모든 기준과 규범이 해체되고 자유만이 남는다. 이런 상황에서 사람들은 무한히 펼쳐진 가능성 속에서 어떠한 선택도 할 수 없는 역설적인 무능상태에 빠지고 만다.

이는 일베 이용자들에게서도 공통적으로 나타나는바, 서동진이 "자유를 향한 열망은 자유에의 환멸"[20]이라고 우려한 것처럼 그러한 환멸이 전염병처럼 퍼진 곳이 또한 일베라고 할 수 있다. 이와 비슷하게, 한병철은 《피로사회》를 통해 타자와 적이 사라지고 자유의 이름으로 자신을 착취하는 사회로 피로사회를 정의했다. 이때 한병철은 적이 사라진다는 것의 의미를 헤겔적 논지에서 부정성이 사라진 것이라고 보는 한편, 에로스의 전제인 타자가 사라졌다는 사실에서 개인에게 '달콤한' 나르시시즘만이 남는다고 보았다. 따라서 현대 사회에는 더 이상 분노할 대상도, 연대할 대상도 없이 체계만이 살아남는다고 주장한다.[21]

일베 이용자들이 옹호하는 표현의 자유는 일베 특유의 폭력성을 작동하는 기제인 만큼이나 일베 이용자들이 느끼는 혼란의 핵심이며, 그들의 분노를 응어리지게 하는 원인이다. 표현의 '자유에 대한 사랑'이 선행하여 일베에서 활동하는지, 아니면 일베를 옹호하기 위해 표현의 자유를 강조하는지에 대한 선후관계는 확인하기 어렵지만 (일베와 마찬가지로) 누구에게나 표현의 자유가 있다는 자유지상주의적 입장은 타인이 어떤 의견을 개진한다 하더라도 그 내용에 분노해서는 안 된다는 가치에 묶여 자신의 의견 표명을 침묵당하는 타자지향성의 또 다른 전형을 보여준다. 이 과정에서 분노는 결국 출구를 찾지 못하고 응어리지거나 혹은 내사화되며 "화가 나도 어쩔 수 없"는 상황이 연출되고 마는 것이다.

'착취자'이자 '약탈자'인 여성

많은 경우 연구참여자들은 자신이 특정 지역민을 혐오하

는 게 아니라고 여기는 것처럼 여성혐오에 대해서도 아니라고 단언했다. '스시녀'라는 표현이 드러내는 것과 달리 일본, 혹은 (대개 선진국인) 외국 여성들을 무조건적으로 찬양하는 것도 아니라고 주장했다. '개념 없는' 여성들은 언제나 어디에나 있고, 한국 여성들은 단지 그런 경향이 심할 뿐이라는 게 연구참여자들의 주된 목소리였다. '개념 없음'에 대한 이들의 불만은 '부당함'에 대한 나름의 감수성에서 기인한 것으로 보이는데, 연구참여자들이 여성에게 가지고 있는 불만은 크게 미시적 차원과 거시적 차원으로 나눌 수 있다. 미시적 차원의 불만은 개인적 경험에서 비롯된 배신감, 더 정확히는 데이트나 연애 등의 상황에서 남성이 일방적으로 돈을 지출한다는 데 있었고, 거시적 분개는 여성가족부로 대표되는 제도적 '특혜'에 있었다.

우선 연구참여자들이 자신의 연애 경험에서 '김치녀'를 도출해내는 과정을 살펴보자. A는 제대 직후 만난 여자친구와 헤어지는 과정에서 상대방이 지나치게 '물욕'을 부리는 모습을 보고 적지 않은 충격을 받았다고 말한다.

[나이트클럽] 가서 만났는데, 걔가 남자의 재력을 많이 봤어요. 근데 이제 복학 준비하는 학생이 돈이 어디 있어요. 그래서 복학하려고 옷장사를 이제, 지인 옷장사를 도와주면서 장사도 좀 배우고 이것저것 했는데, 그 돈 그냥 홀라당 걔한테 쓴 거죠. 걔도 좀 쓰긴 썼지만. (연구자: 뭐 하면서 썼어요?) 데이트하면서 쓰고, 뭐 어디 좋은 거 먹으러 가고, 뭐 좋은 데

가고 이러느라 썼죠. 그러…… 그런데, 한 달 남짓 잘 만나다가, 제 수중에 돈이 얼마 없잖아요. 그래서, [여자친구가 말하길] "아, 나는 이제 사실 좀 재력 있는 오빠가 좋다". 동갑내기였거든요. 그러면서, 저랑 헤어지고 결국 차 있는 놈을 사귀더라구요. 그때 좀 충격을 많이 받았죠. 아 진짜 좆같아서 성공해야겠다, 그런 생각도 들고. 결정적으로 속칭 말하는 보혐,* 보혐. 그게 그때 좀 생겼죠. 아 진짜, 여자들 왜 이렇게 세상 남자들을 돈으로만 볼까. (A)

A의 이야기에서 그가 여자친구에게 기대한 친밀성은 상대방의 '속물성'으로 인해 완전히 배반당한 것이 된다. 그 배반은 최후의 안식처로서의 사랑이라는 기대를 무너뜨렸으며, 이에 대한 배신감은 기존의 여성혐오 담론을 만나 '보혐'으로 이어진다. '김치녀'에 대한 비난은 '개념 없음'에 기대고 있으며 그 '개념 없음'이란 '개똥녀'와 '된장녀'로 거슬러 올라갈 수 있는 '젊은' 여성들의 '추태'에 대한 비난이다. "사람 간보고 그 소위 말하는 보슬짓" 하며 남성의 감정과 재물을 "갈취"하는 '김치녀'들의 행태는 로맨틱한 사랑에 대한 남성들의 기대를 완전히 무너

---

* 여성의 음부를 지칭하는 비속어 '보지'와 '혐오'의 첫 글자를 따온 조어로, 꽤 명백하게 '여성을 싫어함'을 의미한다. 사회과학 일반에서 사용하는 개념어인 여성혐오는 차별이나 편견의 개념을 포함하고 있지만, 보혐은 여성을 향한 '증오' 그 자체 또는 '역겨워하는' 상태를 지칭하는 것으로 그 의미가 완전히 다르다.

뜨리는 것이 된다.

물론 적지 않은 연구참여자는 자신이 "여성혐오증"을 가지고 있지는 않다며, 오히려 "그런 게 너무 확장돼가지고 여성 전반에 대한 혐오가 가끔 들어간다는 게 제가 싫어하는 점"이라고도 이야기했다. C는 '김치녀'들이 "불쌍"하다고 말하기까지 했는데, 여성들이 "장애인 수준으로 스스로 떨어"져서 일베 등에서 일상화된 비하를 "자초"하고 있다는 것이다. C가 가진 여성에 대한 분노는 상당했다. 그는 "(전)라도 코드"와 "김치녀"는 아예 차원이 다른 문제라며 다음과 같이 말했다.

일단 전제를 깔아야 하는 게, 이거['김치녀']는 라도 코드와 다릅니다. 라도 코드는 확실히 놀이문화가 돼버렸고, 이거는 놀이문화가 아닙니다. 이거는 확실하게 좀, 심각하게 얘기하자면 자국민의 여성을 좀 공격할 수 있는, 자국민 여성을 폄하하는 이런 걸로까지 넘어갈 수 있기 때문에. 근데 대부분의 개발도상국들이나 혹은 좀 이미 선진국이 된 일본이나 제가 알기론 약간 자국민, 자국의 여성들을 비판하는 것으로 알고 있습니다, 기본적으로, 기본적으로. 그리고 빌미를 제공한 건 한국 여성이라고 생각합니다. 일단 100% 이거는 부정할 수가 없는 게…… 일단은 우리는 지금, G10, 맞나요? G20, 그 안에 들어갈 정도로 경제가 성장을 했습니다. 경제가 성장을 했고, 일단 고학력이고, 엄청나게 고학력이고, 인적자원이 부족한 것도 아니고. 근데 나가서 성매매를 했다는 것 자체가,* 네 거기서부터 에러죠. …… 다른 것보다, 이미 [연예인] 김○○이가 돈으로 이미 한국 남자들을 치부했고, 이○○[한 방송에서 '키 작은 남자는 루저'라고 발언한 여성]이 다른 거는 키, 재력이 아닌 외적인, 외적인 요소를 통해서 [한국 남자들을 비하했고] 그러면서 시작된 게 김치녀라고 생각합니다. (C)

여성에 대한 이들의 분노는 개인적 차원에서 "여성이 존중받는 문화"를 넘어 그것이 제도화된다는 믿음으로 이어진다. 그 제도화의 정점에 있는 것이 여성가족부인데, "세상에 좋은 여자는 여전히 많"다며 '김치녀' 담론에 거부감을 표한 연구참여자도 여성가족부에 대해서는 대단히 부정적인 견해를 드러냈다. 또 다른 연구참여자 A는 한국 사회가 여전히 가부장적이라는 사실을 인정하면서도 여성가족부가 "군가산점" 폐지나 "생리휴가" 등으로 남성을 차별하는 "극단적인 페미니즘으로 치닫고 있"다고 주장했다. 또한 여가부를 포함한 여러 제도적 '역차별' 장치에 대한 지적이 많았는데 이것이 기실 "여성우월주의"에 근거하고 있다는 믿음으로 자리잡고 있음을 확인할 수 있었다. 2020년대의 '이대남' 문제, 나아가 '여성가족부 폐지' 공약을 예

---

* 2010년대 초반 온라인 남초 커뮤니티 및 포르노사이트에 유출된 불법촬영 영상물을 지칭한다. 일본인 성구매자가 유출한 것으로 보이는 해당 영상은 '원정녀 영상'으로 지칭되며 디시의 성인물 갤러리인 DDR갤러리를 중심으로 각종 토렌트 사이트로 퍼져나갔다.

비하는 듯한 이러한 발언들은 여성가족부를 남성에 대한 착취와 약탈을 위한 기관으로, 즉 권력으로 인식하는 '유서 깊은' 시각을 보여준다.

여성가족부의 만행이라고 인터넷에 치면 쫘르륵 나올 텐데, 그런 부분들을 찾아보시면 아마 많이 보실[알게 되실] 거예요. (F)

5·18과 '무임승차'

한편 호남 사람들에 대한 분노는 생각보다 크지 않았다. 앞선 4장에서 살펴보았듯이 '오오미' '슨상님'과 같은 서남방언을 비하적 의미에서 일상적으로 쓴다는 사실에 비춰보면 이에 대한 연구참여자들의 반응은 특기할 만하다. 대부분의 연구참여자가 공통적으로 여성에 대한 분노를 나타낸 것과는 달리 전라도에 대해서는 대단히 선을 긋는 태도를 유지했다. 환언하면, 일베 이용자들이 전라도에 관한 이야기를 꺼낼 때는 거의 어김없이 '홍어' 자체보다 그와 관련된 다른 정치적 사건을 언급한다는 것이다. 특히 5·18과 관련된 화제가 나올 때면 어김없이 분노를 드러냈는데, C의 말을 들어보자.

6·25 유공자랑 광주 민주화 열사랑 차별을 받고 있었습니다. [6·25] 유공자들은 폐지를 줍고, 폐지를 줍고 막 할아버지 할머니들이. 특히 이제 폐지 끌고 막, 한 달에 20만 원씩

도 못 받는, 기본 보조금에다가 뭐 이런 식으로 [힘들게] 살고. 그때 민주화열사 같은 경우는 대학 들어갈 때부터 딱 다르지 않습니까, 사실은. 특례다, 대학 들어갈 때부터 특례다, 뭐 그거까지 문제가 되는 건 아닌데, 일단 잘 사니까. 일단 먹고 사는 데 지장이 없을 정도로, 20만 원이 아니라 80만 원 정도 받는 걸로, 80인가, 하여튼 그 정도. 외적, 북한은 주적이라는 맥락에서, 외적과 싸운 사람은 지금 폐지를 줍고, 할아버지 할머니가 됐는데도 불구하고 여전히 폐지를 줍고 다니고 내란, 혹은 반란을 일으킨 놈들이 지금 그러고 있다 [잘 살고 있다], 라는 맥락에서 이거는[일베가 호남 사람을 경멸하고 비하하는 것은] 100% 잘못이라고는 할 수 없을 것 같습니다. (C)

이러한 C의 분노는 앞서 확인한 여성에 대한 분노와도 일맥상통한다. G 역시 비슷한 불만을 드러냈는데, 그가 보기에 5·18 민주유공자들은 여타의 "국가유공자"에 비해 과도하게 "혜택"을 "많이 받고 있다". 더욱이 "자기 권리"를 "얘기하고" 다니며 제도를 자신들에게 유리하게 "활용", 아니 "악용"한다는 점에서 5·18 민주유공자들은 '호의가 계속되면 권리인 줄 아는' 무임승차자가 된다. E는 "홍어라고 까고 싶은 사람들"에 대해 "아무 죄 없는 사람들을 착취"하고 "무조건적으로 박근혜 정부를 비판하고 체제를 흔들려고 하는 그런 사람들"이라고 말했다. 이처럼 일베 이용자들은 전라도 혹은 전라도 사람들에 대한 혐오나 분노를 명시적으로 드러내지 않은 채 거의 언제나 정치적 이슈를 언급하며 에둘러 비난했다.

한편, 모든 연구참여자는 5·18의 정당성에 대해 의구심을 드러낼지언정 명시적으로 '폭동'이라고 발언하지는 않았다. 이는 '처음 보는' 사람과 녹음기를 앞에 두고 마주 앉은 상황에서 내밀한 이야기를 하기가 어려웠기 때문일 수도 있다. 하지만 그렇다고 하더라도 인터뷰 과정에서 일베의 5·18 수정주의가 일베 이용자들에게 5·18을 '폭동'으로 정식화했다고 볼 만한 증거를 찾기는 어려웠다. 일베의 5·18 수정주의 담론은 정설에 반하는 다양한 노이즈, 혹은 '팩트'를 제공하여 기존의 판단을 철회하게 하거나 혼란스럽게 할 뿐 '지역감정'을 불러일으키는 것은 아니었다.

5·18에 대해 이야기를 나눌 때 많은 연구참여자들이 먼저 '홍어택배' 게시물을 언급하기도 했다. '고인드립'과 비슷한 맥락에서 나타난 '홍어택배' 사건에 대한 이들의 평가는 냉혹했다. 지역적으로나 이념적으로 일베를 가장 잘 대변한다고 여겨지던 A조차 "그게 고소 먹는 건 당연하다고 생각"한다며 '홍어택배' 글쓴이를 비난했다. 그에 따르면 5·18은 (그가 믿는 사실과는 별개로) 이미 대법원에서 "결론이 났는데도 …… 보는 사람의 즐거움을 위해서" 타인의 슬픔을 "웃음 소재로 쓴다는 거 자체가" 잘못됐다고 단언했다. 이와 비슷하게 G도 "천안함 때도 얘기했지만, 솔직히 사람이 참, 죽은 거 가지고는 이렇게 놀리면 안 된다고" 생각한다며 글쓴이가 기소된 것은 당연하다고 주장

보통 일베들의 시대

했다. 하지만 G의 발언을 '고인드립' 자체에 대한 비판으로 읽기에는 무리가 있었는데, G는 이 발언 직후 "일베 자체 내로 봤을 때는 자기들끼리 희희낙락하고 웃고 넘어갈 수 있는 일"이겠지만 "중립에 있는" 사람들이 본다면 "해당 웹사이트에 대한 평가가 굉장히 안 좋아지"기 때문에 사이트를 이용하는 모든 사람들에게 피해를 준다는 논지를 폈다. 이는 다시 말해 '고인드립' 자체의 문제가 아니라 외부의 부정적인 평가로 '마음 놓고' 일베를 할 수 없게 되는 불편함 때문에 '패륜적' 드립을 거부하는 것이라고 이해할 수 있다.

한편, 여성과 호남에 대한 혐오나 차별을 부인하던 이들조차 북한과 좌파에 대한 혐오는 가감 없이 드러냈다. 일베에서 북한은 "주적"이므로 "이적 행위"를 하는 종북주의자들에 대한 적대감은 그 어떤 타자에 대한 것보다 선명했다. 하지만 대부분의 연구참여자들은 공포의 '몸통'인 북한보다도 그들에게 봉사하는, 혹은 선동당하는 '좌좀'에 대한 분노를 더 많이 드러냈다.

선동의 거부인가, 소통의 거부인가

일베 이용자들의 응어리진 분노의 또 다른 원인은 표현의 자유와 마찬가지로 민주주의 자체에 있다. 일베에서 '민주화'는 '비추천' 또는 '후진성'을 의미하는 말로 쓰이는데, 이처럼 민주주의의 이름으로 민주주의를 비난하는 역설은 대체 어디에서 기인한 것일까. 촛불집회에 대한 감상을 묻는 질문에 F는 "너무 오버한다 싶은 느낌"이라며 다음과 같이 말했다.

약간 좀 불편해요. 근데 좀 보면은 너무 말 그대로, 아까 말했듯이 '나댄다'라는 느낌이라고 해야 되나. 그거보다는 약간 좀 수위가 낮은, 낮다고 생각하시면 될 거 같아요. 나댄다보다 약간 낮다? (연구자: 설친다도 아니고?) 네, 뭐 그런 거 같아요. 왜냐하면 제가 모든 걸 아는 사람이 아니니까. 전문가가 아니고 저 사람도 나도, 저 사람이나 나나 어차피 잘 모를텐데, 약간 나이대가 많으면 몰라도 또. 저희 나이대 있잖아요, 저희 나이대가 너무 저러면[아무것도 모르면서 나대면], 저 사람도 뭐 가만 보면, 지켜봤던 결과 그렇게 막 [정치적 사안을] 잘 아는 사람도 아니고, 근데 왜 저럴까. (F)

F의 말 중 "모든 걸 아는 사람이 아니"라는 말에 주목하자. '나대는' 행위에 대한 F의 이야기에서는 "저 사람이나 나나" "모든 걸 아는 사람이 아니"기 때문에 "막 잘 아는 사람"인 양 자기주장을 하는 타인을 보는 것에 대한 불편함이 드러난다. 이러한 불만은 전문가와 기술관료들에 대한 의존성이 높은 현대인의 일면을 보여주는 한편, 정보화로 인해 수많은 지식에 대한 접근성이 높아졌다는 사실 자체가 가지고 온 불편함이다. 즉, 누구나 인터넷 검색만으로도 전문가가 될 수 있는 상황에서 지식의 기준이 사라져 무엇이 과연 '진짜' 지식인가에 대한 대답이 모호해진다. F가 말하는 '나댄다'는 것은 종종 '목소리 큰 사람이 이기는' 담론적 행태에 대한 짜증을 보여주는 것만 같다. 또한 겉으로 친절하고 불만을 내색하지 않는 타자지향적 주체들에

게 '나대는' 행위는 (그들이 높은 수준의 교육을 받았다는 점에서) 지적 무시로 받아들여질 뿐만 아니라 과도한 감정 소모를 요구하는 무례함으로도 받아들여진다.

그러나 여기서 생기는 모순은 다른 연구참여자가 언급한 바와 같이 '민주주의' 사회이기 때문에 "멍청한" 주장 또한 그대로 내버려둬야 한다는 것이다. 자신이 주장하는 바가 어떤 내용인지도 모르는 이들, 그럼에도 불구하고 '나대는' 이들에 대한 일베 이용자들의 분노는 상당했다. '나댄다'에 대한 F의 말과 같이 일베에서 가장 많은 비난을 받은 것은 촛불집회를 포함한 대중운동이었는데, 또 다른 연구참여자 G는 다음과 같은 말로 울분을 표현했다.

> 진짜, 아니, 페이스북 [같은] SNS 보면 무슨, 아니 중학생 고등학생, 이제 스무살 된 제가 뭘 알겠어요. 제가 세상에 대해서 뭘 알고, 제가 민영화에 대해서 뭘 알고, 알면 얼마나 알고. 그거에 대해서 '아 나 오늘 시위 갔다 왔다'라고 글 싸지르니까 '아, 오빠 멋있어' 이런 새끼들도 있고 '형, 진짜 멋있어요 저도 다음에 갈게요.' [그런 사람도 있는데] 무슨 이거는, 그러니까 무식한 사람이 신념을 가져서 생기는 대표적인 잘못된 예다. 그리고 [그런 식의 행동이] 선동이 되는 거죠. (G)

G의 이야기에서 신념을 가진 "무식한 사람"의 예로 여성이 먼저 언급된다는 점도 주목할 만하지만, 그보다 중요한 것은

'선동'이라는 말 자체다. 일베의 가장 중요한 특징은 선동에 대한 증오라고 할 수 있는데, 이는 일베 특유의 '팩트'중심주의와도 깊게 연관되어 있다. "다시는 선동당하지 않겠다"는 일베 이용자들의 단호한 의지는 일베에서 나타나는 얼마 되지 않는 일관성 중 하나이며, 이는 자신의 이성(그리고 일베가 제공하는 데이터베이스) 말고는 어떠한 것에도 영향받지 않겠다는 선언이다. 이처럼 '단호한 의지'는 엄기호가《단속사회》를 통해 지적한 내용과 정확히 공명한다. '전문가가 아닌' 사람이 자기주장을 하거나 성소수자와 같은 사회적 소수자들이 자신의 "존재를 알리는 행위 자체가 논란"이 되는 상황이 벌어지고 있다. 즉, 일베의 인식에서 '홍어'와 '김치녀' 그리고 '좌빨'과 같은 타자들은 "그저 '입 닥치고' '찌그러져' 살아야 한다".[22] 이로써 타인의 인정투쟁은 전면적으로 부정된다.

퇴출된 공적 분노가 들끓는 곳

하지만 이들의 분노는 여기에서 멈췄다. 아무리 '선동'당한 '김치녀'를 보더라도, "무슨 년, 무슨 년, 보슬아치"라고 속으로는 욕을 하더라도 겉으로는 "오히려 쿨한 척, 페미니즘 뭐 이런 척"하며 그들의 '비위'를 맞춰주고 자신들의 감정을 드러내는 것은 한사코 거부하는 것이다. 미국의 사회학자 데이비드 리스먼David Riesman의 표현을 빌리면 이러한 태도는 '응어리진 분노'라 할 수 있다.[23] 응어리진 분노는 타자지향적 성격을 가진 현대인들에게서 나타나는 분노의 전형적인 모습이다. 리스먼은 특히 미국 대도시의 상층 중간계급의 성격 유형과 유사한 이 성격이 현대 사회의 변화와 함께 국제적인 추세가 됐다고 주장한다. 그는 타자지향적 성격을 다음과 같이 정의했다.

> 타인지향적인 모든 사람에게 공통된 점은 그들의 동시대인이 개인에게 있어서의 지향의 원천이라는 것이다. 그들은 그가 직접 알고 있는 사람일 수도 있고 또는 그가 친구나 매스미디어를 통해서 간접적으로 알고 있는 사람일 수도 있다. 이러한 원천은 물론 생활지침으로서 그것에 의존하는 습성이 어릴 때에 심어진다는 의미에서 '내면화'되어 있다. 타인지향적 인간이 추구하는 목표는 그 지침과 함께 바뀐다. 일생을 통해서 변하지 않는 것은 추구하는 과정 자체와 다른 사람들로부터 오는 신호에 깊은 주의를 기울이는 과정뿐이다.[24]

학점에서 영어점수, 공모전에 이르기까지 스펙을 쌓기 위해 부단한 노력을 하는 자신들은 '일확천금'을 노리는 이들과는 달리 성실하고 건실한 시민들이다. 이들은 한국 사회가 "능력에 대한 행복은 보장을 해주는 사회"이고 "능력 있는 사람이 못 살 사회는 아니"라고 믿기 때문에 자신들의 노력이 헛된 것일 리가 없고 그래서도 안 된다. 이러한 인식하에서 능력을 키우려는 노력은 하지 않고 무작정 집회와 시위를 하는 "세력"은 정의를 가장하지만 실제로는 "자기 욕심"을 위해 사람들을 선동하며 대중의 불만과 불안을 조장하는 이들이기 때문에 "떼"를 쓰는 무임승차자들일 뿐이다. 즉, 이들 "종북"과 "좌좀"들은 사회에 불만을 가지고 시위한 것밖에 한 일이 없는데도 그들이 응당 감수해야 할 결과(예컨대 실업) 이상의 보상과 지위를 요구한다는 점에서 화와 적대감을 불러일으킨다는 것이다. 바로 이 지점에서 집회와 시위에 대한 일베 이용자들의 감정은 '분노'라 하기에 적당하다. 뒤르켐을 따라 집단의식의 훼손과 그 회복에 관련된 감정을 분노라고 할 때, 일베 이용자들의 분노가 '무임승차자'를 향한다는 점은 이들이 신앙하는 가치가 노력주의라는 사실을 드러낸다. 하지만 이러한 분노를 일상생활에서 표현하지는 않는다는 점에서 이들의 타자지향적 성격이 여실히 드러난다. 이처럼 일베 이용자들의 타자지향적 성격은 분노를 표출하기보다는 응어리지게 만든다.

이 같은 분노의 내사화는 현대인들의 타자지향성과 함께 현대 감정장의 변화라는 구조적 변화와 깊은 관련이 있는데, 오늘날 분노를 가능케 하는 조건들은 두 단계에 걸쳐 해체되었다. 먼저 바우만이 지적한 것처럼 오늘날의 공적인 것들은 사적인 것들에 의해 식민화되었고, 세계는 전대미문의 자유를 가져온 만큼이나 전대미문의 무능력을 낳았다.[25] 이 '자유'는 우리가 종종 해방이라 믿어왔던 다양한 프로젝트 안에 배태되어 있던 것들이다. 하지만 모두가 공유하는 도덕, 혹은 제약이 없는 후기 근대적 상황은 현대인들로 하여금 타인과의 교제를 통해 연대하게 하기보단 한없이 고독하다는 사실을 깨우쳐줄 뿐이다. 근대 초창기의 사회운동이 목전의 공포와 명백한 차별 등이 만들어내는 공적인 분노 때문에 가능했다면, 지금은 사회운동을 위한 감정적 자원들이 사라진 것이다. 이를 달리 표현하면, 현대인들은 분노를 표출하는 대신 이를 내사화하여 순응한다고 할 수 있다.

이처럼 사회적 불안이 전염병처럼 퍼진 상황에서 연대의 가능성은 매우 희박해지며, 이는 분노가 사라진 두 번째 조건과 연결된다. 세넷의 말처럼, 후기근대의 주체들에게 애착이 사라지고 "개인이 삶을 서사적으로 설계할 수 있도록 해주는 제도가 '녹아 사라'"[26]지면서 사람들은 결국 자신을 이해하기 위한 내러티브를 아웃소싱하게 된다. 이 아웃소싱은 일루즈가 이야기하는 감정장, 즉 정신건강과 감정건강이 1차상품으로 유통되는 영역에서 이루어진다. "감정장이란 사회생활의 한 영역, 곧 국가, 학계, 각종 문화산업, 국가와 대학이 인가한 전문가 집단, 대규모 의약 및 대중문화 시장 등이 이리저리 교차함으로써 창출되는 모종의 작용-담론 영역을 가리키며, 그 나름의 규칙과 대상과 경계를 갖고 있다."[27] 감정장에서는 감정생활 또한 관리와 조절이 필요하며 건강의 이상에 따라서 규제해야 한다는 탈감정주의적 인식이 공유된다. 바꿔 말하면 감정장에서 감정은 병리적인 것, 혹은 아동기의 트라우마로 환원되는 것이다.

이러한 논의는 분노 또한 상담을 통해 치료해야 할 감정이 되었음을 의미한다. 어찌 보면 분노에 대한 경악[28]이라는 현대 감정장의 지배적 분위기야말로 일베를 문제적 공간으로 만들었을지도 모른다. 즉, 오늘날 감정장에서 '사랑'이 중요해진 만큼 분노를 드러내는 사람은 누구보다 시급하게 감정 관리 기술을 전수받고 '치료'받아야 하며, 그렇지 않으면 문명화되지 못한 '미개인'이라고 손가락질받거나, 감정자본[29]이 부족한 하층 계급임을 자임하는 것 외에 어떠한 의미도 없게 되었다. 요컨대 오늘날 주된 감정은 연인들 사이의 미시적이면서도 로맨틱한 사랑이지, 계급 사이의 거시적이면서도 폭발적인 연대를 이끌어내는 분노가 아니다. 따라서 공공의 감정인 분노는 다른 모든 공적인 것과 마찬가지로 사적인 감정에 잠식당해 사실상 버려지고 최대한 은폐해야 할 감정이 되었다. 공공의 믿음이라는 든든한 배경과 정당성을 가졌던 분노는 친밀성이 지배하는 사적인 세계로부터[30] 퇴출된 것이다. 친밀성의 영역이 공적 연대를 배태하지 못하는 원인은 공적 분노의 퇴출에 있으며, 공적 분노의 퇴출은 모든 것을 '친절'하게 용인하며 모든 게 각자의 자유임을 인정하는 타자지향적 태도에서 비롯되었다고 할 수 있다. 하지만 우리가 알고 있는, 일베가 뿜는 감정을 기억한다면 '퇴출'된 분노는 결코 사라지지 않았으며 그것이 새롭게 찾은 터가 사이버공간임을 알 수 있다.

그리고 이때의 분노는 지금까지 많은 연구참여자들이 행간에 암시해온 평범 내러티브를 통해 내사화되며 순응과 냉소를 낳는다. 우선은 행위 전략으로서의 순응과 그것을 가능케 하고 타인은 물론 자신의 인정투쟁조차 무화하는 메커니즘인 평범 내러티브에 대해 살펴보도록 하자.

보통 일베들의 시대

3. 수치, 순응, 그리고 평범 내러티브

《거리로 나온 넷우익》에서 야스다 고이치가 재특회 회원들을 인터뷰했을 때 느꼈던 놀라움과 비슷하게, 나 또한 인터뷰에 참여한 일베 이용자들이 보여준 대단히 공손하고 친절한 태도에 놀라움을 느꼈다. 일베가 보여준 심각한 폭력성과 극명하게 대비될 만큼, 인터뷰 장소에 온 연구참여자들의 표정과 말투는 마치 외교관을 보는 듯 공손하고 친절했다. 실제로 대부분의 연구참여자는 인터뷰에 응한 이유에 대해 "일베 하는 모든 사람이 다 나쁜 것마냥 매도당하고 그런거 보면 …… 많이 억울"하다고 느끼기 때문이라고 말했다. "그러한 사회적인 인식이 바뀌었으면 [좋겠지만 이상한 쪽으로만] 매도당하는 거 같아서" 오해를 불식하기 위해 인터뷰에 응했다는 것이다. 연구참여자 중 일부는 시종일관 군대에서나 사용할 법한 '다나까'체의 극존칭을 쓰는가 하면, 자신의 복장이 "격에 맞지 않는 것은 아닌"지를 걱정하는 이도 있었다.

이러한 친절과 예의에 대한 인식은 '자유민주주의' 사회에 대한 생각과 맞물려 속으로는 용인하지 않는 타인의 행위에 대해서도 표면적으로나마 인정을 표하는 '관용'을 가능하게 한다. "사회에 혼란을 조장한다"며 질색하는 집회나 시위도 법이 보장하는 권리 안에서라면 얼마든지 행해도 상관없다. 정확히는 어쩔 수 없다는 것이다. "[시위하면] 교통 막 막히잖아요. 그럼

[시민들이] 피해 입는 거예요, [시위자들이] 피해 끼치는 거예요. 시위하는 건 좋은데 질서를 지켜라 이거죠." 하지만 이처럼 겉으로 드러나는 친절과 관용은 기실 대단히 표면적인 태도로, 타인에게 자신의 속마음을 쉽게 드러내지 않으려는 데서 기인한 것이며, 따라서 "합성되고 꾸며진 그리고 궁극적으로는 위선적인 형태의 호의"라고 할 수 있다.[31]

예컨대 친구들과 "다 두루두루 친하게 지냈었는데, 나중에 졸업하고 보니까 딱히 얘는 안 만나도 되겠다…… 이 생각이 들어가지고 연락 안 하게 되고. 저는 뭐 원래 연락 안 하거든요. 그럼 걔들도 연락 안 하면 그냥 그때는 아는 애가 되는 거고"와 같은 I의 언급이나, 기숙사에서 함께 숙식하던 친구들과 스스럼없이 지내다가도 "어차피 너를 밟아야지 내가 등수가 올라가니까, 좀 약간, 친구보다는 동료 같은 그런 느낌. 같이 숙식하는 그런 동료 같은 느낌이 좀 더 강했어요"라는 G의 말에서도 친절의 이중성을 엿볼 수 있다. 이는 지역주의와는 상관없는 것으로서, "일베에서 얘기하는 그 사람들[호남 사람들]의 특징을 좀 읽어보면서 조심할 필요는 있겠다, 라고 생각을 하고, 다른 한편으로는 같은 지방 출신이지만 얘도 뭐 크게 같은 지방이라서 무조건적으로 신뢰를 줄 필요는 없겠구나, [그런] 생각도 해요"라는 E의 말에서도 잘 나타난다. 즉, 모두에게 친절하고 '모나지 않게' 행동하지만 타인을 전적으로 신뢰하는 데는 인색한 것이다.

이는 사실상 오늘날 사회생활을 하는 누구에게나 해당되는 일상적 소외로서 일베 이용자들만이 겪는 고충은 아니다. 여기서 흥미로운 지점은 이러한 '이중성'과 일베 이용자들 자신이 호남 출신이나 여성, 좌파들을 비난하는 이유로 드는 특성이 기묘할 정도로 닮아 있다는 점이다. 일베에서 전라도와 북한, 그리고 좌파는 사실상 하나라는 의미에서 '홍북빨'이라고 불릴 만큼 동일시된다. 그러나 앞선 논의에서 살펴본 것처럼 일베의 혐오가 북한 자체보다는 지나치게 포괄적인 '종북'에 더 초점을 맞추고 있다는 점에서 '북'을 제외할 때, '홍북빨'에서 '북'의 자리를 채우는 것은 여성이다. 그렇다면 일베 이용자들이 '타자'로 지정하는 이들의 공통적인 속성이란 결국 '이해할 수 없고' '언제 뒤통수칠지 모르는' 이중성이다. 환언하면 일베의 적으로 규정된 이들은 누구보다 탈감정적 자기절제에 능한 이들이며, 이는 일베 이용자들 자신이 일상에서 언제나 행하고 있는 감정노동에 대한 피로와 수치심을 타자에게 투사한 것이라고도 할 수 있다.

이때 수치심은 리처드 H. 스미스^{Richard H. Smith}나 시어도어 켐퍼, 토머스 셰프^{Thomas Scheff} 등이 말한 것처럼 사회적 순응과 긴밀한 관계를 가지고 있는 감정이다.[32] 수치심은 사회적 기대를 충족시키지 못했다고 생각할 때 느끼는 감정인바, 도덕과 긴밀하게 연결되어 있다. 예컨대 스미스는 인간은 자신의 마음속에 있는 공정한 방관자^{spectator}의 눈으로 스스로의 행위를 성찰하고, 그것이 칭찬받을 가치가 있다고 판단하면 자부심을 느끼고 그렇지 못하면 수치심을 느낀다고 주장했다. 한편, 셰프가 주장한 것처럼 수치심은 겉으로 드러나거나 행위자가 쉽게 인지하지 못한다는 성질을 가지고 있다. 즉 "수치심의 수치심은 수치심을 은폐하고 이는 수치심을 저가시적low-visibility이게 하고 쉽게 무시"[33]하게 만드는 것이다. 다시 말해 행위자들은 자신이 느끼는 수치심을 명확하게 이해하지 못하거나 부정할 수 있으며, 자주 합리화를 시도하게 된다.

켐퍼는 수치심을 두 가지 형태로 구분한다. 첫 번째는 외사화된 수치로, 이는 타인을 향한 화와 적대감의 형태로 나타나는 수치심이다. 외사화된 수치심은 타인이 자신보다 과도하게 높은 지위에 있을 때 생기는 감정으로 계급 저항과 같은 행위로 표출될 수 있다. 이에 반대되는 내사화된 수치심은 스스로의 무능에서 비롯되는 수치심으로서 거북함이나 창피함의 형태로 나타나며 순응과 회피의 행위로 이어진다.[34] 여기서 특히 주목해야 할 지점은 앞서 살펴본 것과 같은 현대인들의 성격, 다시 말해 현대인의 타자지향성이 수치심과 결합하는 방식이다. 일베 게시물과 이용자들의 인터뷰를 통해 볼 수 있듯이, 일베에서 표출되는 여성 등 혐오 대상에 대한 감정의 형태는 화와 적대감이다. 이는 일베 이용자들의 수치심을 외사화된 수치심으로 파악할 수 있게 한다. 그러나 외사화된 수치심이 타자지향성과 만나면, 그들은 자신의 수치심을 최대한 저가시적으로 억제해야 한다는 난관에 빠지게 된다.

순응 1: 자기계발과 '안분지족'
대부분의 20대 연구참여자가 자기계발 논리에 강하게 매몰

되어 있었다는 사실은 놀라운 일이 아니다. G의 말을 들어보자.

복학하니까 대학교 2학년이더라구요. 2학년 됐는데, 뭐 여전히 정신 못 차리고, 동기들[은] 정신 못 차리고 뭐 여자 후배 꽁무니 쫓아다니기 바쁘고. 저는 그래도 그 와중에 1학년 때부터 동아리를 하던 게 있어요. 경영 컨설팅 동아리인데, 제가 작년에 회장을 하고 이제는 뭐 약간은 뒷전으로 물러났죠 거기서. 동아리 활동하면서 공모전에 많이 나갔어요. 공모전에 나가서 수상 경력도 두 번 만들어놓고, 나중에 서류[이력서] 쓸 때 도움이 될랑가 모르겠는데 뭐 그런 것[수상 경력]도 만들어놓고. 좀 공부하는 위주로 대학생활을 했어요, 여태까지 되짚어보면, 자격증도 따고. 그러다가 대학교 4학년이 됐는데 영어 실력이, 제가 좀 좋다고는 할 수 없지만 그렇게 나쁜 것도 아니거든요. 그래서 영어를 해야겠다. 그런데 그렇게 열심히 영어만 한 건 아니에요. 좀 딴짓거리도 하고, 공모전도 여기저기 쿡쿡 찌르다가 떨어지는 거 또 떨어지고 이러다 보니까 대학 3학년이 어영부영 흘러간 기분이 들어서 되게 아까워요. 내가 뭐 토익점수를 만들어놓은 것도 없고…… 한심하게 보냈구나, 그런 생각도 많이 했고. (연구자: 요즘 학원 다닌다면서요?) 네, 오픽[OPIC]점수 만들어야죠. 저의 목표는 이제 삼성 입사를 큰 목표로 잡고 하니까, 이제 오픽은 삼성이 요구하는 최소 조건 있잖아요. 그 조건을 충족하기 위해서 학원을 다니면서 준비하는데, 그래도 그거는 학원 다니면서 바짝 하니까 조만간 좋은 결과가 나올 것 같구요. 문제는 사트[SSAT]를 어떻게 뚫느냐인데……. (A)

대기업 입사를 "큰 목표"로 삼고 있다는 말에 주목하자. 이 때문에 그는 '경영 컨설팅 동아리'의 회장을 비롯해 여러 공모전 참여, 자격증 등을 섭렵하고 그것도 모자라 영어학원까지 다녀가며 '스펙'을 쌓는 데 전력을 쏟아붓고 있었다. 그는 대학생활을 하는 동안 "아싸[아웃사이더]는 아닌데" 그렇다고 많은 사람들과 가깝게 지내지도 않는 거리를 유지했다고 말하면서 그 이유에 대해 "2학년 됐는데" "여전히 정신 못 차리고" "여자 후배 꽁무니 쫓아다니기" 바쁜 한심한 이들과 동류로 취급되는 게 싫었다고 말했다. 그가 생각하는 '한심함'의 범주엔 "쉽게 편하게 돈을 벌고자 하는" 이들도 포함되어 있었다. A가 생각하는 올바른 삶이란 최선의 노력을 다하고 주어진 결과를 받아들이는 것이다.

삼성에 꼭 가지 않아도 좋다, 다만 어느 회사에 가서 커피를 타더라도 거기서 눈치 있게 싹싹하게 행동하면 조금씩 밟아서 올라가지 않겠나, 그런 긍정적인 마인드로 준비하고 있으니까 취업에 대한 부담감이 다른 또래[처럼], '아 나는 꼭 대기업을 가야 돼' '공기업을 가야 돼' 그런 고집은 없어요 저한텐. 그냥 다만 흘러가는 대로, 그게 좀 제 삶의 방향성이라고 할 수 있을 것 같아요. (A)

이러한 경향은 다른 연구참여자들에게서도 쉽게 발견되었으며, 이는 서동진이 지적한 자기계발하는 주체와 일맥상통한다. 오늘날 노동자들은 자신을 노동자로 인식하기보다는 '1인 기업'으로, 착취당하는 존재보다는 새로운 가치를 창출하는 존재(경영자)로 위치지으며 자기계발 논리를 내면화한다. 신자유주의가 자기경영과 기업가적 자아 개념을 통해 개인의 동기화 수준에까지 침투한 것이다. 김종엽이 옳게 지적했듯 "개인이 자신을 기업으로 사고하게 되면 노동자라는 범주가 해체"되고 "스스로를 고용하고 있기 때문에 실업이라는 범주도 사라"지며 "개인의 삶은 기업 자체인 자신에 대한 경영적 실천으로 환원"[35]된다. 자기계발 담론은 신자유주의 체제를 유지하기 위한 주체의 생산을 주체 '스스로' 수행하도록 함으로써 신자유주의의 재생산 메커니즘이 된다.

이와 관련하여 서동진은 자기계발 담론이 주체에게 수치를 권한다거나 인생을 '도구적'으로 대하라는 가르침을 설파한다기보다는 오히려 "'자유'를 되찾으라"[36]고 요구한다는 점을 강조했다. 신자유주의 확산 이후 열풍처럼 불어닥친 자기계발에의 의지는 수동적인 피고용자, 다시 말해 "부품과 나사라는 생각이 골수까지 박혀 있는"[37] 삶에서 탈피하여 자기 자신을 새롭게 문제화한다는 것이다. 그런데 이때의 '자유'는 역설적이게도 체제에의 구속을 의미한다. 서동진의 지적처럼 현대 한국의 신자유주의적 주체들은 "사회와 자신의 관계를 의식하고 또 끊임없이 주의 깊게 조정하는 주체"이며, "사회적 삶을 자기 내부에 각인"[38]시킴으로써 자발적으로, 자유의 이름으로 스스로를 체제에 구속시킨다.

그런데 바로 앞에서 인용한 A의 말을 자세히 살펴보면 스스로를 하나의 기업이라고 여기는 자기계발적 주체와는 약간의 유격이 느껴진다. 각종 공모전 수상 경력과 자격증으로 대표되는 스펙은 기업가적 정신, 바꿔 말하면 경제학자 조지프 슘페터Joseph A. Schumpeter가 말한 '창조적 파괴'와는 전혀 다른 일반적이고도 제도적인 경로를 따라가고 있다. 분명 자기'경영'으로서의 스펙 쌓기를 수행하고 있음에도 '각자'의 자기경영이 천편일률적인 경로의존성을 띤다는 점은 모두에게 선택의 자유가 주어졌음에도 '스스로'의 직무나 계획을 창출해내지는 못하는 것을 의미한다. 이러한 자기계발 담론은 결국 노동 개념을 삭제하고 공적인 것에 대한 상상력을 지우며 결혼 또는 가정으로 대표되는 사적인 것을 이룩하는 삶을 꿈꾸게 한다.

이른바 '명문대'에 다니던 연구참여자 E는 자신의 "궁극적"인 "꿈"에 대해 "화목한 가정을 이루어서 …… 금전적으로도 부족하지 않고 …… 진짜 그렇게 좀 평화롭게, 사회에서 튀지는 않지만 그 정도로 사는" 것이라고 밝혔다. 이어 "그러려면 결국 우리나라가 자본주의이기 때문에 …… 금전적으로 좀 여유가 있어야" 하고 금전적 여유를 위해서는 "대기업 입사"를 해야 한다는, 꽤나 전형적인 생애경로를 설명했다. 이러한 생애경로 설정의 배경에는 앞서 살펴본 현대 사회의 불안과 공포가 있겠으나, 경로의 원전原典은 다름 아닌 부모, 특히 자수성가한 아버지의 삶에서 비롯된 것이었다. 인터뷰 내내 거듭 아버지를 존경한다고 밝힌 E는 자신의 아버지를 "미아리 판자촌"에서 스스로의 힘으로 명문대에 가서 할머니와 고모를 포함한 대가족의 생계를 책임지고 자신의 손으로 사업을 일구며 "벤츠"를 몰 정도로 성공한 이라고 설명했다. 다시 말해 E의 아버지는 산업화 시대의 전형적인 성공 서사를 온몸으로 구현한 이다. 이러한 아버지에게서 E는 "맞벌이를 할 건지 말 건지 상관없이 …… 가정을 지탱할 수 있는 금전적인 바탕"이 있어야 한다는 걸 배웠다고 말했다. 스스로 전문직에 종사할 정도의 능력이 없다고 느끼는 E는 "좋은 배우자를 만나" "화목한 가정"을 이루기 위한 토대로서 "안정적"인 "대기업" 입사를 목표로 삼고 있었다. 이에 따라 E는 "좀 창의적이지 않고 좀 사회 틀에 맞춰가야 하지만 어쨌든 …… 그냥 일반적인 경영[학과] 나와서 준비하고 공부하고 스펙 쌓고" 하는 자기경영에 돌입한다.

연구참여자들에게서 보이듯이 이들은 '자기경영'의 이름으로 스스로를 착취하는 동시에 그러한 대세에 따르지 않는 이들을 비난한다. 이 새로운 무능과 구속에의 집착은 자유의 이름으로 생애경로를 획일화한 후기자본주의 체제의 진정한 힘이며, 이는 유동적 근대의 '유동화' 원리가 사람들을 공포로 경직시킴으로써 상상력과 사유의 능력 자체를 빼앗아 갔다는 사실을 보여준다.

순응 2: '헬조선' 탈출의 불가능성

오찬호는 20대 대학생들을 연구한 《우리는 차별에 찬성합니다》를 통해 당대의 20대를 차별에 찬성하는 이들로 단정했다. 어떤 의미에서 본다면 그의 논의는 일베를 이해하기에 적합한 틀을 제공하는지도 모른다. 특히 자기계발 담론과 그것의 내면화가 차별을 정당화하고 그러한 과정이 패자에 대한 편견을 만들어내며 편견은 다시 패배에 대한 두려움으로 이어져 20대가 '보수화'된다는 그의 주장은 주목할 만하다. 그러나 오찬호의 분석은 실제 20대의 목소리를 담아내려 노력했음에도 불구하고 '88만 원 세대론' 이후 끊임없이 세대론에 제기되어온 강력한 혐의, 즉 '20대 개새끼론'에서 크게 벗어나 있지 않았다. 다시 말해 근본적인 문제인 사회구조에 저항하지 않고 (딱히 쓸모없는) 자기계발서를 읽으며 그게 '자유'인 줄 알고 스스로를 착취하는 즉자적이고도 우매한 존재들로 20대를 '비판'하며 '고발'했을 뿐이라는 것이다. 이는 386 세대가 오늘날의 20대를 비웃는 것과 크게 다르지 않은 시각이기도 하다. 2000년대 후반에서 2010년대의 세대론, 또는 오늘날의 '이대남'론이 20대를 향해 공히 드러내는 냉소 가득한 비난(과 가끔 '진심'처럼 보이는 격정)은 듣는 20대로부터 더욱 큰 분개를 이끌어냈을 뿐이다.

연구참여자 G는 자신들을 비판하는 386 세대를 "부르주아 좌파"라고 단정하며 "자기 잘 살고 있으면서 그 세상, 아니 필터링해야[순화해서 말해야] 되나, 좆같다 그리고, 세상 좆같다 그러고 사는데, 아 자기는 그 체제 내에서 기득권이거든요. 그 체제

내에서 얻어먹을 수 있는 건 뭐든 다 얻어먹고 사는데, 왜 그거를 그렇게 세상 좆같다 그러고 사는지 모르겠"다는 말로 비난했다. 그들이 느끼기에 88만 원 세대론에서 말하듯 '짱돌을 들라'는 요구는 대단히 무례하면서도 무리한 요구이다. 공포와 불안이 내사화된 이들에게 '기득권'인 386 세대는 "존나 열심히 살고 있는 우리"에게 왜 1980년대의 자신들처럼 저항하지 않느냐며 무턱대고 다그치는.무례한 존재일 뿐이다. G의 이런 반응은 인터뷰에 참여한 다른 모든 이들의 반응 중에서도 가장 격렬한 것이었는데, 이는 그가 최선을 다해 '자기계발 담론'을 수행하고 있는 만큼 그 '노력'이 부정되고 무시되는 것에 대한 분노에서 비롯된 것으로 보인다. 386 세대에 대한 일베 이용자들의 분노는 사실상 어떠한 선택지도 놓여 있지 않은 현실을 만들어낸 이들의 원죄에 대한 추궁이며, 이들의 순응은 순응 외에는 답이 없는 한국 사회를 온몸으로 통찰한 결과이기도 하다.

이를 감정사회학적 견지에서 번역하자면, 앞선 세대의 '짱돌을 들라'와 같은 요구는 불안을 외사화하여 분노를 표출하라는 것이다. 하지만 신자유주의 체제의 감정적 분할통치 전략은 노동자들 사이의 연대를 불가능하게 한다. 정수남이 적절히 지적한 것처럼, 불안과 공포는 같은 노동자들 사이에서도 각자의 위치에 따라 다르게 받아들여진다. 예컨대 퇴직의 공포를 내사화해 적극적으로 체제에 순응하는 정규직 노동자는 비정규직 노동자를 멸시하는 식으로 철저한 구별짓기 전략을 구사할 뿐 아니라 연대가 아닌 개인적 야망을 증대시킴으로써 "노동자들 간의 무한경쟁과 상호불신의 분위기"[39]를 만드는 데 일조한 다. 하물며 타자지향적 성격으로 대표되는 중산층의 감정 아비 투스를 가지고 있는 청년들의 경우라면 불안과 공포를 분노로 외사화할 가능성은 대단히 희박하다. 아직 실제로 취업을 하지 않은 상황에서의 '기대'는 자기계발을 통해 현실화될 수 있다는 희망으로 변주되므로 이 과정에서 체제 순응적 삶을 강화하는 것 외에 다른 선택지를 상상하기란 쉬운 일이 아니다.

2015년 사이버공간에서 가장 유행했던 말은 단연 '헬조선' 이었다. 디시의 정치사회갤러리 및 역사갤러리 일부에서 '자국 혐오'의 맥락하에 '갓본'(God+일본)과 함께 등장한 '헬조선'이란 말은 이제 성장은커녕 유지조차 불가능해 보이는 대한민국 사 회에 대한 냉소로 번졌다. 흔히 '지옥불 반도'로도 통용되는 '헬 조선'은 국민이 '미개'하여 시민의식이라고는 찾아볼 수 없고, 대기업은 청년 채용에 소극적이어서 '살려야 살 수도 없고 죽 을려야 죽을 수도 없는' 총체적인 불가능성의 공간이다. 이러한 상황에서 좌우를 막론하고 나타난 '꼰대'들은 청년들에게 '노오 력'이 부족하다며 '지적질'을 한다. '내가 젊었을 땐 안 그랬는데' 로 시작하는 그들의 어법은 '내가 해봐서 알아' 혹은 '청년이여 짱돌을 들라'와 같은 방식이다. 취업 문제를 예로 들어본다면, 전자는 '눈높이를 낮추라'는 힐난이고 후자는 '혁명을 상상하라' 는 강요다. 어느 모로 보나 이는 개개인의 각성을 요구하는 것 이다. 하지만 청년들이 보기에 '꼰대'들은 발전국가 시대에 태어 나 산업사회의 '단물을 빨아먹은' 운 좋은 '기득권'에 불과하다.

비록 인터뷰가 진행된 2013년엔 '헬조선'이나 '노오력'과 같은 신조어가 없었으나, C를 비롯한 연구참여자들이 '386 세대'(C의 말에 따르면 "부르주아 좌파")에 가지고 있는 불만은 '꼰대'들에 대한 청년들의 불만과 이어져 있다. 구조적·관계적으로 꽉 막힌 상황에서, 해방구는 헬조선으로부터의 '탈출'뿐이다. 그러나 금수저와 흙수저로 나뉜 철저한 계급구조하에서 유학이나 해외취업 같은 헬조선 탈출 또한 금수저들에게나 열려 있는 가능성이다. 탈출만이 유일한 길이지만 탈출이 불가능한 상황에서 청년들은 스스로의 상황을 자조한다. 이런 상황에서 남는 것은 '죽창'을 드는 것뿐이다. 동학농민운동과 그 당시의 파국을 이해한다면 오늘날 청년들의 '무기'로 죽창보다 더 적절한 것이 있을까. 이 지옥불 반도 헬조선에서 살 수도 탈출할 수도 없다면, 누구나 구할 수 있는 죽창으로 '너와 내가 서로 찔러' 이 세상을 뜨는 파국이 그나마 '가능한' 미래다. 하지만 "죽창을 달라"고 하는 이들의 기묘한 피동성, 즉 삶을 돌파하기 위해 죽창을 드는 것이 아니라 모두가 끝장나기 위해 죽창을 드는 파국적 상상력은 죽창을 구할 방안이 없기에 실패할 수밖에 없다. 죽창을 구하기 위해 대나무밭에 갈 시간도 없기 때문이다.

청년들이 스스로의 삶을 자조하는 현상에 대해서는 청년 세대가 공유하는 루저 정서가 반영된 것이라는 해석이 있다. 청년실업 지표가 나날이 악화되며 교육도 취업도 포기한 니트족이 증가하는 최근의 경제 상황에서 자신이 점점 쓸모없어지고 있다는 '잉여'로움의 '느낌적인 느낌'이 확산되는 것은 불가피한 현상이다. 그리고 동시에 '죽창'도 '짱돌'도 들 수 없다는 사실을 청년들은 너무나 잘 알고 있다. 제 기능을 하지는 못할지언정 체제가 뒤집힐 빈틈은 보이지 않고, 대안이 될 수 있는 정당도 체제도 없어 보인다. 이런 상황에서 할 수 있는 것은 그저 웃는 것뿐이다. 안상욱의 지적대로 "루저문화에서 나타나는 유머는 다른 누구도 아닌 자기 자신을 조롱의 대상으로 하며 화해가 아닌 파국적 결말을 맞는다".[40] 마치 죽창을 들고 기관총 앞에 선 농민들처럼.

'헬조선'에서 태어나지 않을 '노오력'을 못한 자신의 탓이라는 냉소, '우리는 다 병신'이라는 냉소는 일베는 물론이고 디시나 트위터, 루리웹에서도 관찰되는 것이다. 앞선 게시물 분석이나 '인증대란'에서 본 것처럼, '헬조선'이나 '노오력'이라는 단어만 쓰이지 않았을 뿐 그 정서는 일베를 비롯한 각종 온라인 커뮤니티에 널리 퍼져 있었다. 하지만 일베의 헬조선 담론은 트위터 등지에서 나타나는 헬조선 담론과 미묘한 차이점이 있다. 냉소와 자조라는 감정도, 헬조선과 노오력에 대한 문제의식도 공유하지만 일베에서 이야기되는 헬조선은 원인을 바라보는 방식에서 결정적으로 다르다. 쉽게 말해, 일베가 인식하는 헬조선의 원인은 '김치녀'와 같은 '미개'한 이들에게 있다. 현실에 대한 같은 진단을 공유함에도 '원인'에 대한 상이한 인식은 어디에서 연유한 것일까?

평범 내러티브: '너만 그런 거 아니야. 떼쓰지 마'

일베 이용자들이 보이는 체제 순응은 본고에서 '평범 내러티브'라 부르는 메커니즘을 통해 정당화된다. 일루즈는 《감정자본주의》에서 미국 감정장의 "고통 내러티브"가 '성 해방' '자아실현'과 같은 내러티브 목표를 가지고 있으며 이 목표들은 "내 문제 상황을 결정하게 하며, 문제 상황은 내가 내 인생의 어떤 옛날 사건들에 주목해야 하는지, 그리고 어떤 감정 논리를 가지고 이런 사건들을 한데 묶을 것인지를 결정하게 한다"[41]고 지적했다. 고통의 내러티브는 고통을 자아정체성의 핵심에 위치시키는 한편, 개인이 겪은 고통에 대한 제도적인 승인 및 배상의 요구를 정당화하는데, 일루즈는 이러한 고통 내러티브가 노동자와 부유층의 정신적 고통을 등치하며 모든 문제를 심리학(특히 심리치료)으로 환원하는 상태를 만든다고 주장했다.

이와 대조되게도 일베 이용자들은 자신의 인생을 평범함의 범주로 끊임없이 수렴시키는 한편, 자신이 겪은 삶의 특수성을 최대한 억압하여 '준비된 사회인'이라는 내러티브 목표로 재구성한다. 그리고 이는 다시 자기계발 논리와 결합된다. E는 초등학교 시절을 회상하며 "그냥 평범한 사람으로 컸"다는 말과 함께 자신의 평범한 어린 시절을 "유치원 다니고, 미술 학원, 태권도 학원"에 다닌 일상으로 묘사했다. 하지만 그는 "평범했다"는 말을 채 끝내기도 전에 왕따에 대한 기억을 회상해냈다. 전국 초중고 학생의 16.5%가 집단따돌림을 겪은 것으로 나타난, 인터뷰가 진행된 2013년 교육부의 조사 결과를 고려하면 그의 경험이 이례적이라고 할 수는 없지만 그렇다고 쉽게 '평범'의 범주로 환원될 수 있는 성격도 아닐 것이다. E의 이야기에서 흥미로운 지점은 왕따를 경험했던 초등학교 3학년 이후에 대한 그의 설명이었다. 그는 "아무 일도 없었다는 듯이 아는 척"을 하는 친구들에게 "환멸을 많이 느꼈"다면서도 "5~6학년이 이제 제가 반장, 부반장까지 했을 정도로 애들 사이에 중심으로 섞여 들어갔"다고 강조했다. 이로써 자신은 평범함의 지위를 획득했다는 것이다.

나이토 아사오가 《이지메의 구조》로 정리한 이지메 논의는 학교폭력 등의 경험이 체제 순응으로 이어지는 메커니즘을 이해하는 데 중요한 참조점을 제공한다. 이 책을 통해 나이토 아사오는 이지메 피해자가 자신이 겪은 끔찍한 경험을 자신이 '이겨낸' 경험이라는 방식으로 재구조화한다고 주장했다. 그는 이러한 과정을 '강인함의 전능'이라 부르며 다음과 같이 서술한다.

> 강인해졌다고 자부하는 피해자는 현실의 비참함을 부정한다. 강인함의 전능을 구현하려면 현실의 비참한 자신을 끊임없이 부인하고 해리해야만 하는 것이다. …… 약자의 입장에 놓여 있는 동안에는 이렇게 체험을 가공함으로써 비참함을 부정하고 인내의 미학을 학습하면서 오로지 '처세'의 기능을 습득한다.[42]

E가 경험한 집단따돌림은 일정 부분 나이토 아사오가 지

적한 '강인함의 전능'으로 변환됐다. 그는 초등학교 때의 고통
은 "트라우마"라고 말하면서도 "누구나 자기 마음속에 상처 하
나씩은 있"는 것이라며 '평범'의 언어로 치환한다.

C의 경우는 자신이 직접적인 피해자는 아니었지만 왕따와
마녀사냥의 목격자로서 받았던 충격을 잊을 수 없다고 말한다.
연인관계로 인해 성적으로 모욕적인 별명을 얻게 된 학우가 마
녀사냥을 당하는 과정을 지켜보며 그는 특히 교사들에 대한 배
신감을 느꼈다고 토로했다.

> 예를 들어서 성교육이라든가, 남녀 간의 이성교제에 대해서
> 이런 식으로[편하게] 얘기하면서 할 수[피해 학생을 보호할 수]
> 있었는데. 거기에서[학우가 마녀사냥을 당하는 걸 지켜보면서]
> …… 느꼈던 건, 마녀사냥이라는 게 위아래가 없어요. 그냥
> 다 합심해서, 아니면 다 묵과하는. 그중에 좀 젊거나 깨어 있
> 는 선생님도 몇 분 계셨는데 그분들조차도 이런 거에 대해
> 서 언급하지 않고. 분명 봤을 텐데. 그 여자애가 우는 거 봤
> 을 텐데. 지나가면서 한 무리의 남자들이 그렇게 별명을 부
> 르는 거 봤을 때 [선생님들도 그게] 무슨 뜻인지도 알고. 모른
> 다고 하면 그건, 약간 [교육자로서의] 자질이 없다고…… (C)

이 경험은 C가 선생에게 기대했던 어른으로서의 '이상형'
이 깨지는 계기가 되었다. "대부분의 어른들도 그냥 어린애처
럼, 사실은 똑같"다고 말하는 C의 실망감은 그가 "일찍 철이 들

게" 된 계기가 되었다. 그는 지금의 회사생활을 "좋은 인간관계는 그대로 냅두고 나쁜 인간관계는 버리는 식으로 하나둘씩 잘라"내며 이어왔다고 말했다. 학창 시절 C가 간접적으로 경험한 교사와 다른 학우들의 적절한 무관심 및 "동정은 하지 않"는 태도가 성인이 된 C의 회사생활에서도 하나의 전범으로 영향을 미친 것처럼 보인다. C와 E가 내러티브화하는 "배신의 경험과 기억"은 그들이 체화한 불신의 근원이다. 이는 결국 엄기호가 지적하듯이 시스템에 대한 불신으로도 이어진다. "권력을 쥔 자이건 그것에 대항하는 자이건 '권력'을 중심으로 움직이는 사람들은 다 도둑놈들이라는 경험적 지혜가 절대화"[43]되면 이윽고 근본적으로 소통 자체가 불가능해진다.

이러한 논의에서 평범 내러티브는 하나의 차원을 추가한다. E가 말했듯이 자신들이 겪은 고통은 '누구나' 겪는 것이고 따라서 특별히 말할 이유도, 들어야 할 이유도 없다. 평범 내러티브에서의 고통은 그게 무엇이든 그저 내면으로 침잠하여 스스로 삭이면 그만인 개인적 경험이 된다. 고통 내러티브가 친밀성의 영역을 공적인 공간으로 끌어낸다면, 평범 내러티브는 그마저도 억압한다. 이제 고통을 들어달라고 '징징'대는 것은 스스로가 약자임을 자임하는 꼴에 불과하며, 이는 곧 자기경영에 실패한 개인에게 책임이 있는 문제가 된다.

이제 갓 대학에 입학한 연구참여자 E는 오늘날 대학에 진학한다는 것이 학문을 위한 것이라기보다 자신을 특정하는 표상을 획득하는 의례로 전락한 상황을 너무나 잘 이해하고 있었다. 그런데 그는 흥미롭게도 조금이라도 더 높은 서열의 대학보다 경영학과라는 전공을 우선해 서열이 더 낮은 대학에 입학하는 것을 결정했다. 그가 생각하기에 취직에서 중요한 것은 "창의적이지 않고" "사회 틀에 맞춰가"는 능력을 배양하는 것이지 개인의 특출남이나 학벌이 아니었다. 이에 따라 취업 선선에서 경영학과가 가지는 특장점, 즉 취업을 "준비하고 공부하고 스펙 쌓"기에 경영학과가 유리하다는 점에서 "화목한 가정을 이루는 것" 외엔 별다른 꿈이 없는 그가 높은 서열의 대학보다 경영학과라는 전공을 우선시한 것은 지극히 '합리적'인 판단이라고 할 수 있다.

이러한 평범 내러티브의 핵심은 고통 내러티브와 정반대의 모습을 띤다는 점에서 주목할 만하다. 미국 감정장의 고통 내러티브가 "개인과 집단들이 점점 '인정'—내 고통에 대한 각종 제도들의 승인 및 배상—을 요구"[44]하게 된 맥락에서 나타났다면, 일베 이용자들의 평범 내러티브는 자신의 고통(예컨대 왕따)에 대한 승인이나 배상, 다시 말해 고통이 인정되지 않는 사회가 만들어낸 결과이다. 이러한 사회에서 사람들은 인정을 요구하는 대신 자신의 고통은 물론 우월함도 은폐하거나 축소시키는 전략을 채택한다. 예컨대 비슷한 또래의 다른 연구참여자도 자신의 인생이 "평범"했음을 누누이 강조했는데, 그는 자신의 학창 시절에 대해 "고등학생 때도 계속 학생회 하고 학생회장 하고 반장을 다 했"으며 "좀 공부 잘하는 학생"이었다고 말했다. 그런 그도 자신을 '평범'이라는 범주로 포함한다는 것은 과도한 겸손이 아닐까.

하지만 연구참여자들이 말하는 평범 내러티브가 왕따나 폭력의 경험, 어려웠던 유년 시절 등 고통 내러티브에서 출발한 다는 점을 상기하며 '겪을 건 다 겪어봤다'는 식으로 고통을 평범함의 범주로 포함시킨다는 점에 주목해보자. 고통 내러티브는 결국 '누구나 그 정도의 고통은 겪는다'는 평범 내러티브로 환원되며, 자신은 그 고통을 이겨낸 생존자로 자리매김하게 한다. 문제는 이러한 평범 내러티브가 자신의 고통 내러티브뿐만 아니라 타인의 고통 내러티브까지도 억압한다는 사실이다. 다시 말해 평범 내러티브의 확산과 내면화는 고통에 대한 '인정' 을 요구하는 타인에게 '나는 참아냈는데 너는 왜 떼를 쓰느냐' 는 식의 억압을 정당화하는 기제가 된다. 따라서 어떤 문제를 겪고 있든 그것은 개인의 문제이고 해결 또한 스스로 해야 한다. 개인이 겪는 문제에 국가와 체제는 개입한 바 없으며, 각자는 '노루가 사냥꾼 손을 벗어나는 것과 같이, 새가 그물 친 자의 손을 벗어나는 것과 같이' 스스로를 구원해야 한다. 이러한 언설은 타자 또는 소수자가 위치한 객관적이면서도 거시적인 맥락을 제거하고 '호소'를 통해 증명된 '나약함'을 미시적인 '팩트' 를 나열해가며 조롱하고 억압한다는 점에서 진정 문제적이다. 평범 내러티브에서 개인이 처한 맥락은 개인의 불행을 설명하는 데 아무런 힘을 가지지 못한다. 정치는, 사회적인 것은 이렇게 사라진다.

무엇보다 평범 내러티브는 오늘날의 청년들에게 '평범함'

그 자체가 하나의 유토피아가 되었음을 암시한다. "꿈"은 친밀성과 가족의 영역을 유지해 계급을 재생산하는 데 초점이 맞춰진다. 이제 누구도 '계층 상승'을 꿈꾸지 않는다. "금전적으로 부족하지 않게", "평화롭게, 사회에서 튀지" 않게, "화목한 가정을 이루어서" 평범하게 사는 것이 불가침의 유토피아가 된다. 그리고 그러한 유토피아를 위해서는 모든 가치를 물화시키는 "돈"을 많이 벌어야 한다. 연애, 결혼, 육아로 이어지는 평범함의 유토피아에서 필요한 것은 이제 오로지 돈뿐이다.

그리고 여기서 다시 불안이 고개를 든다. 대학 입시에서 '재수는 필수, 삼수는 선택'이었던 건 애교로 느껴질 만큼 청년실업의 현실은 살인적이고, 부모를 보며 간접적으로 경험한 구조조정의 공포가 취업 이후의 상상에도 그림자를 드리운다. 오늘날 한국을 살고 있는 청년이라면 누구나 겪고 있는 이런 상황에서, 일베 이용자들은 저항보다 순응을 선택한 이들이다.

일베는 '백마 탄 지도자'를 꿈꾸는가

일베 이용자들의 순응은 취업이라는 생활·생존 영역에만 국한되지 않는다. 본인을 "언더그라운드 힙합신"에서 활동하는 아마추어 뮤지션으로 소개한 연구참여자 H는 표현의 자유와 관련하여 만약 현재가 "전통 내지는 박통" 시절과 같다면 상대방을 공개적으로 비난하는 디스disrespect를 하거나 가사에 직접적인 욕설을 넣지는 않을 것이라며 다음과 같이 말했다.

제가 만약 그랬다면은[전두환이나 박정희 시절에 음악을 했다면]
되게 이게 순응하는 사람으로 보일 거 같지만, 저의 진짜 속
마음을 얘기한다면 그때 만약에 그런 상황[전두환이나 박정희
시절]이었다면 저는 랩을 그런 식으로 안 했을 거예요. 만약
에 그랬다면, 만약에 만약에, [사회적으로] 그게[힙합의 디스와
같은 문화가] 그렇게 반대당하고 탄압당하는 거였다면 저는
안 했을 거예요. (H)

이 같은 이야기는 특히나 그가 '힙합'음악을 한다는 점에서
대단히 흥미로웠다. 그는 자신의 삶에서 음악을 "2순위 정도"로
중요하게 여긴다고 하면서도 힙합음악의 전통이자 특수성인
디스와 같은 문화가 '사회적'으로 금지된다면 "자기만족"으로
"걸리지 않게" 개인적으로만 향유할 뿐 공개적으로 표출하지는
않을 것이라고 말했다. 그가 말하는 "사회적" 금지란 법적 제도
화를 의미하는 것이었다.

저도 언제나 그 생각을 해요. 왜냐하면은 뭔가 좀 다른 의미
일 수도 있지만 예술계나 이런 쪽은 특히나 좌쪽이 많죠. 그
렇지만 저는 우쪽이잖아요. 근데 이제 저의 마인드는 그런
거예요. 약간, 규정을 어긋나지 않는 게 일단 중요하다, 그런
마인드. 그러니까 사회적으로 이제 결정을 해서 만약 그렇게
정해졌다 그러면 따라야죠. (연구자: 사회적으로요?) 예, 사회
적으로. 이제, 이제 전체적으로 예를 들어 법으로 정해졌다,

설령 말이 안 되는 법이더라도 일단 정해지면은, 따르지 않
으면은 사회가 이제 무너진다고 생각을 하니까. …… 제 마인
드가, 계속 아까 말했듯이 좋은 게 좋은 거다, 그러니까 따라
야 되면 따르자, 약간 저는 이런 마인드예요. 그래서 제가 뭐
나름 모범생으로 지냈던 것도 '선생님이 말하면 지켜야 되니
까 하는 얘기겠지' 하고 지키고. 어떤 면에선 되게 힙합의 마
인드하고는 되게 거리가 멀죠. (H)

H는 스스로가 순응적이라는 사실을 인지하고 있으며 자신
이 "힙합의 마인드"와 상당한 거리가 있다는 것 또한 인정했다.
H의 순응은 "설령 말이 안 되는" 악법이라 하더라도 "따르지 않
으면은 사회가 …… 무너진다"는 말처럼 불안과 공포에서 비롯
된 것으로 보인다. "규정을 어긋나지 않는 게 일단 중요"하다는
이러한 생각을 고려한다면 집회나 시위를 "나라가 절단이" 날
수도 있는 중대한 "혼란"을 가져오는 행위로 여기며 반대하는
것으로 해석할 수 있다.
　　이러한 생각은 다음과 같은 A와의 대화에서도 잘 드러난
다. 개발독재에 대한 강한 긍정을 보였던 그에게 '일베를 할 수
있는 것도 결국은 민주주의가 표현의 자유를 보장하기 때문 아
닌가'라는 질문을 던지자 그는 이렇게 대답했다.

네, 그런데 민주주의이기 때문에, 저희가 민주주의 사회에서
살아왔고, 따라서 저희는 거기에 적응해서 살아가는 거라고

생각을 해요. …… 어느 정도 국민들이 먹고살 만하니까 이제 독재 정권 물러나라고 투쟁할 수 있는 발판이 마련이 됐고, 그러한 발판 아래에서 80년대가, 386 세대가 투쟁할 수 있는 여건이 마련됐기 때문에 그런 투쟁을 한 거라고 봐요. 그리고 독재하는 기간에는 일베 하고 디시 하고 오유 하고 그럴 시간이 어디 있어요. 먹고살기 바빠가지고 일하기 바쁘지. 그렇기 때문에, 민주주의는 지금 우리가 선택할 수 있는 최선의 체제이기 때문에 우리가 선택한 것이고. 그리고 만약에 아직 우리나라가 국민소득이 3,000달러 이하 못사는 나라다, 그럼 저는 뭐 개발독재가 맞다고 봐요. 그리고 그동안은 열심히 일해야죠, 지도자의 비전을 따라서. 그리고 그동안에 사회에 불만을 가진다거나, 엄하게[애먼] 딴소리를 하거나 개소리를 하면은 가차 없이 이제, 잡아들여야죠. 그러니까 [그런 사람들은] 사회 분열을 조장하는 세력인 거죠. (A)

많은 일베 이용자들이 그러하듯, 그에게도 절대 악은 사회 분열을 조장하는 '세력'이다. 흥미로운 지점은 사회 분열을 조장하는 '세력'의 반대편에 '지도자'가 있다는 것이다. 다분히 박정희와 같은 개발독재의 아이콘을 지향하고 있는 그의 '지도자'는 시대정신을 담지한 초인의 모습과 같다. 지도자의 선의에는 의심의 여지가 없으므로 '국민소득' 증대라는 절대가치가 실현될 때까지 '국민'들은 지도자 아래 합심하여 "엄하게[애먼] 딴소리를 하거나 개소리를" 하지 말고 조국의 발전을 위해 헌신해야 하는 것이다. A가 특별히 '독재 친화'적인 연구참여자였다고 말하기는 어렵다. 앞서와 같은 생각은 A라는 개인의 특성이라기보다 오늘날 '탈정치화'된 청년들이 가지고 있는 공통적인 환상에 가깝다고 해야 할 것이다. 선의와 '비전'을 가진 '지도자'가 나타나 위기에 빠진 대한민국을 구원해주기를 바라는 마음 자체만 놓고 본다면, 일베 이용자들과 2012년 대선 당시 '새 정치' 신드롬을 몰고 온 안철수 후보에게 열광하던 청년들 사이의 구별점은 쉽게 드러나지 않는다.

안철수는 한때 문재인, 박원순과 함께 일베의 3대 저격 대상이었다. 일베에서 안철수는 흔히 '간잽이'로 통했다. 이는 2012년 정치 참여 선언 이후 박원순 전 서울시장 지원이나 문재인 당시 대선 후보와의 단일화 등 안철수 의원이 보여온 신중함 혹은 우유부단함을 '간을 본다'고 비꼬는 의미의 멸칭이었다. 안철수에 대한 당시 일베 이용자들의 혐오는 그가 '진보' 성향이라는 데서 비롯된 것이 아니라 결단력 없음 자체에서 온 것이었다. 이는 전두환에 대한 H의 평가도 유사하다.

전두환도 물론 제 입장에서는 속 시원하게 탄압, 이렇게 밀어버린 거는 속 시원한 거지만. 근데 그쪽[1980년 당시 광주 시민] 입장에서 봤을 때는 위인은 절대 될 수 없죠, 절대. 그쪽에서 살인자라고 부르는 것도 이해는 해요. (H)

요컨대 일베 이용자들이 꿈꾸는 지도자의 페르소나는 체

제 반대파를 '속 시원하게 밀어버리는' '결단력'의 보유자다. H와 같은 일베 이용자들의 말은 그 자체로 민주주의 체제를 부정하거나 극우적으로 보이기까지 한다. 하지만 이들의 체제 순응성은 이들이 민주주의의 '혼돈'이라고 여기는 문제를 '타개'할 실천적 함의를 가지지는 못한다. 체제에 반기를 들면 '사회가 결딴난다'고 보는 이들의 시각에 따르면, 박정희 '소장'의 5·16도, 전두환 '보안사령관'의 12·12도 '구국의 결단'이었으며 "결과론적으로 지금 보면 맞는" 행동이었을 따름이다. 이와 같은 방식으로, 이들의 인식에서 6월항쟁과 5·18은 그저 사후적으로 성공했느냐 아니냐의 문제로 나뉠 뿐이다.

이렇게 일베의 정치적 인식은 결과론이 지배하는 현실주의적 세계관을 전제로 하면서도 승리하는 선한 지도자라는 불가능한 환상을 가진다는 역설을 품고 있다. 하지만 백마 탄 초인과 같은 지도자의 등장이 환상에 불과하다는 사실 또한 그 누구보다 잘 알고 있다. 그러므로 이제 남는 것은 자신의 능력을 최대한 개발하여 각자도생하는 것뿐이다.

여성혐오와 능력주의

일베만의 문제는 없다

지금까지 일베 게시물에 대한 양적 분석과 사례조사, 이용자들에 대한 질적 분석에 이르기까지 다양한 방법을 이용하여 '일베란 무엇인가'를 살펴보았다. 그 결과, 자신의 고통은 물론 타인의 고통도 인정하지 않으며 모든 고통을 '평범함'의 범주로 끌어내리는 평범 내러티브라고 하는 삶의 태도 또는 멘털리티를 도출해냈다. 평범 내러티브는 입시나 취업처럼 누구나 겪는 일상생활에서의 어려움은 물론, 흙수저라는 태생적 환경, 왕따, 심지어 세월호 사건과 같은 사회적 참사에 이르는 고통까지도 모두 개인이 감당해내야 하는 것으로 만들고, 그러한 고통을 감당함으로써 생존자 또는 감수感受자로서의 능력을 입증할 것을 요구한다. 순응하는 이에게 복이 있고, 참는 자에게 차례가 올 것이라는 믿음하에 평범 내러티브는 타인의 고통의 현존을 부정한다. 만약 어떤 이가 고통을 감당하지 못한다면 그것으로 그는 패자이고, 패자에게는 권리가 없으므로 사회에 어떠한 요구도 해서는 안 된다. 그의 패배, 즉 '권리 없음'은 오로지 고통을 극복해내지 못한 그의 탓이기 때문이다. 이때 고통의 극복은 오로지 그 자신만이 할 수 있는 것이다. 학창 시절 트라우마로부터의 심리적 회복이 됐든 '흙수저'라는 계급에서 벗어나기 위한 '고시 패스'가 됐든, 개인의 능력으로 개인의 문제를 해결해야 한다. 누구의 삶에나 주어지는 시험을 통과하지 못한 패자들에게 남는 것은 도태 아니면 승자들이 선의로 내어주는 시혜를 감사히 받기나 하는 것뿐이다.

이 같은 각자도생의 윤리는 평범 내러티브를 구성하는 또 다른 도덕적 정당화 기제인 능력주의를 만나 패자를 멸시하고 승자를 물신화하는 데 이른다. 승자로서 패자를 멸시하는 감각이야말로 일베의 열광적인 혐오를 설명해주는 기제인바, 능력주의의 한국적 변종이라 할 만한 평범 내러티브는 어떤 말이나 행위를 '일베적'이라고 느끼게 만드는 직감의 많은 부분을 설명해준다. 그런데 여기서 남는 문제는, 과연 평범 내러티브가 일베만의 고유한 멘털리티라고 할 수 있느냐는 것이다.

이러한 질문에 대답하기 위하여 이번 장에서는 가장 순수하고 극단적인 일베 이용자와 일베의 시각에서 볼 때 '씹선비'이자 'PC충'에 해당하는 이들의 온라인 커뮤니티를 살펴본다. 이를 통해 일베와 일베 아닌 것의 전형성이 어디서 분화하고 결합하는지 제시할 것이다. 가장 순수하고 극단적인 일베 이용자의 사례로는 일베 닉네임 '슨자'로도 알려진 한강 몸통시신 사건의 범인 장대호이고, 일베가 '씹선비'로 칭하는 이들의 커뮤니티는 국내 최대 '덕후' 커뮤니티인 루리웹이다. 후술할 내용에서 보게 되겠지만 장대호가 보여주는, 일베가 재현한 세계를 그대로 이식한 듯한 그의 말과 행동은 일베적 페르소나의 이념형을 재구성할 수 있도록 한다. 반면 일베에게 '좌리웹'이라 불릴 정도로 '진보'적이고 정치적으로 올바른 커뮤니티였던 루리웹은 젠더 이슈에서만큼은 공격적으로 돌변하는 모습을 보여주며 모종의 분열성을 드러낸다. 이 '대조적'인 사례는 우리가 이 책을 통해 벗어나고자 하는 일베 이해의 두 가지 전형, 즉 '우리 안의 일베'(또는 '만물 일베설')나 '일베 루저론'을 회피하면서도, 무엇이 혐오라는 증상을 추동했는지를 이해할 수 있게 해줄 것이다.

1. 장대호라는 일베의 이념형

2019년 8월, 한강의 한 철교 부근에서 몸통시신이 발견됐다. 곧이어 시신의 나머지 부분이 속속 수습되었지만, 엄지손가락 지문이 훼손되어 있는 등 용의자는커녕 피해자의 신원을 파악하기도 어려워 수사는 난항을 겪을 것으로 예상되었다. 하지만 사건 발생 닷새 만에 범인이 자수하며 수사는 급물살을 탔다. 살인범은 장대호, 피해자가 마지막으로 투숙한 모텔의 종업원이었다.

이 사건은 모텔 종업원이 손님을 토막살인했다는 사실관계도 충격적이었지만 그 범인인 장대호의 독특한 캐릭터 때문에 더욱 '화제'가 되며 많은 사람들의 이목을 끌었다. 우선 언급할 수 있는 것은 장대호의 '당당함'이었다. 그는 "죽은 사람[이] 나쁜 놈이라는 것을 알리려" 자수했다고 밝히며 이 사건은 "흉악범이 양아치를 죽인 사건"이라고 주장했다. 이에 따라 피해자와 유가족에 사과하길 거부했으며 "[피해자가] 다음 생에도 그러면 또 죽을 것"이라고 말하기까지 했다.' 이러한 사실이 알려지자 대중은 폭발적인 반응을 보였다. 일부에서는 장대호의 '쇼맨십'이 뛰어나다고 했고, 아르바이트를 하는 많은 사람들은 '진상 고객'에게 느끼는 분노가 장대호를 통해 '대리 해소'되었다고 말하기도 했다. 검거 이후 장대호의 행적이 드러날 때마다 장대호에게 지지를 보내고 경탄하는 사람들이 늘어났다. 사건이 발생한 시점에 개봉한 영화 〈조커〉와 맞물려 장대호를 '코리안 조커'라고 부르는 사람들이 생겼을 정도이니, 약간의 과장을 보태면 당시의 분위기는 '장대호 신드롬'이었다 해도 무리가 없을 것이다.

범행의 잔혹함에도 불구하고 독특한 '캐릭터'로 사람들의 이목을 끈 이 범죄자는 특이한 이력을 가지고 있었는데, 바로 일베 이용자라는 것이었다. '슨자'와 '진빌리'라는 닉네임을 쓴 장대호는 단순한 일베 회원을 넘어서 적잖은 일베 이용자들이 '빌리진 아재'로 기억할 정도로 이름이 알려진, '나름' 네임드 유저였다. 그는 지인을 통해 '옥중 회고록'(이하 '회고록')*을 공개하며 그 글을 통해 자신의 블로그와 유튜브 채널명, 일베에서 자신의 게시물을 찾는 방법과 닉네임 등을 알렸다. 한 일베 이용자가 보낸 편지에 답신(이하 '답신')**을 보내면서는 일베 이용자 전체에게 전하는 당부를 덧붙이기까지 했다. 이러한 정황을 고려할 때 장대호, 아니 '슨자'가 일베에 가진 애착이 얼마나 컸는지는 어렵지 않게 상상할 수 있다.

그는 교도소 편지지로 총 100여 매에 이르는 분량의 글을 지인에게 보냈고, 그에게 자신의 글을 온라인상에 공개해줄 것을 요청했다. 그렇게 가장 먼저 공개된 글은 2019년 12월에서 2020년 1월 사이에 작성한 28매 분량의 '회고록'이다. 이 글에서 장대호는 어떤 경위로 살인과 시신 훼손, 유기를 하게 되었는지를 '팩트' 위주로 나열하며 자신이 왜 피해자에게 사과할 마음이 없는지, 왜 자신이 사형을 당해도 괜찮다고 생각하는지를 서술했다. 이 글은 그가 무기징역 판결을 받은 원심에 불복하고 "사형을 받기 위해" 항소한 시점에 작성된 것이다. 3매의 비교적 짧은 글인 '답신'은 그가 항소심 판결(2020년 4월 16일)을 받기 직전인 2020년 3월에 작성되었으며, 108매 분량의 저작물(이하 '저작물')은 대법원에서의 원심 확정(2020년 7월 29일) 이

---

* 장대호의 '회고록' 전문은 다음 링크에서 확인할 수 있다. https://archive.vn/umczk
** 장대호의 '답신' 원문은 다음 링크에서 확인할 수 있다. https://archive.is/pCH1C

후에 작성된 것이다. 이 세 가지 글 중에서도 '저작물'은 〈표 1〉에서 보이는 것과 같이 별도의 제목이 부여된 18편의 글을 포함하고 있는데, 주로 여성에 대한 시각이나 종교에 대한 태도, 재판 과정에서의 느낌 등을 서술한 것이다. 특히 여성 또는 남녀 관계에 대한 글은 총 8편으로, 분량으로는 48매에 해당한다. 그 외에도 범행수법과 증거은닉의 방법 등을 기술한 약 50여 매의 '사건 기록 노트'가 있는데, 이는 일부 내용이 기사화됐을 뿐* 전문을 확인할 수는 없으므로 논의에서는 제외했다.

혹자는 이런 의문이 들 것이다. 우리가 왜 장대호에 주목해야 하는가? 그가 일베를 했기 때문에? 그것도 그렇기야 하지만, 이 책에서 장대호에 주목하는 건 단순히 일베 이용자이기 때문만은 아니다. 외려 '일베를 하는 흉악범'을 소개하는 것 자체가 지금까지 우리가 극복하고자 해왔던 통념, 즉 루저-백치-괴물로서의 일베라는 믿음을 강화해주며 타자화를 통한 안주처를 제공할지도 모른다. 그러나 이 책에서 장대호에 주목하는 이유는 그가 교도소에서 수기로 작성한 글이 지금까지 우리가 여러 방법을 동원해서 살펴본 일베의 전형을 명징하게 직조하고 있기 때문이다. 앞으로 살펴보게 되겠지만, 그의 언어는 일베의 말들로 이루어져 있으며 여성과 세상에 대한 인식 또한 일베에서의 베스트 댓글과 게시물들로 이루어져 있다. 다시 말해 그의

---

* 해당 노트에 대한 내용은 MBC가 단독으로 기사화했다. 〈장대호 '범행 일지' 단독 입수⋯⋯ "범행 도구 모텔에"〉, MBC뉴스투데이, 2019.11.19.

순서	제목	주제	매수
1	사랑의 하한가	여성	1
2	네 이웃에게 몸을 팔지 말라	여성	5
3	나는 개고기를 먹는다	정치적 올바름	4
4	김치 탈출	정치적 올바름	2
5	결혼 못 하는 이유	여성	8
6	남녀평등	여성	12
7	자유의 적들	여성	9
8	갈등의 원인	여성	5
9	키 작은 남자는 루저	여성	6
10	보로나 바이러스	여성	5
11	프로 불편러	정치적 올바름	4
12	시대유감	여성	2
13	신과 함께	종교	5
14	연습장	기타	1
15	지옥행 급행열차	재판 과정	31
16	긴급조치 18호	기타	1
17	알라루야	종교	5
18	엘로힘	종교	2
총매수			108

글은 그가 말한 것처럼 '회고록'이라기보다는, 차라리 종이에 옮긴 일베 게시물이다. 그는 사소한 이유로 한 사람을 잔혹하게 살해했고, 또한 사소하고 상투적인 말들로 자신의 범행을 정당화하며 흉악범 이미지를 중화(또는 물타기)한다. 그리고 그 안

에는 우리가 지금까지 살펴본, 일베를 일베라고 규정할 수 있는 수많은 요소들이 곳곳에서 음울한 존재감을 드러낸다.

'이성적인 나'와 '감정적인 어머니'

그가 옥중에서 온라인에 공개한 세 가지의 글 중 '저작물'은 자신의 생애를 기록한 글이다. 총 18편의 글이 담긴 '저작물'에서도 재판의 전후 과정을 기록한 '지옥행 급행열차'에는 모친과의 관계가 비교적 상세하게 담겨 있다. 지방에서 상경한 어머니 밑에서 홀로 자랐다는 그는 모친이 "소학교를 겨우 졸업"했다고 하는데, 소학교가 '국민학교'로 개편된 것이 1941년이니 '소학교'라는 표현은 사실상 어불성설이다. 이는 단순한 착오라기보다는 일종의 '스타일', 조금 더 구체적으로 말하자면 고풍스러운 어휘나 말투를 씀으로써 자신을 '단순한 흉악범'에서 탈각시키고자 하는 전략인 것처럼 보인다. 그의 말에 따르면 모친은 기초 수준의 교육만 받고 곧바로 "미용사" 일을 했으며, 그런 어머니에게 "정서적, 육체적으로 많은 학대를 받았고, 무지했던 모친으로 인해 학창 시절 많은 어려움을 겪"었다. 아동학대는 빈곤과 높은 상관관계를 가지고,[2] 빈곤의 대물림에서 부모의 학력이 적지 않은 영향력을 미친다 할 때,[3] 장대호의 성장 배경이 그에게 긍정적으로 작용했을 것이라고 기대하기는 쉽지 않다. 하지만 그는 자신의 불우함을 드러내는 것을 의식적으로 꺼렸다며 다음과 같이 말한다.

보통 일베들의 시대

그런 이야기는 어디 가서 굳이 꺼내지 않고 지냈었는데, 이유는 **나 정도의 불우한 사연은 흔한 이야기**로 느껴졌기 때문이다. 한부모 가정에서 자란 아이, 조부모 밑에서 자란 아이, 고아원에서 자란 아이 등, 드라마 동백꽃 필 무렵의 동네 아줌마 대사처럼 집집마다 다 여차저차는 있는 것이기에 **나의 불운을 떠벌리며 동정과 이해를 구하고 싶지는 않았다.**
(강조는 필자)

그는 자신의 "불운을 떠벌리며" 타인의 감정에 호소하지 않겠다는 의지를 다진다. 장대호가 그리는 스스로는 합리적이고 전략적이며 계산적이다. 이와 대조적으로 그의 글에서 모친은 "본인 감정이 우선인 사람"으로 묘사된다. 장대호는 자신의 모친에 대해 "수틀리면 아무거나 집어 들고 나를 때렸으며, 모든 히스테리는 어린 내게 다 쏟아부었다"거나, "상황 판단력에 있어서 이성적인 판단은 결여되어 있는 감정 우선적 성격을 가진 사람"과 같이 서술한다. 본인의 성격에 대한 서술과 '감정적'인 사람으로서의 모친에 대한 서술이 대조된다는 점, 또한 모친을 언급하자마자 앞서와 같은 자기규정이 나타난다는 점은 특기할 만하다.

그는 항소심 과정에서 합의금을 법원에 공탁하는 '전략'을 쓰려 했다.* 이러한 '전략'에 대해 그는 "가식적 눈물"로 "대중을 기만하여 잠깐의 위기를 모면하려는 수작" 대신 "실질적"인 "피해보상을 할 수 있는 구체적인 방법"을 제시하고자 했다고 밝혔다. 또한 그 과정에서 "입금자명도 내가 아닌 모친 명의로 하여 '장대호는 돈이 없는데 그 모친께서 아들을 위해 무리하게 마련한 금액'이라는 인상을 주어 동정심을 자극하려는 계산도 깔려 있었다"고 말한다. 합의금이야말로 "보다 진정성 있고 책임감 있는 반성의 태도"라는 것이다.

하지만 장대호는 이 모든 '전략'이 감정적인 모친의 결함 때문에 무위로 돌아갔다고 말한다. "최후 발언을 인용 보도한 YTN 뉴스를 본" 모친이 "감정적으로 패닉상태에 빠져 드러누워"버리고 "큰 슬픔에 모든 것을 포기해버"렸다는 것이다. 이런 모친의 반응에도 "곧 평정심을 회복했다"는 그는 다음과 같이 말한다.

보통 사람이라면 이런 상황에서 언론사를 원망하겠지만 나는 내 모친을 원망할 뿐 그 외적인 요소에는 아무런 감정이 없다. 이는 본인의 감정을 못 이겨 주저앉아버린 내 모친의 한계이자 나의 한계이기 때문이다.

이러한 서술에서 드러나듯 장대호는 감정, 또는 감정적인

---

* 장대호가 대중적으로 인지된 계기가 '사형도 두려워하지 않는' 당당함이라 할 때, 공탁금을 통해 감형을 받고자 한 그의 '전략'은 일관적이지 않아 보인다. 장대호는 교정기관의 스태프들이 자신을 여러 차례 설득하고 재판을 잘 받도록 종용하고 '교화'해줬기 때문에 "마음의 변화"가 생겼다고 서술하고 있다.

상태를 멸시할 뿐만 아니라 이성이 주는 '평정'을 숭상한다. 앞선 유년기의 회상도 유사한 맥락에서 읽어낼 수 있는데, 자신의 불운을 누구나 겪는 '흔한' 것으로 격하하고 '동정'을 구하고 싶지 않다고 언급하는 것 자체가 역설적으로 역경으로부터의 생존자이자 감수자로서의 자신을 돋보이게 해주는 장치로 작용한다. 이는 자신을 '평범'의 범주에 넣는 동시에, '불운'을 이겨내지 못한 '평범하지 않은' 이들을 선 밖으로 내몰고 격하하는 것이기도 하다. 이때의 선(경계)은 '합리적 인간'으로서 감정을 잘 다스릴 수 있는가, 그럼으로써 역경을 감내할 수 있는가에 그어져 있다. 역경을 극복하는 것은 부차적인 문제다. '루저'임에도 '평범'의 가치와 태도를 내면화해 패배를 감수할 수 있다면 평범함의 영역 끄트머리에나마 자리할 수 있기 때문이다.

기실 장대호가 보여주는 감정과 이성의 대비는 대단히 '전통적'이다. 전통적으로 이성에 비해 잔여적인 범주로 여겨져온 감정은 불안정하고 예측 불가능하며 열등한, 따라서 '무식'한 사람들의 속성으로 취급되었다. 이는 일베 이용자들이 입을 모아 비난하는 '좀비'의 속성이자 무엇보다 한국 여성을 '김치녀'로 만드는 속성이다. 장대호가 '무식하고 감정적'이라는 속성을 모친과 연결하는 것, 그리고 이를 다시 '여성' 일반의 속성으로 확장하는 것은 '남다른' 것이 아니다.

너무도 기이한 '피해'

장대호가 여러 글에서 재현하는 자신의 모습은 철저히 '이

성적'이고 '합리적'이다. 특히 그가 10년 넘게 종사했다는 숙박업에 대한 언급에서는 일을 대하는 장대호의 책임감과 자부심을 엿볼 수 있다. 범죄 행위가 있기 약 3년 전부터 그는 문제의 모텔에서 지배인으로 일했다. 그는 "모텔의 전반적인 업무를 원활히 수행할 수 있었고, …… 업주는 나를 신뢰하여 모텔 내의 업무에 직접적으로 관여하는 일이 적었"다고 말한다.

장대호는 범행 전까지 약 3년을 숙식한 곳이자 직장이며 사건 현장인 모텔에 큰 애착을 가지고 있었다. 그는 자신이 "원래 쉽게 눈물을 흘리지 않는 성격"이며 "쉽게 감정이 동요되지 않는"다고 서술했는데, 그런 그가 눈물을 언급하는 순간이 딱 두 군데 있다. 그중 하나는 현장검증을 위해 모텔로 돌아갔을 때다. 그는 현장검증 당시의 심경을 '드라마틱'하게 묘사하는데, 여기서는 놀랍게도 다른 글에서는 좀처럼 찾아보기 어려운 죄책감까지 드러난다.

"이게 도대체 무슨 일이냐……"
사건 현장에서 마주친 사장님께서 내게 건넨 마지막 말씀이었다.
"죄송합니다, 사장님……"
나는 사장님께 허리를 굽혀 죄송스러운 마음을 표현했지만, 사태는 이미 돌이킬 수 없었다.
내가 지배인으로서 3년 동안 관리하던 모텔을, 살인사건 현장으로 만들어 형사들과 함께 수갑을 차고 돌아온 나의 모

보통 일베들의 시대

습이 너무도 부끄러운 그 순간, 처음으로 나는 눈물이 나려했던 것을 간신히 참았던 것 같다.

그가 서술한 두 번째 눈물은 피해자의 유족들이 "깡패집단일 것이라 지레짐작하고 있었는데, 막상 실제를 보니 …… 평범한 소시민"이었다며 "미망인과 그 어린 자녀의 처지가 나의 어린 시절 기억들에 사무"쳐 나왔다는 눈물이다. 살인에 대한 죄책감과 회한 때문이 아니라, 유족의 처지가 '편모슬하에서' 자란 자신의 처지와 비슷하여 가슴에 사무쳤다는 것이다. 최소한 그의 서술에서만큼은 여전히, 피해자에 대한 죄책감은 보이지 않는다. 자신의 복부를 수차례 가격하고 담배 연기를 내뿜은 피해자가 '양아치'이므로 자신의 범행이 정당하다는 생각은 그대로다. 이러한 장대호의 자기중심성은 죄책감으로부터 도피하고자 하는 자기방어 또는 정당화 사이 어딘가에 위치할 것이다. 여기에 그가 피해자를 집요하게 '양아치'라고 지칭하는 이유를 하나 더 추가하자면, 자신은 '민폐'를 끼친 사람과의 갈등 끝에 살인을 저질렀을 뿐, 국가나 사회에는 "그 어떠한 피해도 주지 않았다"는 확신 때문이다.

'민폐'를 끼친 '양아치'인 피해자에게는 이토록 냉담한 장대호이지만, '회고록'에 등장하는 모텔 종업원 남재윤을 대하는 그의 모습은 영락없는 '개념 상사'의 모습이다. 그는 자신의 자수로 모텔 경영에 피해가 갈 것을 우려한다. 수사망이 좁혀지는 시점에서도 말이다. 그는 시신 유기 이후 나흘 만에 자수를 하게 되는데, 한강에서 몸통시신이 발견된 직후 자수하지 않은 이유에 대해 이렇게 밝힌다.

> 지금 당장 자수할 수는 없었다. 일단 오늘은 나의 근무날이었고, 내가 지금 말도 없이 갑자기 사라지면, 짜장모텔이 문제였다. 남재윤은 입사한 지 한 달도 안되었고, 숙박업 경력이 1년 정도뿐이었기에, 모텔의 여러 가지 업무를 처리하는 데 어려움이 있을 것이다. 때문에 나는 남재윤에게, 내가 없어도 짜장모텔을 원활하게 관리하고, 그가 일하는 데 막힘이 없도록 인수인계할 시간이 필요했다.

장대호는 범행 이후 오랜 시간을 들여 범행이 일어난 모텔 객실을 청소하는 등 차근차근 증거를 인멸했다. 다급한 상황에서도 자신이 증거를 인멸하는 동안 카운터를 비워둔다는 생각에 예전에 그만둔 직원을 부르기까지 했다. 그 직원이 범행이 일어난 객실을 신경 쓰지 않도록 장기 투숙객이 머무는 것으로 가장하기 위해 '자기 돈'을 금고에 넣어두면서까지 말이다. 살인이 일어났음에도 모텔 영업은 계속되었다. 심지어 장대호는 자수를 하러 가는 순간까지도 남재윤에게 "내일 나 기다리지 말고 새 사람 구해 써"라며 모텔 일을 챙겼다. '짜장모텔'에 대한 그의 책임감과 헌신은 '작업장'에서 사람을 둔기로 살해하고 시신을 훼손하여 유기했다는 공소사실에 비춰봤을 때 작위적으로 느껴질 정도로 부자연스러워 보인다.

보통 일베들의 시대

디지털 거주자는 어디에 사는가

장대호의 글쓰기에서 나타난 스타일(또는 '문체')을 곱씹어 보면 그의 글은 전통적인 의미의 회고록이라기보다는 '수감 인증' 일베 게시물에 가깝다. 그는 10년 이상 모텔 종업원으로 일하며 그 외의 사회적 관계가 단절된 채 살아가고 있었고, 모텔 일을 하며 대부분의 시간을 인터넷에서 댓글을 달거나 일베를 하며 소일했다. '회고록'과 '답신'에서 자신의 일베 닉네임이나 블로그 등을 빠짐없이 '홍보'한 것을 보더라도 장대호의 삶이 디지털 거주지digital dwelling에 얼마나 깊게 착종되어 있었는지 알 수 있다.* 그는 '회고록'과 '저작물'에서 자신이 쓴 댓글을 직접 인용하거나 타인의 댓글을 여러 차례 언급하며 '댓글러'로서의 정체성도 보였다. 이 때문에 그의 글에는 'ㅎㅌㅊ'나 '팩트'와 같

---

* 윤보라는 스마트폰의 등장이 단순히 연결성의 극대화만을 의미하는 것이 아니라 실존하는 자아가 그대로 디지털에 투영되게끔 만들어 사이버, 곧 '가상'공간을 마치 실재하는 곳처럼 느끼게 한다고 지적한다. 거의 모든 국민이 스마트폰을 이용하는 현시점에서 디지털 자아와 실재 자아는 사실상 떨어져 있지 않다. 윤보라는 "실재하는 자아와 서로 혼종된 상태인 디지털 자아로서 디지털공간에 일상적으로 거주"하고 있기 때문에, 디지털에서 독립되어 실존하는 상태를 전제한 용어인 '이용자'나 '디지털 네이티브'와 같은 용어는 시효를 다했다고 주장한다. 그에 따르면 "거주지는 생물의 생존을 담보하고 생명을 깃들게 하는 서식지일 뿐만 아니라 그가 영위하는 활동의 장소, 그가 가지고 있는 자산과 권력을 운용하는 소재지로, 시공간을 초월하여 언제나 우리에게 부착된 스마트폰을 통해 현실과 가상을 오고 가는 현 상황을 설명하기에 적합하다". 윤보라, 〈디지털 거주지와 성폭력: '카카오톡 단체 채팅방 성희롱 사건'을 다시 보기〉, 2020, 135쪽.

이 종이에 펜으로 작성하는 글에서라면 좀처럼 쓰지 않는 표현들이 빈번히 나타난다. 다시 말해 그의 글쓰기는 온라인에 '최적화'되어 있다. 그래서일까. 장대호의 회고록을 본 적지 않은 네티즌들은 범행에 대한 그의 포르노그래피적 '회고'에 열광하는 동시에 그의 '필력'이 좋다며 감탄했다.*

장대호는 자기가 쓴 댓글과 그에 대한 반응들을 기억하고 있었다. 사이버공간에서의 인정을 희구한 것으로 해석할 수 있는 부분인데, '남녀평등'이라는 글에서 장대호는 "완경 축하한다"는 댓글을 썼다가 "엄청난 반대표를 먹고 곧 블라인드 처리되고는 했었다"라고 언급한다. 또한 그는 사회적으로 자살, 특히 연예인 자살** 의 이유로 악플***이 지목되며 포털뉴스 연예 섹션에서 댓글 기능이 사라진 것에 대해 강한 불만을 표출했다. '저작물'의 '자유의 적들'이라는 글에서 그는 "악플 금지"가 "표현[의] 자유를 말살"하는 대표적인 정책이라고 주장한다.

그런가 하면 장대호는 자신의 '디지털 사생활'이 담긴 PC가 발견되어 재판에 불리하게 작용했다고도 말했다. 그 PC에 담긴 '디지털 사생활'이란 "야동과 야사들, 시체 사진 등과 같은

---

*   실제로 장대호의 글은 스릴러 웹소설을 연상시킨다. "니가 돈 냈으면 내가 너 안 죽일 수 있었잖아~ 돈 있었으면서 왜!……"(회고록, 7쪽)라거나 "옥상에서 운동하다 깜빡 잠들었지 뭐야ㅎㅎㅎ"(같은 글, 12쪽)와 같은 표현이 대표적이다.

**   G라고 표현하고 있다. 2019년 11월 24일에 사망한 구하라 씨를 지칭하는 것으로 해석된다.

고어짤들"이었다. 그에 따르면 "십수 년에 걸쳐 골동품 모으듯 수집, 보관만 하고 있던 것"들로 "쉽게 구할 수 없는 그러한 자료들을 희귀한 것으로 생각해, 비밀폴더에 잠금장치까지 해가며 그냥 보관만" 한 것들이다. 그러나 사이버공간에서 포르노나 스너프 영상****은 웃음만큼이나 귀중한 '재화'다. 사이버공간에서 인정받기 위한 재화로서의 웃음이 특정 디지털 거주지에서 통용되는 맥락에 따른 미시적이고도 휘발적인 재화라면, 포르노나 스너프 영상 등은 언제 어디서나 변함없는 가치를 가지는, 일종의 기축통화와 같은 기능을 한다. 장대호처럼 사이버공간에 깊이 몰입해 있던 사람이 스스로 '희귀'하다고 할 정도

*** 역시 한 명의 온라인 네이티브인 나는 학부 시절이던 2005년('개똥녀' 사건이 일어난 바로 그해)부터 악플에 관심을 두고 있었다. 격화라고도 하는 악플을 나는 "공간적 맥락에 착종된 적대적 언어 표현"으로 정의한다. 이때 욕설은 필수요소가 아니다. 예컨대 특정 드라마를 주제로 하는 디시 갤러리에서 주연급 악역에 대한 비판은 악플로 받아들여지지만, 선역에 대한 비판은 '정당한 비판'으로 받아들여진다. 이처럼 각 커뮤니티의 문화에 따라 댓글에 대한 인식이 달라질 수 있기에 공간적·문화적으로 '착종'되어 있다고 표현한 것이다. 한편, 악플의 개념과는 별개로 연예인들의 자살, 특히 여성 연예인들의 자살 원인을 악플로 지목하는 것만큼은 나 역시 회의적이다. 불법촬영물 유출이나 '아이돌'로서의 삶 등 많은 여성 연예인들의 삶은 여성혐오의 최전선에 있다고 할 수밖에 없다. 유사한 연령대의 같은 업계에 있는 여성들이 계속해서 동일한 방식으로 사망한다는 것은 이것이 심리학적인 기제로만 발생한 비극이 아님을 알 수 있다고 할 때, '혐오'의 사회를 이야기하다가 돌연 '악플'을 문제삼는 것은 집단적인 알리바이 작업이라는 혐의를 벗기 어려워 보인다.

**** 실제 성행위나 살인, 자살 등의 장면을 담은 영상물을 일컫는다.

의 '재화'라면 그것이 일반적인 '야동'은 아닐 것이라고 쉽게 유추할 수 있다. "보관만" 했다는 그의 주장은 아마도 사실일 것이다. 그가 모아둔 "골동품"들은 그가 자신의 위세를 드러내야 하는 어느 순간에 조금씩, 마치 어떤 컬렉션을 선보이듯 아는 사람들에게만(즉 거주자들끼리만) 공유되었을 것이다. 문형욱이 N번방을 만들고 조주빈이 박사방을 만들어 유료로 회원을 모았던 것은 본질적으로 이러한 행태와 다르지 않다.

또한 그는 자신의 글에서 '인증'을 위한 다양한 장치를 사용한다. '회고록'은 마치 공소장처럼 구체적인 시계열성을 띤다. 대부분의 문단은 ○월 ○일 ○시경 ××와 같이 시간과 장소가 명시되어 있고, 당시에 대화를 나눈 사람과 그 내용, 본인의 생각 등이 기술되어 있다. 그뿐만 아니라 글의 전후 맥락과 상관없이 "이 글은 2019년 12월 4일 수요일 오후에 작성 중이다"라거나 지장을 찍어놓는 등 '본인 인증'에 집착하는 모습이 드러난다. '답신'에서는 본인의 서명 아래 "오함마에 장사 없다"는 짤막한 글귀를 적는 등 마치 유명인이 사인을 하는 듯한 뉘앙스를 풍기기까지 한다. 이러한 '본인 인증'은 온라인 커뮤니티의 '네임드' 이용자들의 '자짤', 다시 말해 자신만의 시그니처 이미지를 서명처럼 첨부하는 것과 같은 사이버공간상의 관습을 떠올리게 한다.

'남자들이여, 무시당하느니 두려움의 대상이 되자'

장대호의 글에서 첫 번째로 언급되는 '여성'이 성매매 여성이라는 점은 의미심장하다. '저작물' 두 번째 글인 '네 이웃에게 몸을 팔지 말라'에서 그는 하룻밤에 세 번의 성매매를 한 일을 서술하며, 성매매가 유지되는 이유는 성을 판매하는 여성들이 있기 때문이라고 주장한다. 그는 "성을 팔지 말지에 대한 결정권을 그들이 가지고 있고, 그들이 판매를 중단하면 성구매 희망자들이 아무리 발버둥 쳐도 거래 자체가 성립될 수 없"으므로 "공급이 존재하지 않으면 수요는 1건도 발생할 수 없다"고 주장한다. 원칙적으로 "성은 파는 게 아니"기 때문에 성매매라는 '범죄'의 원천은 판매자인 여성이라는 말도 덧붙였다. 이러한 주장은 성매매 '공급론'의 전형인 한편, 그가 포주라고 오해한 살인 피해자에게 아무런 죄책감도 갖지 않은 이유이기도 하다. 그가 생각하는 성매매 여성이란 불법 산업의 공급자인 동시에 '범죄'의 "주범"이며, 도덕적으로 파탄 난 사람들이다.*

이에 반해 성구매 남성을 그는 "호갱님"으로 지칭한다. 이때 '호갱님'이란 결국 '호구', 다시 말해 어리숙한 탓에 쉽게 속아 넘어가는 사람들이라는 의미로, 이는 성구매 남성들의 '순수함' 또는 '순진함'을 암시하며 이들의 성구매 행위 또한 그저 호기심이 된다. 장대호는 성구매 남성들이 "공범"이자 "처벌 대상"이지만, "단순 마약 투약사범이 처벌 대상이면서 동시에 치료

---

* 이는 N번방 사건의 주범인 '박사' 조주빈은 물론 N번방 성착취물을 '관람'한 이들이 보인 공통적인 태도이기도 하다. 즉, 피해 여성들이 애초에 '조신하게' 행동했다면 그런 피해를 입었겠느냐는 것이다.

대상인 것처럼, 성매매 남성들에게도 특별한 처방이 필요해 보인다"는 의견을 덧붙였다.

한편, 그는 여러 차례에 걸쳐 여성이 자신을 '무고'의 함정에 빠뜨릴 수 있다고 말하는데, '저작물'의 열 번째 글인 '보로나 바이러스'에는 '꽃뱀'의 유혹에서 빠져나온 경험담이 다음과 같이 서술되어 있다.

유혹을 거절했던 것은 여러 이유가 있었지만 혹시 모를 속임수가 있지는 않을까 싶어서였다. 자신이 그리 유혹해놓고 나중에 모텔 직원이 자신을 강간했다고 고소한다면 내 입장이 곤란해질까 싶어 경계한 것이다.

이와 같은 사건이 있고 나서 나는 나를 지킬 무언가가 필요하다고 판단해 소형 카메라를 구입하여 나의 작업조끼 안쪽에 설치했다.* …… 나의 무고를 입증해줄 것은 …… 영상 증거가 가장 확실했기 때문이다. …… 자신의 무고함을 입증하기 위해서라도 몰카 하나쯤은 필수 아닐까.

이는 여성에 대한 (온정적) 가부장제의 시각과 정면으로 대치되는 것으로, 이러한 시각에서 여성은 수동적으로 남성의 선

---

* 이와 같은 서술은 불법촬영 시도에 대한 변명으로밖에 해석할 수 없다. 경찰 조사 결과에 따르면 장대호는 옷 안에 넣어둔 소형 카메라를 통해 성행위 동영상을 촬영한 것으로 밝혀졌다. (〈'실화탐사대' 흉악범 장대호 어머니의 반전 "내 아들은 학교폭력의 피해자"〉, 《부산일보》, 2019.8.28.

택을 기다리고 '조신하게' 가정을 수호하는 이들이 아니다. 장대호가 설정하는 '여성'은 자유자재로 속임수를 구사하고 남성을 무고의 함정에 빠뜨릴 수 있으며, 성매매의 순간에도 '모든 권한'을 갖고 있는 '권력자'다. 장대호가 '여성'에게 느끼는 것은 능동적으로 희생양을 찾아 다가오는 권력자에 대한 공포다.

물론 장대호가 모든 여성을 권력자로 보지는 않는다. 그는 선량한 여성과 권력자 페미니스트라는 이분법으로 여성을 구분한다. 그의 말에 따르면 "대다수의 가난한 여자들은 페미니즘발 권력 근처에도 가지 못하기" 때문이다. 그가 말하는 선량한 여성의 예는 "모텔 직장 동료"(이하 동료 여성)로 언급되는 여성이다. 장대호는 과거 동료 여성과 함께 세월호 합동 분향소에 다녀왔는데, 이는 그가 항소심 결심 공판 최후 진술에서 "저는 원래 슬픈 감정을 잘 느끼지 못하고, 눈물도 잘 못 흘린다. 세월호 사건 때도 슬프지 않더라"라는 발언으로 악명이 높아졌던 점을 생각해보면 다소 의아한 행보다. 장대호는 세월호 합동 분향소에서 "타인의 슬픈 감정을 이용해 이익을 취하려는 나쁜 놈들을 경험"했고, 그것이 "정말 큰 경험적 자산"이 되었다고 말한다. 그는 분향소에서의 경험을 기자를 사칭하며 추근대는 남성들로부터 여러 차례 동료 여성을 "구출"하거나, 취객을 가장하여 소매치기를 하려는 사람들을 보았던 일들로 서술했다. "슬픈 분위기를 틈타 남을 속여 이익을 취하려던" 사람들이 있었음에도 자신은 당하지 않았다는 것이 요지다. 그는 동료 여성을 "구출"하고 소매치기를 당하지 않은 것이 자신의 "주의력과 냉정함이 빛을 발한 순간"이었다고 덧붙인다.

자기거대환상이 이토록 짙게 드러나는 글에서, 동료 여성은 수동적인 보호의 대상인 동시에 감성적인 존재로 위치지어지며 약자를 보호하는 자신의 정의로움을 드러내는 장치이자 소품으로 활용된다. 장대호는 "박봉에도 건전한 아르바이트를 하면서 살아가는 다수의 여성들을 사랑하고 보호하자"는 말로 '보로나 바이러스'를 마무리 짓는다. 전형적이면서도 전통적인 여성혐오인 성녀와 악녀의 이분법을 체화한 장대호 같은 이들에게 '여혐러'라는 비판은 먹히지 않는다. '다수의 여성을 사랑하고 보호'하자는 사람이 '여성'을 '혐오'한다니 말이 되겠는가. 이는 오늘날 수많은 남성들이 자신의 견해에 제기되는 여성혐오 의혹에 강하게 반발하는 이유와도 같다. 혐오하기는커녕 사랑하지 못해서 문제라고 말하는, 그런 반발 말이다.

또한 장대호는 같은 글에서 대한민국이 "페미니즘에 기반한 통치 시스템"을 가지고 있다고 말한다. 그리고 이 통치 시스템의 핵심엔 '페미나치'가 자리잡고 있다. 이들은 개별 남성을 '무고'의 늪으로 빠져들게 하는 차원을 넘어서 독재를 꿈꾸는 엘리트 권력자들이다. 이들은 '프로 불편러'로서 "감수성을 눈물로 증명하지 않으면 반사회적이라 정의하는 …… 무소불위의 권력"을 가진 자들이다. 마치 악플에 대한 금지가 그러하듯이 '페미나치'들의 '감수성' 운운은 표현의 자유를 억압하는 행태일 뿐이다. 그들은 "타인에게 슬픔을 강요"할 뿐 아니라 사소한 것 하나하나 간섭하며 '불편'하다고 말하는 프로 불편러들이다. 그는 나이나 몸무게, 이혼 경력, '처녀' 여부, 성형 여부 등등 조심해야 할 것투성이가 됐다고 탄식한다. 그런 여성들은 자신과 같은 이들을 "젠더 감수성이 부족한, 정신적, 정서적 결함이 있는 사람처럼 몰아세"우기 때문이다. 이들 '자유의 적'인 페미나치들이 "꿈꾸는 세상은 …… 결과의 평등, 공산주의"라는 것이 장대호의 결론이다.

반면에 남성들은 어떠한가. 장대호가 보기에 오늘날의 남성들은 "서열 최하위 3등 국민 그 이상도 [이하도] 아니다. 여성……의 권리와 정부 지원 혜택은 점점 더 커지는데 남성, 특히 20~40대 중산층 미만 다수의 남성들은 더욱 바깥으로 내몰리고 있"기 때문이다. 과거의 "아들을 더 귀하게 대접"하던 "풍토는 노른자[여성]를 감싸고 있는 흰자[남성]에 대한 최소한의 격려"였고 입대는 "당연한 희생"이었지만, 지금은 "힘든 노동이 필요한 일엔 어김없이 남학생들만 동원"되는 "고질적 성차별"을 겪고 있다는 것이 그의 생각이다. 이에 대해 그는 남성들의 각성을 촉구하며 "혜택은 페미권력에 가까이 붙어 있는 일부 여성들과 이웃집 찰스[외국인, 정확히는 '외국인 노동자'를 지칭한다]가 다 가져가는데도 그저 조용히 이용당하고 있는 세뇌된 남성들"의 문제를 지적한다. 이제 남성들은 "남여[녀]평등을 넘어서 사사건건 남자를 이기려 들고, 남성들을 사회적 노예"로 만들려는 페미나치들에 의해 착취당하는 신세가 되어버렸으니 여기에 굴복해서는 안 된다는 것이다.

이에 따라 그는 '저작물'에서 두 번에 걸쳐 이슬람교 경전

쿠란의 3장 34절을 인용한다. 그 내용은 "노예와 아내는 때려도 된다"는 것으로, 이는 온라인에서 "쿠란에서 가르치는 이슬람의 13교리" 중 하나로 널리 퍼져 있는 것이기도 하다. 이슬람문화 전문가들에 따르면, 온라인에서 퍼진 이른바 '13교리'는 ISIL의 발흥이 극에 달한 2014년을 전후한 시점에 만들어진 일종의 가짜뉴스다. 그뿐만 아니라 쿠란 3장 34절의 '때리다'는 기실 '멀리하다' 또는 '이별하다'라는 의미에 더 가깝다.[4] 하지만 그런 것은 중요하지 않다. 장대호는 여자가 남자를 무시할 때는 "절대 참지" 말고 "반드시 힘의 차이를 보여주어야" 한다고 말한다. 이것은 정언명령이다. 남자는 "함부로 여자들에게 무시당할 그런 존재가 아니다". 장대호는 뭇 남성들에게 고한다.

남자들이여.
무시당하느니 두려움의 대상이 되자.[*] ……
나를 무시하는 여자가 있다면, 나를 무서워하는 여자로 만들어라.
자존심은 스스로 지킬 때 세워진다.

온라인 여성혐오의 살아 있는 데이터베이스
지금까지 우리는 장대호가 옥중에서 세상으로 '반출'한 글

---

[*] 장대호의 범행동기가 피해자의 '무시'에 있었다는 점을 고려하면 주목할 만한 대목이다.

들을 살펴봤다. 그의 글을 재구성하다 보면 이것이 과연 모니터 없이 쓴 글인지 의아해질 정도다. 무엇보다 그의 글에서 살펴볼 수 있는 군가산점제 논쟁이나 '키 작은 남자는 루저' 운운하는 말, 쿠란 3장 34절에 나온다는 경구, 페미니즘으로 인한 정치적 올바름에 대한 환멸까지 그의 말들은 모두 일베를 비롯한 남초 커뮤니티에서 여성을 비난할 때 자주 동원되는 '논거'들이다. 다시 말해, 장대호의 글은 장대호가 쓴 것이지만 장대호의 시각은 찾아보기 어려운 글이다. 심지어 온라인 커뮤니티의 성차별 논쟁에서 흔히 언급되는 '생수통'까지 운운하는 그는 사이버공간에서 여성을 비난하는 온갖 클리셰를 몸속 가득 채워두고 있는 것처럼 보인다.

장대호는 온라인 여성혐오의 살아 있는 데이터베이스다. 그가 보는 여성은 감정적이고, 예측 불가능하며, 고의적으로 무고를 꾸밀 만큼 대범하고 교활한 존재다. 이 같은 속성을 한데 아우르는 이들인 '페미나치'는 대한민국의 배후에서 표현의 자유를 억압하는 '공산주의'를 꿈꾸고 있다. 이러한 인식은 이미 일베 게시물 분석을 통해서도 살펴본 것이다. '해군을 철폐'하라고 할 정도로 '감정적'이고 '무식'한 한편, 자기 차도 없으면서 남자친구가 차가 없다고 툴툴거리는 '김치녀'들에 대한 게시물이 그것이다. 일베에서 말하는 해결책 역시 장대호가 언급한 쿠란 3장 34절과 다르지 않다. '여자는 사흘에 한 번씩 때려야 한다.' 일베에서의 여성혐오를, 장대호는 인터넷에 접속할 수 없는 교도소에서 종이에 펜으로 적어내려갔다.

장대호는 여자친구의 좋았던 점을 "속궁합"으로 꼽았을 정
도로 "여성을 생물학적 관점으로만 해석"하고 있었다. "생물학
적 관점으로 해석"한다는 표현은 2020년 1월경 장대호의 심리
조사를 진행한 조사관의 의견이라고 서술되어 있다. 장대호는
이러한 평가를 두고 자신이 "여성을 성적 대상으로만 생각하
는 사람으로 편집"되었다고 주장하지만, '속궁합'이라는 언급이
없었더라도 여성에 대한 그의 태도가 '생물학적'이라고 평가하
는 데 무리는 없어 보인다. 그가 편지지 108매의 그 긴 '저작물'
을 통해 여성에 대해 언급한 내용은 페미니즘(과 그에 기반한 정치
적 올바름)에 대한 강한 반감 아니면 성매매 경험담, 여성에게 무
시당했을 때 "힘의 차이를 보여주어야" 한다 따위의 발언이 전
부이기 때문이다. 실로 그는 여성을 동등한 인격체로 보지 않는
다. 그가 '온정'의 손길을 내민 여성은 피해를 당하고 있는(정확
히는, 당하고 있다고 생각하는) 여성으로, 남성인 본인이 '보호'해야
하는 여성이거나 "건전한 아르바이트"를 하는 여성들이다. 무
엇보다 이 여성들은 '페미'에 물들지 않아서, '감히' 남성인 자신
을 무시하지 않는다. 이렇게 장대호는 너무도 명료하게 여성에
대한 타자화와 편견, 그리고 성적 대상화를 보여준다.

자기거대환상

신상이 공개된 후 처음으로 포토라인에 선 장대호는 자신
의 '당당함'을 드러내며 뜬금없이 고려시대 무신 정중부를 거론
했다.[5] 정중부가 아비의 권세를 믿고 자신의 수염을 태웠던 김

부식의 아들 김돈중의 행동을 잊지 않고 있다가 훗날 복수했듯이, 본인도 '복수'를 통해 '정의'를 구현했다는 것이다. 당시 발언을 제지한 경찰 관계자를 향해 '왜 말을 못 하게 하느냐'며 역정을 냈을 정도이니, '정당한 복수'에 대한 그의 확신만큼은 진정성이 있다고 해야 할 것이다. 이와 유사한 고사 인용은 또 있다. 그는 '회고록'의 '일문일답'이라는 글에서 자신이 반성하지 않는 이유를 이렇게 적었다.

> 일본이 미국령의 작은 섬 하나 공격했다는 이유로, 미국은 일본의 본토에 원자폭탄을 떨어뜨려 멸망시켰다. 그러나 아무도 미국을 전범국가라 비난하지 않는다. 일본이 먼저 미국에 공격을 가했기 때문이다. …… 따라서 사과의 순서도, 죽은 원고가 먼저 하는 게 맞다.

역사적 사실관계야 넘어간다 치더라도, 단순 살인범이 자신을 무신 정권의 2대 최고집권자나 '천조국'과 나란히 두는 터무니없는 동일시는 어떻게 설명해야 할 것인가. 우선 언급할 수 있는 것은 심리학에서 '자기거대환상'이라고 부르는 정신분석학적 상태를 들 수 있다. 장대호는 스스로를 '루저'로 설명하면서도 '나는'보다 '장대호는'이라는 식으로 자신을 3인칭으로 칭하며 정당한 복수자로서의 냉철한 이성과 예리한 주의력을 가진 남성을 내세운다. 이는 심리학에서 "자신을 사회적 현상으로 해석하는 경향",[6] 즉 자기거대환상이라 불리는 것의 전형으로 볼 수 있다. 앞서 살펴본 '개념 있는 직장 선배'로서의 모습이나 순박한 여성을 보호하는 남성으로서의 모습 역시 자기거대환상의 한 단면이라 할 때, 그가 '페미'들에게 느끼는 격렬한 증오는 그의 '거대함' 또는 '전지전능함'을 부정당하는 데서 오는 반감이라 할 수 있다.

자기거대환상은 N번방 사건의 주범 '박사' 조주빈에게서도 나타나는 성향이다. 신상 공개가 결정된 뒤 처음으로 포토라인에 선 그 또한 마치 준비했다는 듯 "악마의 삶을 멈춰줘서 감사하다'"면서 손석희, 윤장현, 김웅 등 남성 인사들에게 '사과'했다. 그는 평소 자신이 운영하던 텔레그램방에서 손석희 당시 JTBC 사장과의 '친분'을 강조하며 서로를 '선생'이라 부른다고 과시하곤 했던 것으로 밝혀졌다. 무엇보다 정작 이 '사과'에서 자신에 의해 삶이 황폐화된 피해자들에 대한 구체적인 언급은 없었다. 추측건대, 그는 N번방의 피해자들을 '순수한' 피해자라고 인식하지 않았을 뿐만 아니라, 피해를 주장할 수 있는 주체라고도 생각하지 않았을 것이다. 애초에 여성을 '인간'으로 봤다면 성착취 영상물을 '브랜드화'하겠다는 따위의 생각을 했겠는가. 그러나 무엇보다 조주빈의 자기거대환상을 가장 잘 드러내주는 것은 '박사'라는 닉네임 자체다. 이에 필적하는 닉네임인 '갓갓' 문형욱의 경우는 조주빈에서 한 발짝 더 나아가, 여성들을 그저 '재미로' 성 노예로 삼았다고 말했다. 문형욱이 N번방 피해자들을 보며 느낀 '재미'란 자신의 '전능함'을 확인하며 '위대함'을 찬양하는 N번방 이용자들에게 '희소'한 재화를 나눠

주면서 채운 인정욕구일 것이다.

페미니스트와 선량한 여성이라는 이분법이나 '답신'에서 나타난 중국 동포에 대한 편견 거부* 역시 일베 특유의 태도, 즉 자신은 '(성급한) 일반화의 오류'로부터 자유롭다는 자기인식을 보여준다. "타인의 슬픔을 이용하거나 조롱해서는 안" 되지만 "타인에게 슬픔을 강요해서도 안 된다"와 같은 표현은 '~은 자유지만 남들에게 피해를 주어선 안 된다' 따위의 온라인에서 흔히 볼 수 있는 말들을 약간 변형했을 뿐인 것으로, 기실 이러한 말들은 온라인에 널리 퍼져 있는 '숙어'와 다름없다. 그런 점에서 장대호의 이 장황한 편지들은 자신의 생각이라기보다 웹을 부유하는 숙어들을 이리저리 짜깁기한 것에 불과하다는 평가가 가능하다. 이러한 평가가 맞는다면, 장대호는 매우 긴 글로 자기주장을 했음에도 한마디도 하지 않은 것이나 마찬가지다. 쉽게 말해 장대호는 100여 매에 걸쳐 일베라는 자신의 거주지의 방언만을 장황하게 주절거렸을 뿐 어떤 '말'도 하지 않았다. 따라서 그가 어렵사리 세상 밖으로 내놓은 글들에서 읽어낼 수 있는 것은 그의 뜻이 아니라 그의 자아가 위치한 장소와 심리학적 상태일 뿐이다. 장대호는 '일베 루저론'의 모습을 가장 선명하게 보여준다. 이는 곧 일베의 말과 생각이 한 사람의 것으로

---

* '답신'의 첫 장에는 다음과 같은 서술이 있다. "모텔 당번 일을 거진[거의] 15년을 하면서 수많은 조선족들과 사귀어봤는데, 좋은 사람들도 많습니다. 조선족이라서, 전라도 사람이라서, 흑인이라서…… 이런 편견은 정말 버려야 할 고질병이라고 생각합니다."

온전히 체화되었을 때 얼마나 반공동체적인 행동으로 이어질 수 있는지를 보여주는 파멸적인 사례다.

2. 루리웹은 일베의 피안인가?*

　지금까지 살펴본 장대호라는 사례가 일베라는 커뮤니티의 성격을 극단적으로 표현한 이념형이라면, 오유와 함께 일베의 대표적인 숙적으로 알려진 루리웹은 일베 아닌 것의 이념형을 보여줄 수 있을까? 이는 온라인 커뮤니티의 역학관계를 알고 있는 사람이라면 직관적으로 떠오를 수 있는 생각이기도 할 것이다. 루리웹이 포털사이트 다음으로부터 독립한 2016년에 공지사항을 통해 공개한 자료에 따르면,[8] 이용자의 약 80%는 남성이며 연령 분포는 18세에서 34세가 70%를 상회할 정도로 가장 많다. 또한 절대적인 규모 면에서 루리웹은 상당한 존재감을 드러내는데, 국가별 웹사이트 트래픽을 측정하여 공개하는 시밀러웹www.similarweb.com에 따르면 루리웹의 접속자 랭킹은 20위권 이내에 위치해왔다.** 이는 네이버, 다음과 같은 포털사이트나 페이스북, 인스타그램 등 유력 SNS, 쿠팡 등 거대 온라인 쇼

---

* 이 절의 글은 2019년 봄 한국문화사회학회에서 동명의 제목으로 발표한 자료를 축약·정리한 것임을 밝힌다.
** 2020년 10월 기준 온라인 커뮤니티 중 최고 트래픽은 단연 디시였고, 일베는 30위권에 머무르고 있다.

핑몰의 뒤를 잇는 기록으로, 온라인 커뮤니티만 놓고 본다면 최상위권에 위치하는 수치다. 루리웹의 이용자 구성과 규모는 일베와의 '비교'를 위한 대상으로서 합격점을 줄 만하다. 그러나 결론부터 말하자면, 일베 아닌 것의 이념형을 도출할 수 있을 것이란 예상은 보기 좋게 빗나갔다.

루리웹의 역사와 구조

루리웹은 그 규모와 역사에 비해 학술적 조명을 받지 못했다. 사이버문화의 보고인 디시, 문제적 일베, 중고 시장의 역동을 보여주는 중고나라, 사이버 공론장에서의 헤게모니 투쟁의 현장 나무위키 등에 비한다면 루리웹만을 들여다본 연구는 매우 드물다. 사이버 담론장의 측면에서 루리웹은 인벤, 펨코, SLR클럽www.slrclub.com 등의 커뮤니티들과 '묶여서' 언급되는 커뮤니티이다. 당장 우리의 작업도 루리웹을 일베의 특수성(또는 일반성)을 드러내기 위한 '도구'로 사용하고 있다.*** 요컨대 루리웹을 분석하기 위한 참고문헌이 대단히 부족하다는 것이다. 루리웹의 역사는 거의 전적으로 위키문헌, 특히 루리웹과 같은 '오타쿠'와 관련해 많은 정보가 기록되는 나무위키에 의존할 수밖에 없다. 이에 따라 앞으로 서술하는 루리웹의 역사는 나무위키를 참조하되 가급적 교차검증된 내용을 중심으로 재구성한

*** 그만큼 커뮤니티 생태계 안에서 이렇다 할 공격성을 보이지 않았으며 정치적으로도 온건한 견해를 보여왔다는 평가가 가능하다.

것임을 밝힌다.

루리웹은 2000년, 비디오게임 마니아인 박병욱·진인환이 개설한 개인 홈페이지에서 시작됐다. 루리웹이라는 사이트명의 어원은 '온누리'를 '온루리'로 입력하는 오타에서 비롯됐다는 이야기가 있지만 진지하게 받아들여지지는 않고, 1996년작 일본 애니메이션 〈기동전함 나데시코〉의 주인공 캐릭터인 호시노 루리의 이름에서 따왔다는 것이 정설로 받아들여진다. 실제로 루리웹 유저들은 호시노 루리를 '루리웹의 어머니'라고도 부른다. 덕후들의 기상氣像이 이러하다.

개설 당시 루리웹은 주로 일본의 게임 정보를 공유하고 관련 내용의 일본 정보들을 번역해 올리는 것으로 콘텐츠를 제공했다. 개설 이후 2년이 채 지나지 않아 마니아포털을 표방하던 인티즌www.intizen.com에 영입되었다. 이 소식을 다룬 당시 기사에 따르면, 루리웹은 회원수 30만 명, 일일 방문자수 15만 명, 일일 게시물수 1만 5000여 건의 '대형 커뮤니티'라는 평가를 받았다.[9] 인티즌과의 제휴 이후에도 루리웹은 드림위즈, 엠파스, 네이트, 다음 등으로 이동하는 부침을 겪다가[10] 2016년에야 독립적인 도메인을 갖게 됐다.

루리웹은 디시를 제외한 거의 모든 커뮤니티가 그러하듯 회원가입을 하지 않으면 게시물을 작성할 수 없다. 루리웹에 가입하면 고유의 회원번호가 부여되고, 게시물이나 댓글 작성, 추천수 획득 등의 활동(업적)을 누적해 반영하는 '레벨'제도가 있다. 특히 회원번호는 가입한 '순서'대로 부여되는데, 이에 따라

회원번호가 빠른 이용자들의 발언이 높은 주목을 받으며 올드 비^oldbie*들에게 권위가 생긴다. 온라인 커뮤니티에서의 친목 활동에 치를 떠는 '친목 금지'의 전통을 알고 있는 우리는 레벨제도에 대한 루리웹 이용자들(특히 뉴비^newbie)의 반감 또한 예상할 수 있다. 하지만 이와 같은 제도적 장치는 디시나 일베에서 볼 수 있는 과도한 욕설이나 혐오표현, 포르노그래피를 억제하는 기능을 수행하기도 한다. 욕설 또한 금지어로 지정되어 있어 이러한 표현들은 (말 그대로) '뿅뿅' 처리가 된다.** 루리웹은 유머 게시판을 제외한 대부분의 게시판 관리를 이용자에게 직접 맡기는 자치관리제를 채택하고 있다. '자정작용'에 대한 신뢰가 작동하고 있다고도 해석할 수 있는 이러한 관리 방식은, 이용자들 사이에서 '알바'로 지칭되는 관리자를 고용하는 디시 이용자들과 적극적으로 소통하지만 정식 관리자로서의 절대적 권한을 행사하는 일베와 구분되는 것이다. 실제로 루리웹 이용자들은 '자정작용'에 상당한 자부심을 가지고 있는 것처럼 보이며 서로 댓글을 주고받을 때도 상대가 존댓말을 쓰지 않으면 매우 불쾌해한다. 이는 디시나 일베의 문화에 익숙한 사람이라면 생경한 풍경이 아닐 수 없다.

　　루리웹의 메인페이지는 루리웹만의 고유 콘텐츠인 게임

---

* 　'신참자'라는 뜻의 뉴비(newbie)와 대조되는 말로, 오랫동안 해당 커뮤니티에서 활동한 이들을 뜻한다.

** 　물론 이용자들은 '뿅뿅' 처리를 막기 위해 띄어쓰기나 구두점 등을 활용하는 방식으로 능숙하게 검열을 피한다.

관련 기사가 차지하고 있지만 핵심은 역시 커뮤니티 기능이다. 루리웹 역시 여타의 온라인 커뮤니티처럼 여러 개의 게시판이 개설되어 있다. 2020년 9월 20일 기준 커뮤니티 게시판은 유머게시판 외 총 252개가 있고, 커뮤니티 게시판 외에도 게임 관련 뉴스와 상품 판매, 취미 갤러리 등이 별도로 개설되어 있다. 가장 많은 이용자가 몰리는 곳은 (당연하게도) 유머게시판이다. 흥미롭게도 유머게시판은 정치유머게시판과 일반유머게시판으로 나뉘어 있는데, 각각을 북유게, 유게라고 부른다. 양자는 루리웹에서 거의 예외 없이 인기 커뮤니티 1, 2위를 차지하는데, 이는 정치 이슈에 대한 루리웹 이용자들의 관심을 보여준다고 할 수 있겠다.

일베가 보수정당에 대한 지지를 보인다면, 루리웹은 진보정당, 정확히는 민주당 계열 정당에 대한 지지를 보인다. 기실 사이버공간에서의 정치적 여론은 디시와 일베를 제외하면 보수정당 후보를 지지하는 경우를 찾는 게 더 어려운 일이라 루리웹의 '진보 성향'을 특별하다고 말하긴 어렵다. 하지만 이들의 규모와 견고한 지지세는 여타 커뮤니티의 그것을 훨씬 뛰어넘는다. 19대 대통령선거 당시 문재인 후보 캠프에서 루리웹에 직접 '조공' 영상을 올린 일*은 루리웹이 단순한 '덕후' 커뮤니티가

---

* 해당 영상은 2017년 5월 4일, 다음의 제목으로 루리웹 정치유머게시판에 게시되었다. "루리웹 회원 여러분! 안녕하세요 '명왕' 문재인입니다." https://bbs.ruliweb.com/community/board/300148/read/31150611

보통 일베들의 시대

아닌 온라인 진보 여론 확산의 중요한 진지가 됐음을 선언하는 상징적인 사건이었다.

그래서일까. 일베의 행태가 세상에 알려졌을 때 루리웹 이용자들 역시 그들의 패륜적 행태를 비난하는 데 적극적으로 동참했고 이러한 비난은 세월호 참사를 관통하며 더욱 극심해졌다. 세월호 희생자들을 모욕하는, 악명 높은 '어묵'이란 표현은 물론이고 5·18 수정주의와 '김치녀'를 위시한 여성혐오 등 일베발 혐오표현에 대한 전방위적 비난이 루리웹에서 들끓었다. 일베 이용자들은 루리웹의 반응을 '씹선비'의 '부들'거림에 불과한 것으로 여겼지만, 루리웹 이용자들은 자신들의 '상식'적인 도덕 감각과 역사의식에서 일베라는 존재 자체를 인정하기 어려워했다. 이들은 "세월호 참사와 5·18 민주화운동의 희생자들을 향한 '패드립'은 용납할 수 없다"거나, "민주주의는 우리 사회의 가장 중요한 가치이다" "약자를 괴롭히면 안 된다"와 같은 도덕적 명제를 당연하고도 상식적인 것으로 받아들이고 있었다. 바꿔 말하면, 루리웹 이용자들은 '정치적 올바름'을 추구했다고도 할 수 있다. 이것이 일베가 이른바 '씹선비'라 일컫는 태도의 조건이라 할 때, 루리웹과 일베의 갈등은 불 보듯 뻔한 것이었다. 루리웹 이용자들은 납득하기 힘든 언행을 일삼는 이용자를 볼 때마다 '일베'라는 낙인을 찍고 축출하려는 시도를 하거나, 일베에서 벌어진 각종 '병림픽'을 공유하는 등의 행동으로 저열한 혐오 집단인 '저들'과 정의롭고 상식적인 '우리'의 차이를 선명하게 드러내왔다.

사실 루리웹은 장장 20여 년에 이르는 세월 동안 수많은
변곡점을 거쳐온 커뮤니티다. 이 책에서 루리웹의 역사를 모두
다룰 수는 없는 노릇이고, 일베와의 비교를 위해 알아야 할 최
소한만을 정리했다. 요약하자면 다음과 같다. 첫째, 문화적 측
면에서 루리웹은 게임과 애니메이션 등의 정보가 모여 있는 공
간이지만 이용자들은 게임만큼이나(혹은 게임보다) 유머콘텐츠
에 관심을 가지고 있다. 디시에 필적하는 역사를 가진 커뮤니티
이기에, 웃음 시장을 포함한 한국 사이버공간의 문화적 맥락과
깊이 착종되어 있으리라 예상할 수 있다. 둘째, 회원제 측면에
서 루리웹은 일베의 포인트와 비교할 수 있는 레벨제가 있다.*
'친목 금지'를 명시하며 포인트를 너무 과신하지 말라고 '충고'
하는 일베와 달리, 루리웹의 레벨제는 레벨이 높은 이용자의 발
언권을 강화하는 역할을 하며, 이는 극단적인 표현의 자유를 허
용하지 않는 문화로도 이어져 이용자들의 일탈적 행위를 규제

---

* 앞서 별도로 언급하지는 않았지만 일베에도 포인트(잉여력)에 기반한 레
벨제도가 존재한다. 포인트는 출석 체크나 게시물 작성 등의 '참여'를 통해
획득할 수 있는데, 일정 포인트 이상의 잉여력을 채우면 레벨이 올라가는
식이다. 기본적으로 '네임드 이용자'를 지양하는 일베의 특성상 일베에서
의 레벨 상승은 매우 난이도가 높다. 예컨대 적은 수의 추천/비추천을 받았
을 때는 그대로 포인트가 쌓이지만 추천/비추천을 '너무 많이' 받으면 쌓이
는 포인트가 점진적으로 줄어드는 방식이다. 이처럼 포인트에 기반한 일베
의 레벨제도는 그 적용 방식이 이용자마다 다르고, 수시로 변화하는 특성
도 있기 때문에 데이터 분석에 포함하지 않았다. 일베의 게시판 구조 역시
수시로 새로운 게시판이 개설 또는 통폐합되기에 별도로 다루지 않았음을
밝힌다.

하는 장치로 기능한다. 셋째, 정치적 성향의 측면에서 루리웹은 일베의 대척점에 있다.

루리웹 데이터 분석

루리웹에 대한 간단한 이해를 하기 위해 2017년 4월부터 2019년 3월까지 2년간 종합정보게시판(이하 종게)에 등록된 모든 게시물(29만 9,512건, 일평균 410건)과 댓글(279만 3,745건, 일평균 3,827건)을 분석했다." 종게는 이용자들이 정치·사회·경제·스포츠 등 각종 뉴스를 올리는 게시판이라는 점에서 상대적으로 건조하고 정돈된 문장으로 작성된 게시물이 올라온다. 또한 루리웹 이용자들이 특히 관심을 가지는 뉴스를 살펴볼 수 있다는 점에서 루리웹의 전체적인 분위기를 파악하는 데 적절한 분석 대상이라 판단했다.

〈표 2〉를 보자. 종게 게시물은 1건당 평균 약 2,125명이 열람한 것으로 나타났다. 게시물은 평균 9개 내외의 댓글과 4개가량의 추천을 받았다. 온라인 커뮤니티의 상호작용은 통상 댓글보다 추천이 많다는 점을 고려할 때, 루리웹 종게에서 댓글수가 추천수보다 더 많은 특성은 레벨 중심의 친목 활동이 두드러지기 때문으로 추측할 수 있다. 실제로 게시물 작성자 레벨의 중위값은 83으로 나타났으며, 따라서 종게에는 주로 루리웹에서 오랫동안 활동해온 이용자들이 글을 올리는 것으로 파악됐다. 같은 맥락에서 글쓴이의 평균 출석일수 역시 2,414일(약 6.6년)로 나타났다. 글쓴이 중 최고 레벨은 229였고, 최장 기간 이

표 2 2017년 4월~2019년 3월 루리웹 종합정보게시판 게시물 분석

	조회수	추천수	댓글수	비추천수	글쓴이 출석일	글쓴이 레벨
평균	2,125.9	4.4	9.3	2.1	2,414.3	91.8
표준편차	1,818.3	8.1	11.8	6	1,475.5	52.6
최소값	108	0	0	0	8	1
상위 25%	929	0	2	0	1,238	54
중위값	1,609	1	6	0	2,173	83
상위 75%	2,732	5	13	1	3,431	111
최대값	8만 4,021	238	791	153	5,962	229

용자는 5,962일(약 16.3년) 동안 출석했다. 게시물당 평균 비추천 수는 2개에 불과했다. 이러한 결과로 보건대 종게는 이용자 간 호의적 상호작용이 이뤄지고 있을 가능성이 높은 곳으로 유추할 수 있다.

댓글수가 추천수보다 많다는 점은 특히 눈여겨볼 만하다. 일베의 경우 집계상 추천수가 댓글수를 압도했는데, 루리웹에서는 그 양상이 정반대로 나타난다. 일반적으로 인터넷에서의 상호작용은 페이스북이나 유튜브를 보더라도 라이브 영상 등을 제외하고는 거의 예외 없이 추천수(좋아요)가 댓글수를 압도한다. 그 이유는 의사 표현을 위해 들여야 하는 수고만 생각해봐도 쉽게 알 수 있다. 추천은 '클릭'만 하면 해결되지만 댓글은 타이핑이라는 수고를 감수해야 한다. 이 점에서 루리웹 이용자들의 댓글 선호 경향은 이례적이라고 할 수 있다.

게시물 내용의 '길이'에서는 루리웹 종게와 일베 사이에 별 차이가 없다. 본문과 제목을 합친 글자수는 평균 96자, 중위값 62자로 파악되었다. 아무리 스트레이트 기사가 주로 공유된다 해도 이러한 분량은 예상보다 적은 것이었다. 이는 기사 전문을 올리지 않고 기사 제목과 해당 기사로 연결되는 링크 또는 이미지를 첨부한 뒤 글쓴이의 짤막한 감상이나 촌평을 덧붙이는 형식이 정착되었기 때문으로 보인다. 댓글 역시 100자 미만의 짧은 글이 주를 이루었다. 댓글 글자수의 중위값은 30자였고, 상위 75%까지 넓혀본다 해도 55자에 불과했다. 댓글의 길이를 본문에 대한 긍정/부정의 반응으로 규정할 수 있다면, 댓글의 길이가 짧다는 것은 글쓴이의 의도가 게시판 내의 전반적인 여론과 상당 부분 합치했을 것으로 예상할 수 있다.

　　시계열 분석 결과는 일베와 유사한 패턴을 보였다(2장 〈그림 3〉 참고). 일베와 마찬가지로 선거에 대한 높은 관심이 나타난 것이다. 〈그림 1〉에서 보이는 것과 같이 19대 대선이 있었던 (2017년 5월 9일) 주간에는 평균 5,000건이 넘는 게시물이 작성되었고, 2018년 6월에 실시된 7회 지방선거 때도 3,000건이 넘는 게시물이 작성되었다. 루리웹 이용자들의 '반응'이라 할 만한 일일 댓글 생성량은 정치적 이벤트에 대한 관심을 더욱 확연히 보여준다. 이를 나타낸 〈그림 2〉는 주간 게시물 생성량에서는 확인할 수 없었던 남북정상회담에 대한 루리웹 이용자들의 열광적 반응이 잘 드러난다.

　　루리웹의 분석 기간인 19대 대선 직전부터 그 이후의 2년

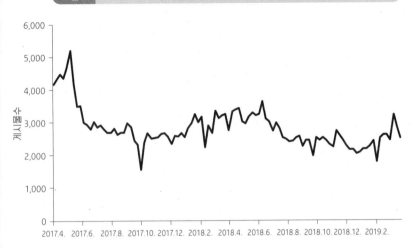

루리웹 종합정보게시판 주간 게시물 생성량

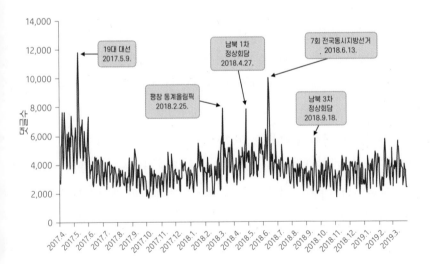

루리웹 종합정보게시판 일일 댓글 생성량

보통 일베들의 시대

은 일베에게는 악몽과도 같은 시절이었지만, 루리웹의 입장에서는 진보 진영이 오랜만에 누리는 승리의 연속이었다. 대선과 지선에서의 (압도적) 승리, 2007년 노무현 전 대통령의 평양 방문 이후 10여 년 만에 재개된 남북정상회담 등은 노무현 퇴임 이후 진보 진영을 지배했던 패배감을 일소하며 감정적 고양감을 제공했다. 2017년 3월부터의 2년간 루리웹은 설이나 추석 같은 '시계열적' 이벤트를 제외하면* 항상 2,000~3,000건 수준의 게시물이 생성되며 활발한 활동량을 보여준다. 여기까지만 본다면 루리웹은 분석 기간 동안 별다른 '이슈' 없이 자신들의 페이스를 유지해온 것 같다.

루리웹 종게의 게시물 토픽을 분석해보자. 여기에는 일베를 분석했을 때와 같은 LDA 모델을 사용했다. 모델의 토픽수를 정하기 위해 10개에서 100개 사이의 토픽이 있다고 가정하고 로그우도값을 계산, 가장 높은 점수를 얻은 25를 선택했다. 이에 따른 분석 결과 루리웹 종게에서 가장 많은 비중을 차지한 토픽은 '대통령' '문재인' '언론' '국민' '민주당' 등의 단어를 포함한 정치 토픽인 것으로 나타났다. 정치 토픽, 조금 더 구체적으로 말하자면 '민주당' 토픽은 전체 게시물의 12.8%에 해당하는 3만 8,585건이었고, 앞서 살펴본 시계열 그래프에서처럼 정치적 이벤트를 전후해 집중적으로 게시되었다. 민주당 토픽의 반

---

* 휴일엔 온라인 커뮤니티 활동을 하지 않는 루리웹 이용자들의 게시물 생성 패턴은 2장 〈그림 9〉에서 다룬 바 있다.

대편에는 '박근혜' '세월(호)' '적폐' '국정원' 등으로 구성된 적폐 토픽(2만 4,467건, 8.2%)이 전체 4위, '안철수'(또는 '철수'), '국민(의 당)' '호남' '선거' 등의 키워드를 포함하는 안철수 토픽(1만 9,340 건, 6.5%)이 전체 5위의 비중을 보였다. 이 세 토픽의 합산 비율 은 27.5%로, 전체 게시물의 4분의 1을 넘는 게시물이 정치 관련 게시물이었다는 점을 확인할 수 있다. 일베에서 정치 토픽에 포함된 게시물이 전체 게시물의 15.1%에 불과했다는 것을 고려해 볼 때, 루리웹에 정치 관련 유머게시물을 올리는 독립된 게시판이 있음에도 불구하고 이 정도 수치가 나왔다는 것은 종게에서의 정치 토픽 비중이 대단히 높은 것이라 할 수 있다.

또 한 가지 주목을 끄는 것은 정치 다음으로 높은 비중을 보인 여성 토픽이다. 여성 토픽에는 전체 게시물의 10.4%에 해당하는 3만 1,228건의 게시물이 포함되었다. 여성 토픽의 주제어는 '여성' '여자' '남자' '남성'과 같은 성별 관련 키워드는 물론 '페미' '문제' '미투' '피해자' '워마드' '메갈' '차별'이라는 키워드가 나타났다. 이러한 키워드로 보건대 여성 토픽은 기실 젠더이슈 관련 토픽이며 래디컬 페미니스트들의 대두 이후 루리웹에서 나타난 백래시라 해도 무리가 없을 것이다. 안희정 전 충남도지사를 신호탄으로 하는 일련의 미투 사건에 대한 언급들도 눈에 띄며, 차별이나 인권, 혐오와 같은 거시적인 키워드가 발견되기도 했다.

더욱 흥미로운 사실은 〈그림 3〉에서 보이는 것처럼 정치적 이벤트에 따라 시기별 게시물수의 편차가 큰 정치 토픽에 비해

그림 3　　　　　主요 토픽 게시물 생성량의 시계열분포

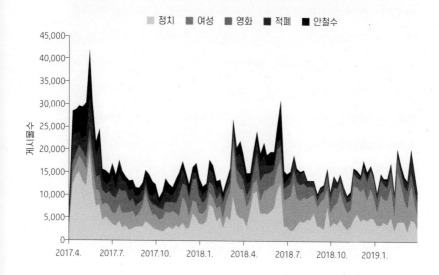

여성 토픽은 상대적으로 꾸준하게 게시물이 등록되었으며 최근으로 올수록 그 양이 증가하고 있다는 것이다. 루리웹 상위 5개 토픽 중 이 같은 패턴을 보여주는 것은 루리웹의 기본 정체성 중 하나인 영화 토픽(전체 3위, 2만 5,573건, 8.5%)뿐이다. 게시물당 댓글수에서 영화 토픽은 1위를 차지하는데, 그 뒤를 잇는 것이 여성 토픽이다. 여성 토픽의 게시물에는 총 46만 2,852개의 댓글이 있다. 게시물당 평균 14.8개의 댓글이 달린 것인데, 이는 전체 게시물의 평균 댓글수인 9.3개보다 약 60% 이상 많은 양이다.

　그렇다면 여성 토픽에 대한 루리웹 이용자들의 열띤 '반응'은 구체적으로 어떤 내용일까. 앞서 우리는 루리웹의 역사와 구조를 살펴보며 욕설을 비롯한 여러 혐오표현이 쉽사리 나타나지 않을 것이라고 예측했다. 또한 이용자들에게 게시판 관리를 맡길 정도로, 그리고 그것이 유지되고 있을 정도로 구성원들 간에 신뢰가 높으며, 종게에 대한 양적 분석을 통해 일정 레벨 이상의 올드비들이 루리웹 내 여론을 주도하고 있음을 확인했다. 이는 곧 악플을 포함한 비난이 쉽사리 나타나지 않을 것임을 다시 한번 예상할 수 있게 한다.

과연 실제로도 그러한지 확인하기 위해 지도학습 기반 분류기를 만드는 실험*을 시도했다. 이를 위해 우선 학습의 기반이 되는 라벨링 작업을 거쳐야 한다. 여성 토픽에서 5,000개의 댓글을 무작위로 추출하여 혐오표현이라 할 만한 댓글은 1로, 그렇지 않은 댓글은 0으로 태깅하는 라벨링 작업을 수행했다. 이후 의사결정나무decision tree, 랜덤포레스트random forest, 그라디언트부스트gradient boost 등의 통계 기반 분류모델에 같은 데이터를 학습시킨 후 가장 높은 예측력을 가진 모델을 선택했다. 모델의 설명가능성explainablity을 확보하기 위해, 높은 예측률을 보여주지만 예측 결과의 원인은 알 수 없는 순환신경망Recurrent Neural Network, RNN 등 딥러닝 기반 모델은 쓰지 않았다.**

그 결과 예측 정확도 87%, AUCarea under curve 92%의 성능을

---

* 이 작업을 '실험'이라 규정한 이유는 데이터가 여전히 적고, 단 한 명의 라벨러가 작업을 했기 때문이다. 더 많은 사람이 더 많은 댓글의 라벨링 작업에 참여하고, BERT 등 딥러닝 기반 자연어처리 모델 또한 활용한다면 모델의 성능은 더욱 개선될 여지가 있다.

보통 일베들의 시대

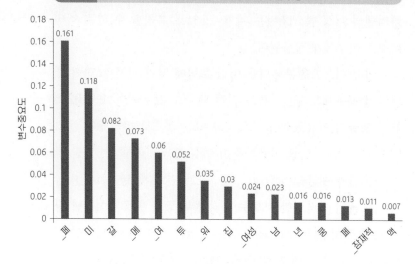

그림 4   여성 혐오표현분류기의 변수중요도

보인 그라디언트부스트 모델을 최종 모델로 채택했다. 이렇게 도출된 모델을 혐오표현분류기라 하자. 〈그림 4〉는 혐오표현분류기가 특정 댓글을 혐오표현으로 처리하는 기준을 변수중요도feature importance를 기준으로 나열한 것으로, '페미' '메갈' '워(마드)' '(미)투' 등 여성 토픽에서 나타난 키워드는 물론 '잠재적' '감수(성)' '쿵(쾅)'과 같은 키워드도 나타남을 볼 수 있다. 일베의 여

** 딥러닝 모델은 입력층과 출력층 사이에 은닉층(hidden layer)이 존재하는데, 대개의 결과는 이 은닉층 안에서의 데이터 흐름으로 결정된다. 문제는 은닉층에서 무슨 일이 벌어지는지 해당 모델을 채택한 사람조차 알 수 없다는 것이다. 이 때문에 딥러닝은 종종 '어떻게 풀었는지 설명할 수는 없지만 문제를 너무나 잘 푸는 모델'로도 여겨진다. 모델이 도출한 결과값이 유도된 이유를 알 수 없으므로 딥러닝은 사회과학적 모델이 추구해야 할 재현가능성과 설명가능성에서 약점을 가지고 있다.

성 혐오표현이 '김치녀'를 위시로 '한국 여성' 일반을 향한다면, 루리웹의 여성 혐오표현은 페미니스트로 통칭할 수 있는 액티비스트 여성에게 집중된다.

이제 혐오표현분류기를 여성 토픽에 달린 전체 46만여 개 댓글에 적용해보자. 그 결과 전체 댓글의 24.5%인 11만 3,255개의 댓글이 혐오표현을 포함하고 있는 것으로 나타났다. 총 1만 9,905명의 루리웹 이용자들이 여성 토픽 게시물에 1인당 평균 23.4건의 댓글을 달았고, 그중 45.2%인 9,001명은 1건 이상의 혐오표현을 작성한 것으로 나타났다. 또한 이들 중 1인당 평균 댓글 작성량(약 23건)보다 많은 댓글을 작성한 3,109명이 작성한 댓글은 38만여 개로 전체의 83%를 차지했다. 1인당 여성 토픽 게시물에 대한 평균 댓글 참여율은 약 15.5%였는데, 이 비율보다 높은 비율로 여성 토픽에 참여한 이들의 수는 6,400여 명이었으며 이는 여성 토픽 게시물에 댓글을 단 1만 9,905명의 약 32.5%였다. 이미 많은 연구에서 공통적으로 지적한 것처럼 온라인 커뮤니티의 적극 참여자는 멱함수 분포를 따르는데,[12] 루리웹에서의 여성 토픽 역시 예외는 아니다. 최다 댓글 작성자는 총 4,408건의 댓글을 달았고, 이는 전체 댓글의 약 1%에 육박한다. 특히 혐오표현 댓글의 경우 상위 20명이 전체의 17.6%를 작성했을 정도로 높은 몰입도를 보였다. 이들 20명은 각자가 작성한 모든 댓글의 50% 이상에서 혐오표현을 썼다. 종계 활동 기간 동안 1,567건의 댓글을 쓴 한 이용자는 1,348건의 댓글에서 여성에 대한 혐오표현을 썼다. 해당 이용자가 작성한 전체 댓글의 86%에 해당하는 수치다.

이러한 분석 결과는 꽤나 명확한 해석을 가능하게 한다. 루리웹에도 여성(젠더) 이슈는 뜨거운 감자이자 '꾸준'한 관심을 받는 주제이며 페미니스트로 대표되는 여성(주의) 액티비스트들에 대한 부정적 시각이 존재한다. 이 주제에 몰입하고 혐오표현을 쏟아내는 루리웹 이용자들의 수 역시 적지 않다. 이러한 결과는 2019년 천관율과 정한울이 208개의 질문으로 도출해낸 20대 남성의 25.9% '신념형 반페미니즘' 집단의 존재를 상기시킨다.[13] 이제 몇 가지 게시물을 통해 분석 결과를 예증해보도록 하자. 여성 토픽에서 가장 많은 댓글이 달린 게시물들이 그 대상이다.

미투에 대한 '반감'

2018년 3월, 안희정 전 충남도지사에 대한 위계에 의한 성폭력, 즉 미투 의혹이 제기된 이래 오거돈 전 부산시장, 정봉주 전 의원 등 민주당계 정치인에 대한 폭로가 이어졌다. 정치에 민감한 루리웹 종게에서도 이에 대한 언급들이 나타났다. "안희정에 보낸 애교 섞인 문자…… 법원 '일상적인 표현에 불과해'"* 라는 제목의 게시물은 총 356개의 댓글 상호작용이 있었다. 이는 여성 토픽 게시물 중 가장 많은 댓글수에 해당한다. 안 전 지

---

* 이 게시물은 다음의 기사를 원문으로 한다. 〈안희정에 보낸 애교 섞인 문자…… 법원 "일상적인 표현에 불과해"〉, 《매일경제》, 2019.2.2.

사에 대한 항소심 재판에서는 원심에서 인정된 피해자 김지은 씨의 '피해자다움'을 배격했던 증거, 즉 "'^^', 'ㅠㅠ', 'ㅎ', '넹' 등 이모티콘이나 애교 섞인 표현"을 일상적이고도 습관적인 표현에 불과한 것으로 보았다. 이에 따라 "피해자의 진실 신빙성을 배척하긴 어렵다"는 것이 항소심 판결의 요지였는데, 루리웹 이용자들은 이러한 판결에 황당하다는 반응을 보였다.*

가장 많이 나타난 반응은 "어떤 직원이 지 상사한테 저런 메시지를 보내"라거나 "누군가한테 강압적이고 고압적으로 성범죄를 당한 후에도 그 가해자랑 저런 평온한 대화가 오고 갈 수도 있다는 말"이냐는 것들이었다. "아무리 상사라도 날 두들겨 패거나 하면 항상 하던 인사도 하기 힘"든데 하물며 성범죄는 어떻겠느냐는 반응들인데, 이러한 반응들은 안희정 전 지사 사건의 피해자인 김지은 씨를 두고 나타난 지독한 의심, 즉 '피해자답지 않다'고 하는 의심을 그대로 표현하고 있다. 루리웹 이용자들은 항소심 판결이 '성인지 감수성을 적용한 결과'라며 분통을 터뜨렸는데, 이들이 말하는 성인지 감수성이란 "아무튼 여자 맘을 알아줘"와 같은 떼쓰기이자 '피해자가 일관적인 진술만 한다면' 증거도 필요 없는 만능의 무기였다. 마치 여성들이 절대적 권력이라도 가지고 있다는 듯한 이러한 인식은 성인지

---

* 루리웹 종게에 올라오는 게시물들이 통상 제목과 원문 기사 링크, 그리고 짤막한 논평으로 이루어지는 것과 달리, 이러한 게시물들은 '슬픈 개구리'로도 알려져 있는 개구리 캐릭터 페페의 이미지를 삽입하며 황당함을 표현했다.

감수성에 대해 그것을 설명하는 "논문"도 없고 "이론"도 없으며 "전 세계에서 인정"도 못 받는 "비과학적 태도"라는 비판으로 이어졌다.

미투에 대한 반감은 134개의 댓글이 달린 "정봉주 관련 SBS 보도-'저 뉴스는 가짜다', 이렇게 외쳐라!"**라는 게시물에서도 확인할 수 있다. 게시물의 원문 기사는 팟캐스트 '나는 꼼수다'의 진행자였던 정봉주 전 의원의 미투 의혹을 다루고 있다. 정 전 의원의 성추행 의혹은 인터넷 언론사《프레시안》이 제보자의 증언을 토대로 기사화하며 촉발되었는데, 안희정 전 지사에 대한 미투 이후 불과 이틀 만에 일어난 일이었기에 많은 논란을 불러일으켰다. 또한 정 전 의원의 특이한 이력, 즉 그가 '나는 꼼수다'의 공동 진행자인 김어준, 주진우 등 민주당 계열 지지자들의 핵심 스피커들과 친분이 있다는 사실 때문에 2018년 지방선거를 앞두고 민주당의 지지세를 꺾기 위한 모종의 음모로 받아들여지기도 했다. 사건의 쟁점은 정 전 의원이 구속수감되기 사흘 전인 2011년 11월 23일에 대학생이었던 A씨를 여의도 모처의 호텔에서 만나 강제로 입맞춤을 시도했는가 하는 것이었다.《프레시안》의 이 같은 보도에 당시 서울시장 선거를 준비 중이었던 정 전 의원 측은 강력히 반발하며, SBS에서 방영 중이던 〈김어준의 블랙하우스〉에 당시에 찍은 700여 장의 사

** 원문 기사는 다음과 같다. 〈정봉주 관련 SBS 보도-"저 뉴스는 가짜다', 이 렇게 외쳐라!"〉,《굿모닝충청》, 2018.3.28.

진을 제공하는 것으로 알리바이를 주장했다. 그러나 곧 같은 방송사의 뉴스에서는 그가 "호텔에서 카드를 사용했다"는 보도가 나왔다.

이에 루리웹 이용자들은 상대적으로 '차분한' 반응을 보였다. 한 이용자는 문제의 날짜에 문제의 호텔에서 카드를 썼다는 사실이 밝혀졌을 뿐 "그 행위를 했다는[했는지는] 더 지켜봐야" 한다고 평했다. 또 다른 이용자는 "사실관계는 명확히 해야" 한다며 "블랙하우스에서 다룬 내용이 틀리진 않"은 것이라고 주장했다. 정봉주는 틀렸을지 몰라도 김어준이 그를 (편파적으로) 옹호한 건 아니라는 의미다. 어떤 이용자는 한 발 더 나가, 정 전 의원을 둘러싼 이번 의혹이 "어차피 저건 첨[처음]부터 미투도 아니"었다며 그 의미를 축소하기도 했다. "미투는 자기의 높은 신분을 이용한 성폭력 성추행"인데 정 전 의원의 사건은 "수감자가 그냥 뽀뽀하려고 한[했다는] 해프닝"에 불과하다며 미투는 아니라는 것이다. 물론 이 사건에 대해 "미투에 힘만 실어주는 꼴"이라며 정 전 의원을 책망하는 목소리도 있었다.

한편 "가짜 미투라 생각"했다는 반응도 나타났는데, 이는 미투, 나아가 여성들과의 관계에서 벌어질 수 있는 '무고'에 대한 공포와 연결되어 있었다. "男 '성범죄 기준 마련해달라'……女 '펜스룰은 부당'"*이라는 제목의 게시물이 대표적이다. 종게에서 148개의 댓글이 달린 이 게시물의 원문 기사는 미투운동 이후 기업들이 '고민'에 빠졌다며, 남성들은 남성들대로 '구체적 기준'을 요구하고 여성들은 '여성을 배제하는 것을 금지'해달라고 요구하는 상황에서 기업이 '난감한 상황'에 빠졌다고 전하고 있었다. 이에 대해 종게 이용자들은 댓글을 통해 "무고를 당할 소지 자체를 없애"기 위한 남성들의 "자구책"인 펜스룰이 여성들에게 무슨 피해를 주느냐며 비아냥댔다. "남성 모두를 잠재적 성범죄자로 보면서" 여성을 "잠재적 프로 불편러"이자 "잠재적인 꽃뱀"으로 보는 것은 왜 막느냐는 것이다. 이에 대해 일부 이용자들이 펜스룰은 여성을 업무에서 배제하는 것이 아니라 '사적인' 자리를 만들지 않는 것이 핵심이며 여성을 업무에서 배제한다면 이는 또 다른 차별이라고 주장했지만, 이러한 글은 상당수의 비추천과 비난을 받을 뿐이었다.

미투운동에 대한 지지를 표하거나 미투운동에 대한 반대 여론을 비판하는 이용자들에게는 자동적으로 '메갈' 또는 '일베'라는 낙인이 돌아왔다. 이들이 보기에 메갈은 일베와 다를 바 없는 혐오주의자들이다. 혐오를 혐오하는 루리웹 이용자들이 보기에 "한국에 수입된 페미니즘은 남성의 가축화"를 모토로 하는 여성우월주의일 뿐이다. 여성우월주의자들은 메갈로 진화하여 배후에서 '거짓' 미투를 조종하고 남성들을 '잠재적 성범죄자'로 모는 선동가들이며, 남자를 "머슴처럼 휘둘러서 쉬운 길만 가고 꿀만 빨겠다는" 심보를 가진 약탈자들이다. 이러

---

*   해당 게시물에 첨부된 기사 링크는 네이버 뉴스를 통하는 것이었으나 현재는 삭제되었다. 원문 기사는 다음과 같다. 〈男 "성범죄 기준 마련해달라"…… 女 "펜스룰은 부당"〉, 《조선일보》, 2018.3.14.

한 인식을 고려한다면 초중고 페미니즘 교육 의무화를 요구하는 국민청원 서명자가 7만 명을 돌파했다는 기사를 공유한 게시물*에 대하여 "7만 명의 미친 인간" "여성우월과 남성 혐오를 가르치려는 발상" "정신병** 양산"과 같은 반응이 나타난 것도 이상한 일은 아닐 것이다.

여성가족부와 '페미대통령'

여성가족부의 위상을 걸고 '여성 고위관리직 목표제'를 달성하겠다는 진선미 전 여성가족부 장관의 발언과 관련된 게시물 역시 미투와 유사한 반응으로 점철됐다.*** "역대 이렇게 여가부가 설친 적이 있었는가 싶다"라든가 "이런 여자를 일 잘한다고 지원해주는 문통도 개노답"이라는 반응이 베스트 댓글에 등극했다. 이때 "이런 여자"라 함은 진 전 장관이 '메갈'에게 후원을 받은 정치인이라는 사실을 다시금 상기시키는 단어였다. 진 전 정관은 국회의원이던 2015년 경찰청장에게 '소라넷'에 대한 엄정한 수사를 촉구했고 이를 본 메갈리아 회원들은 개인

---

* 원문 기사는 다음과 같다. 〈'초중고 페미니즘 교육 의무화' 국민청원 7만 명 돌파〉, 《부산일보》, 2018.1.23.

** 래퍼 산이가 콘서트에서 "페미니즘은 정신병"이라는 즉흥 랩을 한 바 있고, 이의 연장선에서 루리웹(을 포함한 대부분의 남초 커뮤니티)에서는 페미니즘을 병리적 상태로 규정하는 태도가 다수 나타났다. 비슷한 맥락에서 '페미니즘 탈출은 지능순'과 같은 말들도 자주 확인할 수 있다.

*** 원문 기샤는 다음과 같다. 〈진선미, 여가부 위상 걸고 기업의 '여성 고위관리직 목표제' 밀어〉, 《비즈니스포스트》, 2019.2.3.

자격으로 1,000만 원가량의 금액을 후원했다. 그리고 이 일로 대부분의 남초 커뮤니티 이용자들은 진 전 장관에게 '메갈' 나아가 '워마드'라는 낙인을 찍었다.**** 여성가족부라는 부처도 "꼴 보기가" 싫은데 "사상 최대 예산 1조 800억가량을 집행하는 막강한 권력"*을 가진 수장이 하필이면 '메갈'인 상황인 것이다. 문재인 대통령과 그의 내각이라는 절대적인 '우산'도 메갈이라는 낙인은 상쇄하지 못했다.

여성 고위관리직 목표제라는 정책 자체에 대한 비난 역시 거셌다. 자본주의 사회에서 특정인이 진급에 누락되는 것은 전적으로 개인의 능력 여하에 따른 것이라며, 여성들의 능력을 폄하하는 '도태론'과 인위적인 목표제를 시행하지 않더라도 여성들의 사회 진출이 활발해짐에 따라 점점 상황이 개선될 것이라는 '점진론'이 많은 지지를 얻었다. 도태론과 점진론은 서로 화해할 수 없는 토대에서 시작하고 있지만 '목표제'를 저격한다는 기능을 수행하고 있다는 점에서 일치된 것처럼 보인다. 여성이 취업 또는 승진에서 불리하다는 '사실'을 부정하는 사람들도 적지 않았다. 이들이 보기에 여성의 승진 누락은 능력 부족에 의한 '도태'의 결과이거나 '노가다' 등 험한 일을 하지 않은 여성의

**** 주지하듯 워마드는 성소수자 혐오표현인 '똥꼬충' 논쟁 이후 메갈리아에서 갈라져 나온 트랜스젠더를 배제하는 급진적 페미니즘의 핵심이다. 메갈과 워마드는 퀴어에 대한 포용 대 배제라는 건널 수 없는 강을 두고 있었으나, 대부분의 남초 커뮤니티는 메갈과 워마드, 페미니즘을 (다소 의도적으로) 혼용하여 사실상 동의어로 취급하는 경향을 보인다.

'선택'에 따른 것이므로, 어느 쪽이든 승진 또는 임금에서의 성별 '차이'는 그들이 자초한 것이지 '남성들의 탓'이 아니다. 따라서 진선미 전 장관의 야심 찬 목표는 시장이라는 자연상태에서 벌어진 공정한 경쟁의 결과를 불합리하게 보정하려는 '불공정'이 된다. 이러한 불공정에 대한 감각은 당연하다는 듯 남성에 대한 '역차별' 주장으로 나아갔다.

여성가족부라는 전통적인 '적'의 수장에 대한 강력한 비난은 문재인 전 대통령에까지 이어졌다. 우리 사회에서의 "젠더 갈등, 극한 대립"이 바람직하지 않다는 지극히 상식적인 발언조차 종게에서 공유되며 성토의 대상이 된 것이다.* 문재인 정부가 추진하는 일이라면 뭐든지 '밀어주는' 분위기가 있었던 루리웹임에도 여성가족부와 젠더 이슈에 관해서만큼은 예외적인 입장을 보였다. "여성가족부가 갈등 키우는 게 엄청난 문제인데 앞장서달라니" 황당하다는 댓글은 가장 많은 추천을 받았고, 많은 비추천을 받았으나마 "페미대통령" "남혐대통령" 같은 댓글도 적지 않았다.

물론 개중에는 페미니스트 전체가 아니라 '극단적인 페미니스트'들이 잘못이라며 '성 대결로 갈라치기' 하려는 언론에 놀아나지 말자는 의견도 있었다. 하지만 루리웹 이용자들의 '인내심'은 2019년 2월을 전후로 한 이른바 '인터넷 검열 논란'에

---

*   해당 게시물의 원문 기사는 다음과 같다. 〈文 대통령 "젠더 갈등, 극한 대립·혐오 바람직하지 않아"〉, 《뉴비씨》, 2018.12.20.

서 바닥을 드러내며 폭발했다. 정부가 소라넷과 토렌트로 대표되는 불법 유해사이트를 차단하기 위해 기존의 DNS 방식을 뛰어넘는 SNI 차단 방식을 적용하겠다고 발표하고 실제로 900개에 가까운 사이트의 접속을 차단한 것이다.** 루리웹 이용자들은 즉각 '인터넷 검열'의 시초라며 격렬하게 반발했다.*** '젠더 갈등'에 관련한 문 대통령의 발언이 있은 지 불과 3개월 만에, 루리웹에서는 문재인 정부에 대한 일관적이고도 강력한 성토가 이어지기 시작한다. 금기와도 같았던 표현인 '문재앙' '대깨문'이 등장했고, SNI 차단 방식의 도입이 민주주의와 표현의 자유, 통신의 자유를 침해하는 조치라는 반발과 함께 이러한 '비민주적 정책'의 뒷배에 '페미'들이 도사리고 있다는 지적이 많은 공감을 얻었다. 정부가 SNI 차단 방식까지 도입하며 유해사이트를 차단하는 것은 "페미에 미쳐가지고 중국 북한 따라"하는 "미친 짓거리"라는 것이다.

혹자는 불법 유해사이트를 막는 방법에 관한 논쟁에서 '페

** 해외 불법·유해사이트를 차단하기 위한 방안으로 도입·시행된 SNI(Server Name Indication) 차단 방식은 차단 대상으로 지정된 특정 서버에 접속하려는 시도를 막기 위해 이용자가 보내는 패킷의 일부를 모니터링하게 되는데, 이 과정이 '감청'이라는 논란이 불거지며 사이버공간 고관여자들에게 격렬한 반발을 불러일으켰다. SNI 차단 방식과 관련한 자세한 내용은 다음의 기사를 참고하라. 〈검열의 왕국인가?…… SNI 차단 '갑론을박'〉, 《경향신문》, 2019.2.21.

*** 루리웹 종게에서 공유된 원문 기사는 다음과 같다. 〈정부, 해외 유해사이트 차단 대폭 강화에 시민사회 "인터넷 검열 시초" 강력 반발〉, 《국민일보》, 2019.2.12.

미'가 나오는 것이 다소 황당할 수도 있을 것이다. 그러나 루리웹 이용자들은 해당 대책이 "야동을 틀어막"기 위한 규제라고 지적했으며 이러한 지적은 일부나마 사실이기도 하다. 모든 불법사이트가 "야동" 또는 불법촬영물을 '취급'하는 것은 아니지만, 불법촬영물은 도박, 마약을 포함한 다크웹 생태계의 핵심적인 '재화'로 기능한다. 루리웹 이용자들에게는 불법촬영물이 피해자와 공동체에 끼치는 해악보다 패킷 감청에 대한 우려가 더욱 크게 다가왔던 것 같다. '집에서 조용히 성인물'이나 보겠다는 덕후들의 '버튼'을 누른 대가는 혹독했다. 인터넷 검열 논란을 포함한 젠더 이슈가 폭발한 2018년 말부터 루리웹에서는 문재인 정부에 대한 부정 여론이 긍정 여론을 앞서기 시작한다.

군대와 '역차별'

한국 사회에서 가장 활발하게 '역차별'로 논의되는 것은 군대 문제다. 이미 많은 논자들이 평했듯이 한국 남성들에게 군대 문제는 남성이 여성보다 많은 '희생'을 하고 있다는 전제이자 자신의 일등시민성을 증명하는 기표이다. 젠더 문제와 관련한 어떠한 논쟁을 하더라도 '군대 다녀왔느냐' 또는 '군대 가라'는 말만큼 커다란 '벽'은 없는데, 이는 루리웹에서도 마찬가지다. 분석 기간 동안 루리웹에서 군대와 젠더 문제가 가장 크게 충돌한 것은 우습게도 오보에서 비롯된 것이었다. 국방부가 여군병사 모집제도를 부활한다며 140만 원의 급여를 지급한다는 기사에 대해, 루리웹 이용자들은 383개의 댓글로 뜨거운 반응을 보였다.* 글쓴이 역시 "남자는 개돼지"냐며 "내 소중한 26개월 돌려내"라는 코멘트를 달았을 정도로 이 소식은 많은 이용자들의 공분을 불러일으켰다. "중소기업 다니느니 이게 낫겠다"며 "이런 게 시발 진짜 역차별"이라는 말로 분통을 터뜨리는 댓글이 베스트 댓글이었다.

한편, 댓글 중 "병사수 줄어서 여자도 사병으로 뽑아 쓰겠다는 건데 뭐가 문제."냐는 반론이 나타나자, "난 병신이라서 1만 6,000원 받고 병장생활 했냐"는 다소 생뚱맞은 반발에서 "동일노동 동일임금"과 '외박 외출의 형평성' 문제까지 제기되며 댓글창은 더욱 엉망이 되었다. 이러한 혼란에 '징병제 대 모병제'라는 '떡밥'이 투여되자 논의는 새로운 전환점을 맞이했다. "지지배[계집애]들이 삽질이나 제대로 하겠"냐며 전투력이 떨어지는 여성은 징병은 물론 모병의 대상도 되지 않는다는 의견이 있는가 하면, 모든 사람을 같은 조건으로 '징병'해야 한다는 의견이 평행선을 달렸다. 한 이용자는 "우리도 이제 군대 가거든~"이라며 우쭐댈 '메갈'들의 반응을 예상하기도 했다. 군대를 가라는 건지 말라는 건지 알 수가 없는 이 기나긴 논쟁은 국방부의 전면 부인과 함께 언론사의 오보로 밝혀지며 다소 허무하게 마무리됐다.

---

* "국방부, 여군병사 모집제도 부활시킨다…… 여군 월급은 140만 원"이라는 제목으로 게시된 이 게시물에는 《인사이트》 기사의 링크가 첨부되었지만, 최초 보도는 《아시아경제》였다. 원문 기사는 다음과 같다. 〈여군병사 모집제도 43년 만에 부활〉, 《아시아경제》, 2017.11.1.

불과 2~3년 사이 떠오른 역차별의 신종 '끝판왕'은 다름 아닌 법원이다. 이른바 '보배드림 곰탕집 성추행 사건'에 대한 루리웹 내 여론은 '소수자'가 된 남성이라는 인식을 보여준다.* 2019년 12월 대법원에서 징역 6개월, 집행유예 2년을 선고한 원심이 확정된 이 사건은 가해자의 부인이 청와대 국민청원에 직접 글을 올리는 것과 함께 온라인에서 화제가 되었다. 루리웹 이용자들은 원심 판결을 내린 판사에 강한 불만을 표했는데, 주된 의견은 세상 물정 모르는 엘리트들의 탁상공론 같은 판결이라는 것이었다. 이용자들은 어떠한 '물증'도 없이 '피해자 말'만 듣고 판결을 내렸다고 주장하며 강한 분노를 표했다. 죄형법정주의가 무너지고 증거우선주의가 깨졌다는 것이다. 하지만 실제 우리 법정의 판례들은 진술증거의 신빙성을 판단함에 있어 경험칙을 도구로 사용하고 있다. 즉, 피해자의 진술이 모호하더라도 진술이 일관되고, 비합리적이거나 모순되는 부분이 없으며, 허위로 피고인에게 불리한 진술을 할 만한 동기나 이유가 분명하게 드러나지 않는 이상 진술의 신빙성을 배척하지 않는다.[15] 미투에서 (대개 남성인) 가해자들이 '유죄 추정'을 당한다거나 '물증'도 없이 불리한 처벌을 받았다는 루리웹 이용자들의 믿음은 별 근거가 없다.

---

* 루리웹 종게에 올라온 게시물의 원문 기사는 다음과 같다. 〈"판사에 석궁 쏜 것 이해된다", 강제추행 판결 논란…… 靑청원 20만 돌파〉, 《이데일리》, 2018.9.9.

보통 일베들의 시대

그러나 이들에게 법정의 원칙은 중요하지 않았다. 피해를 주장하는 사람의 "증언만으로 유죄"가 될 수 있는 세상은 "안 했다는 증거가 없으면 막을 수도 없"는, "상식적으로 정말 말이 안 되는" 세상이기 때문이다. 루리웹 이용자들이 보이는 무고에의 공포는 여기서 비롯된다. 이러한 인식하에 루리웹 이용자들 사이에서는 곰탕집 성추행 사건과 대비되는 사례로 2016년 한 노숙인 여성이 10~20대 남성들을 성추행한 뒤 받은 판결이 언급되었다. 두 판결이 함께 언급된 이유는 가해자가 '여자라서' 가볍게 처벌받은 사례와 가해자가 '남자라서' 가중처벌 받고 유죄 추정을 당한 사례를 비교하겠다는 목적이었다. 루리웹 이용자들은 아마도 이러한 사건들에서 강남역 살인사건 당시 강남역을 에워싼 추모객들이 들었던 '여자라서 죽었다'고 쓴 피켓을 연상하는 듯 보인다. '남자라서 유죄다. 남자라서 처벌받는다. 성별을 근거로 한 불이익은 오히려 남성들이 받는다. 남성들은 징병과 무고로 희생당하고, 무죄 추정 원칙에서도 제외된다. 이 같은 제도적 차별을 겪는 남성들이야말로 오늘날의 약자며 소수자다.'

루리웹과 일베가 만나는 곳

주마간산 격으로 루리웹을 살펴봤으나마 우리는 몇 가지 중요한 통찰을 얻었다. 우선 정치적 성향으로는 일베의 완벽한 숙적인 것처럼 보인다. 앞에서도 여러 번 강조했지만 루리웹에서의 민주당 지지세는 확고하다. 기사 공유 게시판이라는 종게의 특수성을 인정한다 하더라도 정치 이슈에 대한 높은 관심을 확인할 수 있었으며, 텍스트 분석에 따르면 대개는 민주당과 문재인 당시 대통령에 대한 호의적인 논의들이 오가는 것을 볼 수 있었다. 젠더 문제라는 단 한 가지 문제만 제외한다면 말이다.

루리웹 이용자들은 여성 이슈에 적대적이다. 이 이슈를 건드린다면, '화자'가 문재인이라 하더라도 강력한 비난이 몰아친다. 이들의 논지는 꽤나 명확한데, '가만히 있는 나를 페미들이 괴롭히고 혐오한다'는 것이다. 앞서 다룬 게시물 중 인터넷 검열 논란을 언급한 게시물에 달린 댓글에서도 이러한 의식이 선명하게 드러난다. "집에서 조용히 성인물 보겠다는데 그걸 정부에서 원천 차단"하겠다고 하니 우려가 된다는 것이다. "집에서 조용히"라는 표현은 루리웹 이용자들의 '착한 남자'로서의 자기 인식을 투명하게 보여준다. "집에서 조용히"라는 말은, 자신은 '버닝썬' 같은 클럽에서 마약을 투약하거나 누구처럼 성관계 동영상을 불법으로 촬영해 유포하는 사람이 아니라는 의미일 것이다. 그들이 생각하는 '착한 남자'로서의 자신은 '밖에서 시끄럽게' 민폐를 끼치지 않고 "집에서 조용히 성인물"을 시청하는 '덕후'이자 '소비자'다. 일베와 디시 이용자들이 농담의 형식으로 혐오표현에 대한 '부담감'을 제거한다면, 루리웹 이용자들은 '집에서' 영상을 보기만, 즉 소비하기만 하는 '덕후'일 뿐이라는 방식으로 불법촬영물 확산(또는 생산)에 대한 책임을 회피한다.

일본의 '초식남'을 연상케 하는 이들의 의식적 수동성은 선량하고 평범한 사람이라는 정체성 규정을 정당화한다. 수동적

보통 일베들의 시대

이고도 선량한 남성이라는 정체성은 산업화 이후 정립된 '남성다움'과 매우 거리가 멀다. 마경희 등의 연구에 따르면 오늘날의 20대 남성들은 전통적 남성 규범에 동의하지도, 그러한 남성성의 상실을 두려워하지도 않는다. 남성이라고 해서 가족을 부양해야 할 의무를 느끼지도 않고, 극심한 경쟁에서 희열을 느끼거나 성공만을 위해 경주하지도 않는다. 요리나 가사 분담, 정서적 관계와 같은 '여성적' 역할에 대한 수용력도 어느 연령대보다 높다. 산업화 이후 강조된 '남성다움'의 헤게모니가 깨진 것이다. 이들은 '여자니까 봐준다' 따위의 온정적 가부장제에도 동의하지 않는다. '양성평등' 사회에서 온정적 가부장주의는 또 다른 성차별주의의 일종일 뿐이기 때문이다. 같은 이유로 '양성평등'의 이름으로 '여성우월주의'를 설파하는 페미니즘 또한 용납하지 않는다.[16]

소극적이고 선량한 루리웹 이용자들이 자신들과 대립되는 쌍으로 제시하는 것은 능동적인activist 여성인 페미니스트이다. 루리웹 이용자들에게 이 '급진적'이고도 '극단적'인 페미니스트들은 '가만히 있는 나'에게 달려들어 '6.9'니 '한남충'이니 같은 혐오표현을 퍼붓고, 저지르지도 않은 범죄를 들먹이며 모든 남성을 '잠재적 성범죄자' 취급하는 '성급한 일반화'를 일삼는 이들이다. 이들은 일베처럼 혐오표현만을 퍼뜨리는 것이 아니라 일상생활을 잠식하는 권력까지도 가지고 있다고 여겨진다. 아무 불만 없이 즐기고 있던 게임과 영화에 꼬투리를 잡아 성 상품화 운운하며 불편함을 강요한다. 이들의 강요는 작품에도 영향을 미쳐서 〈스타워즈〉와 같은 세기의 명작을 정치적 올바름이 뒤범벅된 '망작(망한 작품)'으로 타락시킨다. 루리웹 이용자들이 인식하는 페미니즘은 존재만으로 성스러운 것을 오염시키는 수준을 넘어서 적극적으로 성스러운 것을 침습하여 파괴하는 악마적인 것이 된다.

행동주의자 여성이라는 적은 루리웹의 또 다른 적인 일베와는 전혀 다른 차원의 '악'이다. 루리웹과 일베는 정치적으로는 상극일지언정 사회 전 영역에 악영향을 끼친다고 여기는 '엘리트' 여성에 대해서는 자신들이 착취받는 피해자이며 소수자라는 인식을 같이한다. '가만히 있으니 가마니인 줄 안다'는 흔한 인터넷에서의 표현처럼, 루리웹 이용자들은 정치적 올바름과 '여성우월주의'를 강요하는 페미들에 맞서겠다며 분연히 떨쳐나선다. '정신병'에 가까운 사상과 모욕적인 말을 일삼는 '적'을 타파하기 위해서라면 상종도 하지 못할 존재들로 여겼던 일베와도 기꺼이 손을 잡는다. 메갈리아로 대표되는 2010년대 페미니즘 물결에 맞서 루리웹은 일베와 함께 반페미 전선을 펴며 사이버공간판 '국공합작'의 시대를 열었다.

루리웹에서의 여성 토픽은 기실 이러한 '국공합작' 또는 반페미 연대의 필요성이 제기된 이후 사이버공간에서 전개된 전형적인 백래시라고 규정할 수 있다. '2030 남성'들이 모여 있는 이 온라인 집단에서 무시하기 어려운 수의 회원들이 여성 이슈에 적대감을 보이는 상황은 흔히 말하는 '20대 남성 보수화'를 떠올리게 하는 결과라고도 할 수 있다. 그러나 조귀동이 적절히 지적한 것처럼, 오늘날의 "20대는 하나의 '세대'로 뭉뚱그릴 수 없으며 이전 세대보다 훨씬 더 큰 계층 간 격차 속에서 살아간다"[7]는 점에서 루리웹마저 보수화되었다(나아가 '일베화'되었다)고 말하는 것은 심각한 오류일 것이다. 지금까지 우리가 살펴봤던 사례들은 남성 청년이 모여 있다고 가정할 수 있는 사이버공간의 여론적 지층이 각자의 사회적 위치에 따라 '소수자'화된 (것처럼 느끼는) 원인을 여성에게 돌리고 있다는 공통적인 패턴만을 드러낼 뿐이다. 루리웹은 물론이고 일베, 그리고 장대호 또한 그랬다. 학력 인증을 할 수 있을 정도로 높은 성취를 얻어낸 20대 남성은 여성들의 진입으로 인해 격화된 경쟁에, "비정규직을 전전하면서 사회경제적 약자로 살아가는" 20대 남성은 "연애와 결혼시장에서의 경험을 통해 자신이 '약자'라는 현실을 절감"하며 자신들의 '약자성'을 호소한다.[18]

'모욕감'은 어디에서 오는가

그런데 한 가지 질문이 남는다. '페미'들이 도대체 어떤 '버튼'을 눌렀기에 불구대천의 관계였던 일베와도 손을 맞잡은 것일까? 이를 이해하기 위해서는 우선 루리웹을 포함한 '보통의 남자들'이 페미와의 전쟁을 통해 회복하고자 하는 성스러운 것, 또는 정상성이 무엇인가를 살펴보아야 한다. 앞선 마경희 등의 연구에서도 나타나듯 20대 남성은 전통적인 성 역할에 동의하지 않는다. 또한 우리가 만나본 일베 이용자들 역시 '평범한' 가정을 바라면서도 그것이 얼마나 도달하기 어려운 '유토피아'인지에 대한 인지 능력은 있었다. 이와 유사하게, '가만히 있는 남성들'이 그리는 유토피아 또한 '능력'에 따라 최선의 '노력'을 투여하여 진학, 취업, 결혼 등의 생애주기를 밟아나가며 배우자와 함께 가사를 분담하고 서로를 존중하며 안정적인 가정을 꾸리는 것이라 할 때, 이러한 꿈을 좌절시키는 것은 속된 여성이다. 이런 남성들을 '선량한' 남성이라고 해보자. 이 선량한 남성이 보기에 자신은 이미 전통적인 가부장성을 포기하고 동등한 존재로서 여성을 대하며 지금도 충분히 양보했을 정도로 '선량함'을 '베풀고' 있는데도, 여성들은 계속해서 '몫'을 내놓으라고 요구한다. 그뿐인가. 문제의 여성들은 '가만히 있는' 다른 여성들을 선동하거나 페미니즘에 동참하지 않는 여성들에게 '흉자(흉내 자지)'와 같은 멸칭을 붙이며 핍박한다. 이 행동주의자 여성 또는 '페미'들은 그 존재만으로도 위협적이지만, '선량한' 남성들의 잠재적 동반자인 다른 여성들에게도 '악영향'을 끼친다는 점에서 더욱 불순하다고 여겨진다.

　그러나 '권력'이 없는 이들의 요구는 닿지 않고 "특권을 가진 집단에게 특권은 가시화되지 않는다".[19] 이 때문에 그간 여성의 요구들은 존재 자체가 희미하게 여겨지거나 온정적인 동의만을 얻은 채 남성들이 '허용'하는 범위 안에서만 간신히 인정받을 뿐이었다. 그런데 메갈리아의 '미러링' 전략이 모든 것을 바꿔놓았다. 이들은 사이버공간에 가득한 여성혐오를 그대로 '반사'하여 남성들에게 돌려줬는데, 이에 남성들이 느낀 모욕감은 상상 이상의 원한으로 이어졌다. 특히 정치적 진보주의를 옹호하던 이들은 '가만히 있는 나'를 '잠재적 성범죄자'로 몰아간다는 데 대한 억울함과 함께, 자신들이 온정적으로 '허용'해주던 페미니즘이 자신까지 '공범'으로 몰아간다는 데 모종의 배신감을 표출했다. 일베가 '김치녀' 운운할 때 앞장서서 일베를 공격한 게 누구인데 일베와 같은 취급을 하느냐는 배신감 말이다.

미러링은 기존의 여성에 대한 혐오표현을 뒤집는 데서 한발 더 나아갔다. 이들은 남성을 남성답게 한다고 여겨지는 요소들을 겨냥했다. 미러링이 준 충격은 (미러링이 본질적으로 패러디라는 점에서) 그 '표현' 자체에 있다기보다, 대개의 남성들이 문제 제기를 하지 않았던 성적 '품평'이 남성을 향했을 때의 수치심을 겨냥한다는 데 있었다. 메갈리아의 미러링은 단 한 번도 공개적으로 '외모'나 '와꾸'를 '품평'받아본 경험이 없는 남성들에게 처음으로 '벌거벗은 기분'을 안겨줬다. 이는 여성들이라면 거의 매일 느껴온 수치심이었지만 대개의 남성들은 해당 사항이 없었던 것이기에 더욱 '충격'적으로 다가왔던 것이다. 또한 행동주의자 여성들이 낱낱이 열거하는 여성혐오의 사례는 '나는 선량하다'고 여기는 남성들의 자의식을 크게 '훼손'했다.

미러링을 마주한 남성들은 수치심을 넘어서 모욕감을 느꼈다. 미러링의 발언에 남성들이 모욕감을 느꼈다는 것만큼이나 흥미로운 지점은 그 모욕감의 바탕에 능력주의가 있다는 데 있다. 우리는 앞선 논의를 통해 루리웹과 일베에서 공히 페미니스트를 엘리트로 인식하는 경향을 발견했다. 페미니스트를 권력자 또는 엘리트로 보는 시각은 전 세계를 횡행하는 포퓰리즘의 중핵, 즉 엘리트에 대한 반감과 밀접하게 닿아 있는데, 포퓰리즘은 능력주의의 결과이기도 하다는 점에서 남성들이 느낀 모욕감의 또 다른 일면을 볼 수 있다.

개인의 성공 또는 실패의 원인을 개인의 '능력', 곧 지성이나 노력에서 찾는 능력주의가 근대의 '해방성'과 공정성의 신화를 유지하는 기획이라 할 때, 능력주의는 자기계발을 통한 계층 이동성이라는 자유주의적 이상을 상징하는 체계가 된다. 하지만 능력주의라는 단어를 창안한 마이클 영이 그 개념의 창안과 동시에 예견했듯이, "능력주의는 승자에게 오만을, 패자에게 굴욕을 퍼뜨릴 수밖에 없"다.[20] 능력주의 아래서 모든 성공과 실패는 개인의 능력과 노력에 달린 문제가 된다. 신의 은총, 운, 사회적 배경과 같은 문제는 부차적으로 여겨지거나 종종 무시된다. 모두 각자가 뿌린 대로 거뒀을 뿐이며, 제대로 수확을 하지 못했다면 그것은 애초에 잘못된 씨앗을 뿌린 무지의 소치이거나 제대로 돌보지 않은 나태에서 비롯된 일이다. 이런 사회에서 실패란 곧 노력의 부족이자 도덕적 파탄이 된다. 사실 이러한 논의는 신자유주의 등 다양한 담론으로 제시된 바 있는데, 내가 주목하는 것은 '트페미'로 대표되는 영영페미니스트의 저항적 담론 역시 기실 능력주의적 토대를 바탕에 두고 있다는 점이다. 이들은 페미니즘의 도덕적 정당성과 필요성을 설파하면서도 '공부하지 않은' 남성들의 '무지'를 멸시하는 능력주의 전략을 취했다. 여성으로서 겪어야 하는 부조리한 문화와 제도에 대한 대안으로 능력주의가 가진 해방적 측면은 분명 매력적이다.

하지만 능력주의가 해방의 비전을 보여주는 바로 그만큼, 승자의 우월감과 패자가 느낄 모멸감의 앙상블은 공동체를 점점 더 약화할 수밖에 없다.

물론 '행동주의 여성'들만이 능력주의를 내면화한 것은 아니다. 능력주의 신화는 남성중심 사회의 사상적·실천적 기초이며 남성 지배를 정당화하는 원천이다. 루리웹 이용자들이 말하는 것처럼, '오늘날과 같은 양성평등 사회'에서는 능력만이 취업이나 승진의 조건일 뿐이기 때문에 '유리천장' 따위는 존재하지 않는 것이 된다. 만약 '특정 성별'이 불이익을 받았다면 그것은 성별 때문이 아니라 그가 가진 능력의 '결함' 또는 '부재' 때문이다. 통계적으로 남성이 여성보다 더 높은 임금을 받는 것도 그들이 잘 적응한, 또는 적응하기 위해 노력한 결과가 된다.

이처럼 투박한 순환논법의 기저에는 무엇보다 공정하고도 평등한 절차에 대한 강력한 신뢰가 깔려 있다. 절차, 특히 '객관식 시험'으로 이루어지는 절차에 대한 물신화는 우리가 익히 알고 있는 바와 같다. 최서원과 조국 전 법무부 장관 자녀의 대입 특혜 의혹에 루리웹 이용자를 비롯한 대부분 청년들의 반응은 '게임의 룰'을 어겼다는 사실에 대한 분노와 함께 수능을 제외한 다른 어떠한 평가 기준도 믿을 수 없다는 것이었다.[*] 2007

---

[*] 실제로 조국 사태 이후 유은혜 교육부 장관은 2023학년부터 수능 중심의 정시 선발 비중을 40%까지 높이겠다고 발표했다. 〈조국발 대입 급선회 20여 년 만에 다시 수능 중심으로 간다〉,《중앙일보》, 2019.11.8.

년 법학전문대학원(로스쿨) 제도의 도입이 논의되던 시기에도 루리웹에서는 사법시험의 공정성을 말하는 댓글들이 압도적인 지지를 받았으며, 2020년 인천국제공항 보안요원 정규직 전환 논란에서도 공채시험을 보지 않은 이들을 공사에 채용해도 되느냐는 분노 어린 반응이 줄을 이었다. 시험과 절차에 대한 이처럼 당혹스러울 정도로 절대적인 신뢰는 한국 사회의 사회적 자본이 얼마나 취약한지를 보여주는 한편, 일베에게서 확인했던 평범 내러티브가 '일베만'의 멘털리티가 아닐 수도 있음을 시사한다.

결론

차가운 열광의 확산과
일베적 정치의 탄생

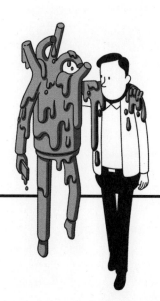

1. 파기된 약속

'평범', 도달 불가능한 꿈

이제 이 이야기를 끝낼 시간이 왔다. 사이버공간의 문화
적·역사적 맥락에서 시작하여 일베 게시물에 대한 데이터 분
석, 감정사회학적 이론에 기댄 이용자 인터뷰까지 우리는 여러
방법으로 일베에서 나타나는 혐오의 배후에 평범함에의 추구
와 그에 대한 좌절이 있음을 살펴보았다. 이미 살펴보았듯 '평
범'이라는 말에 투사된 욕망은 비범하기 이를 데 없다. 삼성으
로 대표되는 대기업 정직원과 (가급적 서울에 있는) 아파트라는
경제적 토대를 갖추어 사랑하는 이와의 연애와 결혼, 그리고 자
녀를 낳아 '가정'을 꾸리는 '평범'한 삶이란 한마디로 현대 한국
의 중산층 정상가족을 이룩하는 것이다.

1995년 영화 〈아름다운 청년 전태일〉에는 노동 현장의 실

태를 고발하러 온 전태일에게 담당 공무원이 다음과 같이 말하는 장면이 있다. "80년대가 되면 …… [누구나] 자가용 몰고 다 잘 살 수 있는 나라가 된다." 전태일과 그의 동료들이 매일같이 겪는 고통은 산업 현장의 어디서나(말 그대로, 어디서나) 볼 수 있는 것이기에 특별할 것도 없다고 여겨진다. 묵묵히 견디면 언젠가는 자가용도 모는 중산층이 될 수 있는데, 제대로 배우지도 못한 '공돌이'가 그것도 못 참고 여기까지 찾아와서 왜 괜한 일거리를 만드는가, 라는 책망이 저 한 줄의 대사에 녹아 있다.

〈아름다운 청년 전태일〉이 재현한 1970년대의 정서는 놀랍게도 시간과 공간, 매체를 뛰어넘어 오늘날 일베 이용자들에게서도 나타난다. 비록 전태일 열사 생전과 같은 일상적 전시 상황은 아닐지언정, 이들은 국가가 원하는 일등시민의 요소를 정확히 이해하고 있다. 일등시민은 고통이나 우울과 같은 부정적 감정을 효과적으로 억제하며 불필요한 질문을 제기하지 않는다. 준법정신이 투철하고, 노력 앞에 반칙하지 않으며, 의무를 이행한 이후에 권리를 요구한다. 국가가 필요로 하는 산업 역군으로서 가져야 할 이 같은 덕목들은 온전히 이성애자-군필-남성을 전제로 한다. 혹독한 환경에서 상명하복의 원리로 조직할 수 있는 이들, 결혼을 통한 노동력 재생산을 기대할 수 있는 이들 말이다. 따라서 이성애자-군필-남성의 바깥에 존재하는 이들은 '비인간' 또는 이등시민이 된다. 이들의 노동은 노동이 아니고, 이들의 고통은 일등시민의 그것에 비하면 부차적인 것이다. 해일이 오는데 조개나 줍는 우를 범해서야 되겠는

가. 산업화 국가는 남성의 노동력을 필요로 했고, 그 대가로 행복한 가정이라는 꿈을 선사했다. 그리고 어느 시점까지는, 발전국가 체제의 그러한 기획이 제대로 작동하는 것처럼 보였다.

일베는 유구한 일등시민의 우상을 21세기 버전으로 갱신한다. 이들은 누구나 그렇게 하듯이 학점과 영어시험, 자격증, 공모전 따위의 자기계발을 통해 자신의 능력을 증명하려 한다. '스펙 쌓기'로 요약할 수 있는 청년기 이행경로를 충실히 따르며, 생계유지를 위한 경주에 나선다. 결과가 안 좋다 해도 불만을 품지는 않는다. 일등시민의 '모범'을 체화한 일베 이용자들은 '내가 못났을(남들보다 노력이 부족했을) 뿐 누굴 탓하겠느냐'는 식의 자기비하적이라고 할 만한 감정적 태도, 즉 수치심을 품고 있다. 일베를 통해 업그레이드된 수치심은 순응하는 국민을 기획하는 국가가 기대할 수 있는 최고의 산출물이다. 수치심은 개인의 불만을 제어하는 데서 그치지 않고, 타인의 불만까지 적극적으로 억압하게 한다. 이들에게 스펙이라는 게임의 룰은 절대적이다. 이 판을 흔드는 것은 용납되지 않는다.

사회경제적 불안과 중산계급 감정장의 확산은 불안을 내사화해 수치와 회피로 이끈다. 수치심의 특성상 연구참여자들은 각자가 느끼는 수치를 드러내지 않거나 심지어 은폐하는 모습을 보였는데, 일베 이용자들이 느끼는 수치는 크게 두 가지로 볼 수 있다. 하나는 소외된 친절함으로 인한 수치이고, 다른하나는 386 세대로 대표되는 저항하는 청년상에 대한 수치이다. 사회적 기대를 충족시키지 못했을 때 느끼는 감정을 수치심이라고 할 때, 일베 이용자들이 저항하는 청년상에 대해 느끼는 수치심은 자신들도 충분히 '자기계발'을 통해 '열심히' 살고 있는데도 그것을 인정받지 못한다는 데서 출발하는 감정이다. 의무를 '성실히' 수행하고 '정상적'인 생애경로를 이행하려는 '평범한' 자신들에 비해 데모나 하는 '무식한' 이들, 다시 말해 '자격 없는 엘리트'들이 사회적 인정을 받고 있다는 생각은 수치심을 자극하고, 자신이 정당한 보상을 받지 못했다는 감각으로 이어지며 분노를 격화시킨다.

이러한 수치심은 회피 혹은 순응이라는 행위 전략을 이끈다. 본 연구에서 만나본 일베 이용자들은 토익, 오픽, 사트 등으로 대표되는 스펙을 쌓기 위해 스스로를 철저하게 관리하고 있었다. 이 과정에서 일베 이용자들이 자신의 순응을 정당화하기 위해 동원한 생애 내러티브 전략이 바로 평범 내러티브였다. 위선적 친절함에 대한 환멸도, 폭력의 경험도, 자기계발도 누구나 겪는 통과의례에 불과하다. 감정 관리, 자기계발 등의 자기착취(그러므로, 소외)는 평범함이라는 대열에 서기 위해 누구나 겪어야 하는 고통이며, 누구나 겪기에 특별히 호소할 필요도 없을 뿐 아니라, 이 고통을 이겨내지 못한 이는 담담하게 비정상의 낙인을 받아들여야 한다는 생각으로 이어진다.

이윽고 일베 이용자들이 품은 수치심은 타자화 과정에서의 동정심을 제거하여 '혐오 사회'의 문을 열어젖힌다. 이러한 서술이 맞는다면, 타자의 고통을 억압하고 그 개별성을 거세하는 평범 내러티브의 원인 제공자는 다름 아닌 대한민국의 산업화 과정 그 자체다. 일베 이용자 개개인을 비난하는 것은 너무나 쉽다. 하지만 이들은 한국이 마주하고 있는 문제의 증상이지, 원인도 원점도 아니다. 한국 산업화의 원천은 혐오였으며, 혐오자들은 국가가 그 발전 과정에서 필요에 따라 체계적으로 생산해낸 도덕적·정치적 산출물이다.

그런데 산업화 시대의 일등시민 만들기 프로젝트는, 신자유주의니 경쟁이니 '젠더 갈등'이니와 같은 화려한 말을 덧붙이지 않더라도 아주 달성 불가능한 것이 되어버렸다. 일베, 나아가 한국에 거주하는 대개의 청년들이 마주하는 현실을 수치화해보면 다음과 같은 참혹한 현실이 드러난다. 일베 이용자들을 만났던 2014년, 1제곱미터당 514.4만 원이었던 서울의 아파트 중위가격은 2021년 7월 기준 1,250만원이 되었다. '국민 평수'인 84제곱미터로 계산하면 4억 3,200만 원에서 10억 5,000만 원이 된 것이다.[2] 2021년 4인 가구 기준 중위소득이 487만 6,290원이라는 점을 고려한다면, 10억 5,000만원은 숨만 쉬며 살아도 18년을 모아야 하는 돈이다. 대졸초임 연봉으로 환산하면 결과는 더욱 암담해진다. 같은 기간 대기업 대졸초임 연봉은 5,084만 원이었고 중소기업은 2,983만원이었는데, 이를 아파트 가격으로 환산하면 각각 20.6년, 35.2년이다.

2014년에서 2021년 사이 최저임금은 5,210원에서 9,160원으로 상승했지만 부동산 가격의 상승률을 따라잡지는 못했다. 그나마의 최저임금 인상도 소득주도성장을 내세운 문재인 정부 시절 경제계의 '깊은 우려'를 무릅쓰고 가까스로 올린 것이다. 대기업과 소기업의 평균 대졸초임 임금의 상승폭 격차도 점점 커졌다. 적지 않은 국내 대기업들은 신입공채를 폐지하고 경력자만을 채용하고 있고, 중소기업에서는 하루가 멀다 하고 청년 노동자들이 부서지고 있다.

집도 절도 일도 없으니 결혼은 언감생심이다. 인구 1,000명당 혼인율을 의미하는 조혼인율은 6.4명에서 4.7명까지 떨어졌다.[3] 결혼을 하지 않으니 출생률이 낮아지는 것은 당연지사다. 숫자를 댈 것도 없이, 한국의 출생률은 세계 최저 수준이다. 1990년대와 2020년대 사이 결혼연령 변동은 더욱 극적인데, 남성의 평균 초혼연령은 1991년 27.9세에서 2021년 33.3세로 5.4세가 늘었고, 같은 기간 여성은 24.8세에서 31세로 6.2세가 늘었다.[4] 2005년 드라마 〈내 이름은 김삼순〉의 '노처녀' 주인공 김삼순의 나이가 서른 살이었는데, '서른 살 노처녀'가 갖은 멸시를 받는다는 김삼순의 설정은 이제 무색한 실정이다. 이른바 'MZ 세대'의 언저리에 있는 90년대생들은 110을 상회하는 압도적인 성비 아래 최소 10%의 혼인적령기 남성은 연애의 기회조차 얻지 못하는 한편, 저소득층 남성들은 결혼을 '못' 하고 중산층 여성들은 결혼을 '안' 하는 상황은 더욱 심화되었다. 산업화 시대의 평범함은 더 이상 노력을 통해 달성할 수 있는 표준이 아니다. 선대로부터 이어져 내려온 약속은 파기되었다. 평범은 이제 도달 불능점이다.

냉소: 새로운 시대감각

평범 내러티브가 근대 한국의 '국민 만들기' 프로젝트의 결과물 혹은 장치라는 사실이 맞는다고 가정하더라도 문제는 남는다. 그렇다면 이곳에 거주하며 보통교육을 받은 모두가 일베적 자아를 가지고 있다는 뜻인가? 일베는 단순한 '과도함'에 불과한가? 아마도 그렇지만은 않을 것이다. 세상이 갈수록 더 악화되고 있다는 주장이 현실적이지 않은 것과 정확히 같은 의미로, 우리 모두 안에 일베가 있다는 주장도 과도하다. 그러나 국가적 기획물로서의 '평범한 가정' 만들기가 본격적으로 퇴조하며 전 사회적으로 안전하지 않다는 감각과 이에 따른 공포, 수치심과 같은 파괴적이면서도 공동체에 적대적인 감정이 확산된 것도 틀림없어 보인다.

물론 모두가 이 파괴적인 감정에 순순히 마음을 내주지는 않으며 공동체가 산산이 흩어질수록, 사이버공간이든 동네 공터든 마음 맞는 이들이 만나 꼭 껴안고 서로를 붙들고자 하는 노력들이 있어왔다. 공동체 회복에의 시도는 성공보다 실패할 가능성이 높지만, 때로 공동체 회복을 바라는 이들의 감정적 고양 자체가 훼손된 집합감정을 접합하기도 한다. 최소한, 쪼개졌던 마음이 조금이나마 달라붙는 회복의 감정을 느끼게 되는 것이다. 그리고 바로 이 지점에서, 혐오란 너무나 달콤하다. 현실의 나열만으로도 숨 막히는 '헬조선'의 상황에서 혐오는 어떤 대안처럼 보이기까지 한다. 혐오하는 순간만큼은 타자화된 이를 (댓글로나마) 짓밟으며 스스로의 존재 의미 또는 우월감을 회복할 수도 있고, 지금 겪고 있는 불행의 원인을 그들에게 돌릴 수도 있다. 그것이 얼마나 파괴적인 감정이든 간에, 혐오를 통해 고양된 자아의식은 다차원적으로 몰려오는 불안과 공포, 수치심을 잠시나마 잊게 해준다. 타자의 존엄을 훼손함으로써 자신을 회복하고자 하는 시도는 욕설과 패드립을 만나 일종의 해방감을 선사한다. 그렇게 오늘도 일베나 유튜브 같은 삶의 뒷공간에는 쓰레기 같은 말들이 쌓여간다.

그리고 바로 여기서, 일베가 일베일 수 있는 특수한 감정적 표현 양식이 드러난다. 일베는 냉소하는 이들이다. 루리웹 이용자들은 '메갈리아'의 등장에 치를 떨었지만, 일베 이용자들은 메갈이 어디서 무슨 '사건'을 벌이든 분노하지 않았다. 이들은 메갈리아의 드립에 감탄하거나, 그러한 공격에 '버튼'이 눌린 다른 남초 커뮤니티 이용자들을 비웃었을 뿐이다. 이 책의 서두에서부터 지속적으로 주장했듯이 '웃음'에 대한 일베의 강박은 편집증적이거니와, 이들의 웃음은 타자가 보여주는(또는 스스로 폭로하는) 우스꽝스러운 모습에 대한 쌀쌀한 키득거림, 즉 냉소였다.

일베의 냉소는 일베 이용자들이 스스로를 이성적 주체로 여긴다는 사실에서 연원하는 우월적이면서도 탈현실적인, 그러므로 실은 도피적인 태도이다. 페터 슬로터다이크^{Peter Sloterdijk}는 저서《냉소적 이성 비판》에서, 현대 사회의 냉소주의는 하나의 시대정신이 되었다고 진단한다. 그는 현대 문화 전반에 퍼진 냉소주의가 '계몽된 허위의식'이라고 주장했다. 그에 따르면 냉소주의는 이미 계몽에 의해 예비된 것이다. 일루즈가 페미니즘의 '성공'이 사랑의 합리화를 가져와 로맨틱한 유토피아를 파괴했다고 지적한 것처럼, 슬로터다이크는 계몽적 이성이 궁극적인 회의를 가져온다고 지적했다. 그런 의미에서 냉소주의는 남김없이 까발려진 현실에 계몽된 이가 대처하는 최소한의 방어이다.[5]

우리는 이미 일베 이용자들이 스스로를 근대적 주체로 인식하고 있다는 점을 확인했다. 사실관계야 어떻든 일단 그들은 명시적으로 합리와 이성을 추구하며 모든 판단에 앞서 근거를 요구한다. 그런 그들이 열광적으로 받아들인 '팩트'는 도덕과 윤리와 '정치적 올바름'을 내세워 일베를 재단하던 이들이 실은 '일베와 다를 바 없는' 이들이라는 사실을 새삼 확인시켜주는 것들이었다. 민주화로 대표되는 성스러운 가치를 독점하고 있던 이들은 일베의 냉소와 이죽거림 앞에 '부들부들' 떨며 속절없이 무너졌다. 이 때문에 일베 이용자들은 '고인드립'에 대한 세간의 비난 또한 결코 이해하지 못한다. 오히려 그러한 비난이야말로 '고인드립'을 더더욱 강하게 밀고 나가야 하는 이유가 되고, 그 기저엔 누군가의 분노 자체에 느끼는 통쾌함과 그에 기반한 냉소가 스며들어 있다. 일베의 냉소는 "다른 사람의 어리석은 짓거리에 멋진 야유를 보낼 줄 아는 공격적 광대"의 웃음이며, 일베라는 광대는 "무례함을 대가로 해야만 우리가 진리를 만천하에 드러낼 수 있다"[6]는 믿음을 공유하는 것처럼 보인다. 마치 일베야말로 위선과 이데올로기에서 벗어난 진정한 자유인이자 세상의 이치를 꿰뚫는 이들이라고 선언하듯이 말이다. 누군가는 "힘들 때 웃는 자가 일류"라 하지 않았던가. 이윽고 세상만사 웃기지 않은 일이 없어진다.

그러므로 한때 변희재 주간 미디어워치 대표와 함께 일베의 양대 이데올로그로 불리던 성재기 전 남성연대 대표가 사망했을 때도 그들은 웃음을 참지 못했다. 그들은 성재기의 사망에 대해 "이성적인 어른으로서" 할 만한 행동이 아니었다며, "뭐라고 말하기 뭐할 정도로 또라이"라는 말로 냉소할 뿐이었다. 생전에 고인이 일베를 대신하여 '싸워준' 인물이라 해도 전혀 문제 될 게 없다. 성 전 대표에게 "애정은" 가지만 그의 선택이 "멍청"하다는 사실은 변하지 않기 때문이다. 그러니 웃음이 나오지 않을 리가 없다. 성재기의 사망 소식이 전해진 이후 일베 게시판을 가득 메운 추모글조차 "좋은 떡밥"에 편승하여 "일베 한 번 가보겠다"는 생각으로 감정을 짜낸 글들이 대부분이었다. 일베 이용자에게는 이러한 행위들도 그저 "웃기다". 오유를 비롯한 '좌좀'들의 "감성팔이"를 시종일관 비난해온 일베에서 "멍청한" 짓을 한 성재기를 영웅화하며 "감성팔이"를 '시전'하는 것이기 때문이다.

'종북'에 '선동'당한 이들은 이론의 여지도 없다. 그들은 좌우를 막론하고 어차피 "자기 이권 챙기고자 하는" 이들이며 "똑같은 병신"인데 "감성팔이"에 홀려 한쪽을 열성적으로 지지하는 것에 불과하다. 촛불을 들고 광장에 나가든 뭘 하든 "제대로 이념을 갖고" 움직이는 것이 아니라 "자기 살기 퍽퍽하니까" 피우는 난동일 뿐이다. '종북'도 마찬가지다. 북한이 "망해가는" 나라인 줄도 모르고 "갖은 아양을 다 떠"는 행태도 우습지만, 통일이 되면 "한자리라도 얻을" 줄 아는 어처구니없는 믿음은 "너무 웃긴" 것이다. 선거 때마다 민주당에 "몰표"를 주는 "홍어"도, "감성팔이"에 현혹되어 "무식"을 드러내는 '김치녀'도 모두가 웃긴 존재들이다. 그들이 보기에 이들 '타자'에게 결정적으로 결여된 것은 계몽된 이성 자체다. 일베 이용자들이 자신들의 계몽적 이성에 가지는 자부심은 일베적 에토스의 진정한 핵심인 냉소주의를 이끈다. 김홍중의 지적처럼 불가능함과 무의미함을 이해하는 지식인의 정조가 멜랑콜리라면' 그 구체적인 행태는 냉소가 된다.[8] 이것이 한동안 논의된 '루저 정서'인바, 불안과 냉소는 공적인 곳에서 어떠한 희망도 가능성도 찾을 수 없는 이들이 사적인 곳으로 침잠할 때 나타난다. 그런 점에서 오늘날을 살아가는 모든 사람들은 '일베'로서의 충분조건을 만족시키고 있다고 보아야 할 것이다.

차가운 열광

일베 이용자들은 서로를 '우리'로 지칭하지 않는다. 이는 친목 금지의 문화에서도 나타난 것이며, 더 나아가면 일베는 '국뽕'과 같은 애국주의에도 선을 긋는다. 마치 자신들이 어디에 소속되어 있다는 감정을 느끼는 데 주저하는 것처럼 보일 정도다. 여기까지만 본다면 이들을 진정한 의미의 개인주의자이자, 반공보수를 넘어선 '정글보수'*와 같은 자유지상주의자로 이해할 수도 있다. 정말 심하게 표현한다면, 언어적 표현이 배배 꼬였을망정 진정한 '근대적 자아'로까지 오해할 수도 있다.

하지만 이들은 모든 것을 '평범한 것' 또는 산업화 시기 국가에 의해 제안된 도덕적·생애적 경로를 선험적인 것으로 규정하고 그 이외의 것을 배제한다는 점에서 근대적이라기보다는 부족적*이며, 현대 사회를 구성하는 다양성 또는 이질성을 부정한다는 점에서 기계적 연대에 종속되어 있다. 뒤르켐이 100년도 더 전에 지적한 것처럼, "현대 사회에 개인 간의 동질성에서 비롯되는 도덕성밖에 없다면 …… 인간은 더 이상 집단에 의해 충분히 규제되지 못하며, 그의 주변과 그 자신을 넘어서 자신의 이기주의를 억제함으로써 자신을 도덕적 존재로 만드는 사회의 거룩한 압력을 느끼지 못"한다.[10]

그래서일까? 일베 이용자들이 보여주는 사이버 의례, 즉 저격이나 인증대란 이래의 열광들은 마치 전근대 사회의 그것을 보는 것만큼 강렬하다. 그러나 그 열광의 배후에 흐르는 감정적 기류는 '분노'가 아니라 냉소이며, 이는 훼손된 집합 정체성을 복권하고자 하는 분노와는 전혀 다른 감정이다. 예컨대 어떤 게시물 때문에 한 이용자가 고소를 당했다 하더라도, 그 글에 '일베로'를 던져주며 동조한 이들은 "강 건너 불구경"을 할

---

*   미국식 자유의 가치를 지향하는 맥락에서 국민의힘 이준석 대표는 승자독식과 약육강식의 정글을 언급한 바 있다. 자세한 내용은 다음의 기사를 참고하라. 〈이준석 열풍…… 반공수구 누르고 '정글보수'가 등장했다〉, 《경향신문》, 2021.06.19.

뿐이다. 종종 '김치녀'와 '홍어', '좌빨'을 향한 격렬한 감정이 표출되기도 하지만 자세히 살펴보면 분노보다는 냉소와 비아냥이 지배적이고, 기실 그마저도 드립과 드립이 리드미컬하게 이어지는 말장난에 불과한 경우가 대부분이다. 말하자면 일베를 가득 채우는 온갖 드립과 클리셰는 의미를 창출해내는 담론이라기보다는 시시덕거림에 가깝고, 일베 안에 의례가 존재하기는 하나 그것은 표상을 만들어 '우리'를 낳지는 못하는 불임不姙의 의례이다. 가령 '노알라'라는 표상이 '일베충'임을 드러내는 코드일 수는 있지만, 어디까지나 '드립'에 머무르는 이러한 표상은 '우리'를 만들어내는 현실적인 힘이 지극히 미약하다. 일베에서 자주 이야기되듯이 각종 어그로성 드립의 핵심은 성스러운 것에 대한 도전 자체가 아니라 성스러운 것을 비꼬았을 때 돌아오는 '씹선비'들의 반응이 '우습다'는 데 있기 때문이다. 그 반응이 격렬하면 격렬할수록 그것으로 일베의 의례는 성공한 것이 된다.**

그러므로 이들의 혐오는 징벌인 만큼 정교한 놀이와도 같다. '일베'에 등극하기 위한 치열한 경연agon"은 '드립'의 강도를 심화한다. 이 과정에서 사이버공간의 특수성은 피해자와 가해자 사이의 거리를 무한에 가깝게 벌려놓았다. 애초에 물리적 거

** 설령 분노, 즉 그들 나름의 정의로운 회복에의 의례라 할지라도 그들이 본질적으로 부족인바, 열광적 의례로 그들의 도덕감정이 회복되었다 한들 일베의 도덕이 일반의 도덕과 공명하지 못한다는 점에서 여전히 불임임은 마찬가지이다.

리가 존재하지 않는 사이버공간은 맹폭을 가하면서도 죄책감을 느낄 수 없게 한다. 동시에 일베 이용자들은 신상 털기와 같은 열광적인 속죄의례의 과정에서도 팩트와 증거, 좌표를 요구하는데, 다른 한편으로는 의례의 요구 자체에도 냉소한다. 겉으로 보는 일베는 단일 대오를 이루고 있는 것처럼 보일지라도 조금만 자세히 살펴보면 끝없이 파편화되어 있다. 따라서 일베 이용자들에게서는 일베에 대한 충성심을 찾아보기 힘들며, 바로 그 점이 '일부심'의 근거가 되기도 한다. 이들은 루저이되 '감성팔이'에 속아 쉽게 선동되는 '씹선비'와는 대비되는, '합리적'인 '루저'로 자신을 인식하기 때문이다. 스스로의 한계를 명확히 알고 있는 이들이 '씹선비'를 비난하는 가장 치명적인 무기는 냉소인바, 이들은 '선비'들이 믿고 있는 성스러운 바로 그것을 냉소함으로써 성스러움의 기반부터 무너뜨리고자 한다.

또한 합리성과 감정 관리의 기술, 그리고 팩트로 무장한 일베 이용자들이 보기에 소수자들의 요구는 한낱 투정에 불과하다. 자신이 아무에게도 도움을 주지 않듯, 타인들 역시 자신에게 어떠한 도움도 주지 않는 파편화된 사회에서 믿을 것은 오로지 '나'의 능력과 노력뿐이다. 사회적 편견이 있다면 그것은 개인이 극복해야 할 일이기도 하거니와, 능력만 있다면 어떤 난관도 헤쳐나갈 수 있다. 그런데 스스로를 소수자라고 주장하는 이들은 사회에 책임을 돌리며 고통을 인정하고 배상할 것을 요구한다. 민주화는 이들의 무책임하고 비합리적인 요구에 굴복하여 애꿎은 자신들의 희생을 강요하며 기회의 평등이라는 원리

보통 일베들의 시대

를 내팽개쳤고, 이윽고 모든 것을 하향평준화한다. 이 같은 일베의 도덕이 가지고 있는 또 다른 면은 전형적인 신자유주의적 담론이다. 이러한 인식에서 공적인 것, 정치적인 것, 사회적인 것을 찾기란 거의 불가능하다. 오직 개인, 그것도 아주 작은 사회에서 맥락 없이 합리적이기만 한 개인이 있을 뿐이다.

거대서사가 사라진 오늘날, 성스러운 것은 더 이상 단일한 무언가가 아니며 주체들의 행위 양식을 규제할 만한 압력을 행사하는 데도 예전 같은 영향력을 가지지 못한다. 그렇다고 해서 뒤르켐이 말하는 연대를 창출하는지도 의문을 남긴다. 콜린스가 지적했듯 상호작용에 있어 대면은 매우 핵심적인 역할을 하고 있고, 뒤르켐 역시 사람들이 '모인' 곳에서 집합감정이 전기처럼 촉발되어 감정적 에너지를 충족시킬 수 있다고 주장했다. 이는 일베의 특수성을 더욱 도드라지게 하는 지점이다. 즉, 온라인에서만큼은 어느 커뮤니티보다 열광을 과시하는 일베지만 '현실 세계'에서 서로를 대면한 적은 없기에 그들이 '일부심' 등으로 연출하는 연대는 근본적으로 불충분할 수밖에 없는 한계를 가지고 있다.

나는 일베가 보여주는 이러한 열광을 '연대를 만들어내지 않는 열광', 다시 말해 차가운 열광이라고 부르고 싶다. 차가운 열광은 타자를 향한 냉혹한 폭력성을 의미하는 것이 아니다. 이 열광은 '희생자'인 타자에게는 물론 동료이며 '가해자'인 '우리'에게조차 냉담한 열광이고, 일베라는 공간 자체는 공적이되 그 구성원들은 사적인 공간에, 즉 컴퓨터와 스마트폰 앞에 머물러 있기에 가능한 열광이다. 일베와 피해자들 간의 감정적 거리가 먼 만큼이나 같은 일베 이용자들 역시 서로 멀리 떨어져 있어 함께 '모인다는 사실'이 촉발하는 전류가 생길 수 없고, 잠시나마 튄 전류조차 오랜 기간 지속되지 못한다. 2014년, 세월호 특별법 제정을 위한 단식농성장 옆에서 이에 '대항하기' 위해 이뤄진 이른바 '폭식집회'가 장기적인, 또는 집중적으로 대규모의 자원을 투입해야 하는(즉, 정치적으로 사람들을 동원해야 하는) 집회가 되지 못한 이유도 바로 여기에 있다.

일베가 보여주는 차가운 열광에 대해 일부에서는 이들의 '공감 불능성'을 우려하기도 한다. 폭식집회와 같은 모습은 기실 5·18을 폭동으로 비하하며 희생자들을 조롱하고 모욕하는 평소 일베의 모습과 다르지 않은 것이었다. 게시물 분석 사례에서도 보았듯이 일베 이용자들은 5·18을 이야기할 때도 광주 시민보다 당시 투입된 공수부대원들과 군부의 입장에 더 깊이 공감하며 '시원하게' '사태'를 해결한 데 찬사를 보낸다. 희생당한 이들은 '선동'에 놀아나 '나대다가' 피해를 입은 것이니 본인이 자초한 결과라는 것이다. 이러한 태도는 세월호 참사 유가족에 대한 태도로도 그대로 이어진다.

하지만 이러한 태도의 원인을 공감 능력 부재로 이해하기에는 무리가 있다. 감정사회학자들의 말처럼 문화적·사회적 구성물인 감정은 사라지는 것이 아니라 사회의 변화에 따라 표출되는 방식이 변화할 뿐이다. 일베 이용자들이 희생자들의 시신에 '환호'하고 유가족을 보상금이나 노리는 '속물'로 이해하며 대통령과 군인, 잠수부의 입장에 자신을 이입하는 것은 그들의 공감이 피해자와 가해자 사이에 있다기보다 패자와 승자 사이에 있기 때문이다. 바꿔 말하면 이들의 공감 대상은 '가해자'보다는 '승자'라는 것인데, 이러한 태도는 5·18 수정주의에서 북한 특수부대 침투론이 상기시키는 것처럼 민중은 스스로 생각해 판단을 내릴 능력이 없다는 전제에서 기인한다. 이는 촛불집회가 좌파의 '선동'으로 촉발된 것이라는 이해와도 맥을 같이하며, 일베 이용자들이 능력주의의 신봉과 패자(피해자, 소수자, 약자) 혐오 그리고 지배자 갈망을 내면화하고 있다는 사실을 방증하는 것이기도 하다. 비록 그들 스스로가 자신의 인생을 밑바닥 인생이라 자조할지라도 말이다.

이처럼 일베 이용자들의 '전도된 공감'은 스스로를 패자의 위치에 놓을 수 없는 상상력의 결여에서 기인한다. 이러한 상상력의 결여는 약육강식과 우승열패를 내면화해 끊임없이 자기계발하는 멘털리티[12]에서 비롯된 것이다. 그리고 이 멘털리티는 다시, 강고하게 작동하는 평범 내러티브가 감정 관리를 강요하고 서로의 고통에 대한 무시를 종용하는 데서 비롯된다. 따라서 일베로 대표되는 혐오라는 현상은 현대 자본주의 체제의 "'부작용'이 아니라 오히려 시스템에 의해서 만들어지는 '주작용'"[13]이라고 해야 할 것이다.

2. 일베의 주류화

기어코, 이 차가운 열광이자 불임의 의례를 조직화하려는 시도가 나타났다. 그 중심에 국민의힘 당대표 이준석이 있다. 예능과 시사를 넘나들며 쌓아 올린 인지도와 2030 남성이라는 코어 지지세력을 바탕으로 역대 가장 젊은 보수당 당수가 된 이준석은 일베가 취할 수 있는 가장 정돈된 형태의 인물이다. 중산층 태생의 그는 과학고를 거쳐 하버드대학교를 졸업했다는 개인적 성취(또는 스펙)와 함께 일베를 위시한 남초 커뮤니티들에서 상대 정파에 대한 가장 자극적인 공격 방식을 섭렵하고, 조직되지 못한 불만(즉, 차가운 열광)을 동원하여 능력주의에 기반한 사회를 이룩하겠다는 '정치적 비전'을 제시한, 한국 정치사상 보기 드문 캐릭터다. 그가 소수자에 대한 혐오를 선동하여 정치적 이득을 취하려 하기 때문에 '일베의 현신'이라고 규정하는 것이 아니다. 그보다는, 우리가 지금까지 살펴본 데이터와 게시물, 인터뷰 등을 통해 도출하고 이해한 일베의 특징, 즉 평범 내러티브라고 하는 **내용**과 '내로남불'과 냉소를 위시한 공격이라는 **형식**을 그가 갖추었으며 능력주의라는 **비전**을 실현하고자 하기 때문이다.

우선 그의 비전인 능력주의부터 살펴보자. 그는 2022년 1월 한 인터뷰에서 "이준석 대표가 자주 이야기하는 공정과 정의에 대해 정의해달라"는 기자의 질문에 "회사원의 아들이 공

부 열심히 해서 장학금 받고 최고의 학교를 다니고 나중에 제1
야당 당대표까지 할 수 있으면 그게 공정이라 생각한다"[4]라고
대답한 바 있다. 천관율 전《시사인》기자와의 협업 과정에서
일베 이용자들의 인터뷰 내용을 의미연결망으로 분석한 내용*
과 거의 정확하게 공명하는 이 짧은 대답에서, 이준석은 자신의
'성공 스토리'를 통해 스스로를 능력주의의 롤모델로 위치시킨
다. 이때 우리가 주목해야 하는 지점은 "공부 열심히 해서 ……
최고의 학교"에 다녔다고 하는 능력 증명의 체계다. 그는 이 짧
은 인터뷰에서 자신이 "회사원의 아들"임을 강조하며 능력주의
의 해방적 측면, 즉 '능력만 있다면 누구나' 공정한 경쟁을 통해
능력에 걸맞는 지위를 성취할 수 있다는 이상을 설파한다.

　공정에 대한 이준석의 '철학'은 상당히 조야한데, 그가 자
신의 저서《공정한 경쟁》에서 중학생 시절을 회고하며 "완벽하
게 공정한 경쟁"을 말하는 것 역시 같은 맥락이다. 능력주의의
'이즘'으로서의 진가는 여기서 나타나는데, 경쟁의 승자는 자신
의 현 상태에 정당성을 부여받는 반면 패자들은 수치심만을 얻
는다. 바꿔 말하면, 승자의 입장에서 패자의 사정은 봐줄 필요
가 없어진다. 이는 성취를 꿈꾸며 경쟁선에 선 이들에게는 희망
이자 공포이며 불안의 근원이다. 우리는 일베 이용자들이 실은
매우 성실한 자기계발자이며 승자 편향을 가진 이들임을 알고
있다. 스펙을 쌓는 행위란 취업시장에서의 경쟁력, 즉 '능력'을

---

*　〈이제 국가 앞에 당당히 선 '일베의 청년들'〉,《시사인》, 2014.09.29.

검증하기 위한 도구라는 점을 고려할 때, 잠재적 패자들의 사정을 '봐주는' 제도의 적극적 개입은 '공정한 경쟁'을 가로막는 것일 뿐이다. 심지어 자신이 패자에 가까울지라도 능력주의의 헤게모니에는 저항하지 않는다. 모두가 학력 인증을 하는 와중에 '나만 루저'라는 사실을 깨달았을지라도 수치심을 감추기보다 일베라는 호모소셜에 드러내놓고 자학하기를 선택하는 것처럼 말이다. 노동 현장에서 사망한 동년배를 향할 동정심은 없다. 능력만 있었다면 그런 일은 일어나지 않았을 것이기 때문이다. 설령 동정심이 발동한다 하더라도 그것은 노동자로서의 연대가 아니라 그렇게 위험한 현장에는 왜 항상 남성들만 가느냐는 남성-희생자의식의 알리바이로 소모될 뿐이다.

이준석은 이러한 일베의 사고방식을 그 누구보다 현란한 언어로 구현하며 '적'을 설정하고 농락하는 최고의 공격수다. 그의 정치적 자산은 누가 뭐래도 '이대남'이다. 펨코와 일베, 디시 등에서 터져 나오는 남성들의 불만을 정당화하며 제도 정치의 주요 의제로 올린 그는 '펨코대통령'이라 불릴 정도로 보수 계열 남초 커뮤니티와의 끈끈한 관계를 자랑한다. 일베 등에서 나타난 남성들의 불만이 (우리가 이 책을 통틀어 살펴본) 진보-호남-여성과 같은 이등시민 또는 소수자에게 주어진 '특권'으로 인해 의무를 이행한 자신들의 '희생'이 무시당한다고 느끼는 데 있다고 할 때, 윤석열 대통령의 단문 공약 1호가 "여성가족부 폐지"였다는 점은 의미심장하다.

당대표 취임 이후 그가 흩뿌린 언설은 진보 계열 논자들

의 공분을 불러일으켰다. 그중에서도 '백미'는 전국장애인차별
철폐연대의 이동권투쟁 지하철 시위를 두고 한 '비문명' 발언이
다. 그는 "억울함과 관심을 호소하는 많은 사람들이 모두 지하
철을 점거해서 '최대 다수의 불편'에 의존하는 사회가 문명입니
까?"라며 전장연이 "서울 시민을 볼모삼아 무리한 요구"를 하고
있다고 주장하며 "'불특정한 최대 다수의 불편이 특별한 우리
에 대한 관심'이라는 투쟁 방식을 용인한다면 우리 사회의 질서
는 무너집니다"⁵라는 말을 덧붙였다. 이에 대해 진보 진영의 전
통적인 스피커들은 그의 발언과 정책, 정치적 행보들을 '혐오'
라고 규정하며 사과를 요구했지만, 그의 반응은 한결같은 이죽
거림이었다. '나는 혐오표현을 한 적이 없다', 그러므로 "사과할
일" 같은 것도 없다. "전장연이 오히려 저에게 장애인 혐오 프레
임을 씌우려고 했던 것에 [대해] 사과한다면 받아줄 의향은 있
습니다."¹⁶

　　이준석은 전통적인 보수 진영의 레토릭을 동원하는 '정공
법'과 사이버공간의 논쟁에서 사용되는 수사적 술수 또는 '기
책奇策'을 뒤섞어 자신의 메시지를 강화한다. 우선 정공법은 다
음과 같다. 전장연의 행위는 '불법 행위'라는 것이다. 장애인이
든 아니든 불법 행위에는 법치 국가의 철칙에 따른 엄정한 대응
이 있을 뿐이라는 게 그의 논리다. 불법 행위자가 소수자든, 그
들이 왜 지하철에서의 출퇴근 시간대 시위를 선택했는지에 대
해서든 그런 맥락은 불법성 판단에 어떠한 영향도 미쳐선 안 된
다. 이러한 그의 언설에는 '박원순 시장 때는 가만히 있다가 오

세훈 시장이 취임하니까 저런다'는 식의 전통적인 진영 갈라치기도 동원된다. 물론 사실관계와는 무관하다.

하지만 그의 진정한 '강점'은 무엇보다 술수에 있다. 그가 즐겨 사용하는 술수는 '적'이 언젠가 뱉은 말을 탈맥락화시킨 후, 가장 자극적인 부분만을 과장하여 그것을 상대의 추악함으로 부각함으로써 원래의 발언이 가지고 있던 도덕적 함의를 파괴하는 것이다. 전장연과의 갈등 국면에서 그가 동원한 말은 '버스 타세요'였다. 이 발언은 2022년 2월 장애인 이동권투쟁 지하철 시위 과정에서 "할머니 임종을 봐야 한다"고 소리치는 승객에게 이형숙 서울시장애인자립생활센터협의회 회장이 "[저도] 그런 걸 당해봤기 때문에 잘 압니다. 저도 그래서 임종을 못 봤거든요. 정말 죄송합니다"라고 대답한 발언의 전후 맥락이 삭제된 것이다." 이준석은 사태의 전후 맥락을 삭제하여 상대의 발언을 자신에게 유리하게 만드는 데 비상한 재능을 가지고 있다. 대부분의 사람들이 맥락에 관심이 없다는 사실은 그의 재능에 날개를 달아준다. 그는 자못 당당하게 되묻는다. "최근 유가도 많이 올라서 통근 거리가 멀어도 자차[자가용]를 포기해야 하고 멀어서 지하철 외에는 방법이 없는 분들이 많은데 [그분들에게도] 월요일 아침에 '버스 타고 가면 된다'라고 일갈할지 궁금합니다.""[18]

이러한 국면에서 장애인이라는 소수자, 또는 '언더도그마'를 향한 이준석 대표의 현란한 공격에 지지자들은 열광했다. 그리고 딱 그만큼, 많은 이들의 공분을 불러일으켰다. 하지만 이준석 대표를 향한 비판의 예봉은 그에게 거의 아무런 상처도 입히지 못한 것처럼 보인다. 다양한 맥락과 이론적 개념을 동원하여 그를 '혐오주의자'라고 옳게 규정하더라도, '혐오 발언(또는 선동)을 한 바가 없다'고 맞서는 뻔뻔한 주장은 비판을 너무나 쉽게 무력화하기 때문이다.

마지막으로 언급할 것은 그의 '내용'이다. 이준석 대표는 앞서 전장연 사태와 관련한 인터뷰에서 장애인단체 시위의 20년 역사에 대해서도 생각해봐야 하지 않느냐는 기자의 질문에 다음과 같이 대답했다. "우리 사회 보면 어차피 아픔이란 건 상대적[인 것이고 따라서] 비교하는 게 옳지 않다. 이분들 못지않게 굉장한 아픔을 가진 분들이 있다." 이 책을 통틀어 내내 주장한 일베의 평범 내러티브를, 그는 자신의 언어로 표현하고 있다.

이준석은 과연 단지 한때를 휩쓸고 지나갈 젊은 정치인의 일베적 캐릭터에 불과할까? 나는 그렇지 않다고 본다. 일베적 멘털리티와 행위는 더 이상 사이버공간의 하위문화가 아니다. 온라인 커뮤니티에서 산발적으로 분출되던 혐오와 불만이 그들을 가장 잘 이해하는 정치인에 의해 '정당한' 것으로 인정받고, 그 인정을 바탕으로 정치적인 동원과 승리라는 경험을 축적하기에 이르렀다. 당초 2030 남성 청년층과 60대 이상 노인층을 한데 결집하는 것으로 민주당 코어 지지층을 고립시키겠다던 국민의힘의 '세대 포위론'은 20대 여성의 '이반'으로 좌절되었지만, 혐오를 기표로 지지층 결집이 가능하다는 사실을 확인한 정치는 더욱 가열한 백래시를 시도할 확률이 높다.

만약 이준석에게서 일베의 그림자를 느낀다면 그것은 그가 혐오 선동가여서가 아니라(설령 그렇다 할지라도 선동이라는 행위는 부차적이다) 그가 보여주는 정치의 형식과 내용과 비전이 일베의 그것이기 때문일 것이다. 이준석이라는 표상은 일베적 멘털리티가 정당성을 확보하고 승리의 경험을 축적하며 조직화되고 주류화되는 문을 열어젖혔다. 그리하여 이준석에게서 느껴지는 일베의 그림자란 각자의 특수한 경험과 환경과 조건이 무시되고, '공정한 경쟁'이라는 이름의 경직된 평가체계에 모두가 사활을 걸고, 그 결과에 따른 열패감과 모멸감, 그리고 빈곤까지도 기꺼이 받아들이는 능력주의적 디스토피아의 도래다. 하물며 모멸을 주는 이들이 일베적 형식까지 취한다면 누구도 패배와 모욕의 그림자에서 자유롭지 않을 그 사회가 얼마나 참혹할지는 말할 것도 없다.

혐오의 시대에 맞서기 위해

기실 이준석의 비전과 자신감의 원천은 진보 진영 그 자체에 있다. 특히 담론 생산이라는 차원에서 진보 진영은 거의 무능 수준에 이르렀다. 앞서도 간단히 언급했지만, 이준석이라는 정치인이 등장한 이래 10년이 지나는 동안 어떤 정치인, 논객, 학자도 이준석이 구사하는 일베적 내용과 형식과 비전을 파훼하지 못했다. 이는 이준석이 뛰어난 정치인이거나 유달리 비열해서가 아니다. 그의 말은 비록 유독하나마 '현장'의 경험과 정서를 담고 있다. 물론 이준석이 대변한다고 하는 '현장'이란 특정 커뮤니티에서 적극적으로 여론을 주도하는 남성 피해자 서사의 맹신자들이겠지만, 요는 이준석이라는 정치인이 일베와 펨코, 페이스북 등의 도구를 활용하여 그들의 환심을 사 자신의 정치적 자산으로 흡수한다는 합목적적 기획 아래 그들의 불만과 생각을 이해하고 나아가 커뮤니케이션의 형식까지도 온몸으로 흡수하여 자유자재로 활용하는 '경지'에 이르렀다는 것이다. 이 과정에서 혐오는 정치적 조직을 위한 훌륭한 선동의 도구였을 따름이다.

이러한 '노력'에 비해, 진보 진영의 대안/대항담론은 거의 전혀 대응하지 못했다. 기껏해야 유럽 학자들의 개념을 옮겨다가 맥락 없이, 그러므로 이해도 할 수 없는 개념과 이론에 기대 관념적이고도 습관적인 비판만을 했을 뿐이다. 게다가 지식과 담론의 전당이어야 했던 학회들은 거의 마비상태나 다름없어서, 상호검증이나 리뷰도 제대로 이루어지지 않은 함량 미달의 논문도 버젓이 발표되는 게 현실이다. '보이루' 논란은 이 취약한 학문장의 현실을 적나라하게 드러낸 해프닝이었다. 윤김지선 박사가 논문에서 보이루의 어원을 잘못 기재했을 수는 있다. 최성호 교수의 지적처럼 "누구나 글을 쓰다 보면 실수로, 혹은 능력의 부족으로 잡문을 쓸 수 있"고, 사소하든 중대하든 오류가 발생할 수도 있는 일이다. 그리고 그 오류를 잡아내, 사소하다면 수정을 요구하고 중대하다면 게재를 거부하는 것이 학계이고 학회이며 학문 공동체다. 따라서 보이루 사태로 인한 한국 인문학계의 망신은 기본적인 사실관계도 따지지 않고 해외의 개념을 마구잡이로 사용한 윤김지선 박사에게도 책임이 있지만, 진정한 원인은 함량 미달의 텍스트를 사전에 걸러내야 할 책임을 방기한 철학연구회,' 비약을 무릅쓰고 확장한다면, 한국의 취약한 지식 담론 생산체계에 있다. 이런 상황에서 아무리

보통 일베들의 시대

이준석을 '혐오주의자'라고 규정한들 돌아오는 것은 비웃음뿐이다. '누가 누구를 판단하느냐'는 비웃음 말이다.

하지만 이러한 체계적인 무능과 마비, 지적 게으름 또는 허영 속에서도 한국 인문사회과학에서는 탁월한 연구와 새로운 시도들이 계속해서 나타나고 있다. 이들 연구들의 공통점은 충실한 데이터에 기반한 이론화에 있다. 이때의 데이터란 설문조사와 같은 전통적인 양적 방법과 빅데이터 같은 최신 방법론, 심층면접 등의 질적 방법을 망라한다. 촘촘한 현장조사와 철저한 문헌연구, 연구자들 사이의 치열한 리뷰까지 지식 생산의 정석을 따른 연구와 언어화된 경험들은 현실을 살아가는 이웃들로부터 귀납한 지혜이기에 단단하다. 이러한 과정을 거쳐 생산된 지식은 역사성과 거시적 맥락을 복원하여 지식과 개념의 연결망을 구성하고 이윽고 활자 밖으로 튀어나오는 생동감과 현실감을 전달한다. 이러한 현장성이야말로 탈맥락화를 통한 반증 사례를 들이밀며 '깔짝대는' 일베식의 이죽거림과 선동가들의 현혹에 흔들리지 않을 수 있는 지식의 원천이라고 믿는다.

많은 이들이 오늘날을 혐오 사회라고 일컫는다. 갈등이 격화되고 있다고 한다. 하지만 역사를 돌이켜보면 갈등은 항상 기존의 힘과 대안적 힘이 어느 정도 비등한 수준이 되었을 때 폭발했다. 지금의 이른바 '젠더 갈등'과 소수자 혐오는 바꿔 말하면 한국 사회의 '평범'이 더 이상 작동하지 않는다는 사실을 방증하는 것이며, 자신을 소수자로 인식하는 이들이 그만큼 많아졌다는 뜻이기도 하다. 당장 일베적 언어 표현의 기원을 따져보아도 언더도그의 그것이 아니던가. 일베 이용자들이 언더도그의 언어로 언더도그마를 비난하나마, 전통적인 '평범한 남성'에 속하지 못하는 이들의 불만 역시 임계치에 다다랐음을 인정해야 한다. 누군가는 일베가 철석같이 믿는 평범성을 두고 '그런 시대는 지났다'며 비웃겠지만, '밥상머리 교육'에서부터 시작돼 나름대로 최선을 다하며 삶의 목표로 삼았을 누군가의 지향점을 '낡은 것'이라고 할 때는 그 낡은 관념을 대체할 만한 무언가에 대한 고민을 전제해야 한다. 그러한 고민 없이 '평범'한 '노오력'을 지속하는 이들을 비웃었던 데서, 그로 인해 일군의 평범한 노력가들이 좌절하고 상처받았던 과거 언젠가의 시점부터 일베는 태동했을지 모른다.

평범한 삶이 도달 불가능한 것이 된 지금, 엉뚱하게도 그에 대한 좌절의 책임을 구조가 아닌 소수자에게 묻고 있다고 할 때, 그래서 사회가 점점 더 파편화되고 있다고 할 때, 다시 사회를 만들어낼 새로운 도덕의 단초는 능력주의가 아닌 평범함을 다변화하는 데 있을 것이다. 사회 구성원들이 각자의 방법으로 평범해지는, 즉 소박하지만 분명히 달성 가능한 목표를 세울 수 있는 사회가 되어야 한다. 이는 필연적으로 고용안정을 포함한 여타의 사회적 안정망은 물론, 서울 대 지방이라는 지역 간 불평등 문제를 해결하는 것까지 폭넓은 대책이 요구된다. 그리고 무엇보다, 엄기호의 말대로 "역사를 믿는다는 것"이 광장의 "조울증에서 벗어나 평상심을 회복하는 일"이라면, "절망보다 좀 더 긴 시간 감각을 가지고 삶의 현장을 보는 것, 광장의 찰나에

흥분하기보다 좀 더 긴 시간 감각을 가지고 광장을 보는 것"이라면, 우리는 우리의 역사를 조금 더 믿을 필요가 있다. 그러한 태도가 "우리를 이 체제의 통치에서 벗어나 다시 역사를 도모할 수 있게 할 것"이기 때문이다.[2]

정확한 예가 될지는 모르겠지만, 개인적인 경험을 공유하며 이 책을 마무리하려 한다. 나는 최근 '영끌'의 결과였으나마 아주 운이 좋게도 신축 아파트에 입주하는 행운을 얻었다. 생애 처음으로 구매한 집이다 보니 거의 매일 입주민들이 모인 인터넷 카페에 들어가게 되었다. 완공이 얼마 남지 않았던 봄날, 입주민 카페에서는 어린이집이나 유치원 셔틀버스를 위해 단지 내에 마련된 공간을 두고 '소란'이 있었다. 소란인즉슨 그 공간의 이름이 '맘스라운지'라는 데 따른 것으로, 이를 다른 이름으로 교체해줄 것을 건설사에 요구하자는 내용이었다. 누군가는 아빠의 재택근무를 이유로, 또 누군가는 양육자에 엄마만 있는 게 아니라는 이유로 지속된 이 소란은 '맘스라운지'를 새긴 표지판을 이미 발주해 수정하기 어렵다는 시공사의 답변으로 마무리되었다.

오후 라디오 프로그램의 사연과도 같은 이 에피소드의 진정한 재미는 소란을 일으킨 이들이 대개 남성이었다는 데 있다. 이들 중에는 언젠가 누군가로부터 '개새끼'라고 불렸던 20대가 있을 것이고, 민주당의 핵심 지지층이라 여겨지는 3040 세대가 있을 것이며, 육아 '분담'에 불만이 있을지언정 어영부영 아이들 손을 잡고 등원은 시키는 사람도 있을 것이다. 이들 중 누군가는 과거 그 누구보다 열띠게 '개똥녀'를 색출하며 분노했을지 모른다. 그런 생각에 닿으면 여전히 일상의 작은 경험과 관계들이 세상을 바꾸고 있으며, 그러므로 여전히 새로운 역사를 도모할 수 있을 것만 같은 기분이 든다. 그래서 이 책을 썼다.

이 책이 나오기까지 많은 지지를 보내주고 수고해준 이들
에게 감사를 전한다. 이 연구에 착수한 시점으로부터 지금까지
10년 동안, 단 한 번의 채근도 없이 무한한 지지와 지원을 해주
신 나의 부모님과, 처음 인사드린 이래 책 쓴다는 말씀만 드린
장인어른과 장모님께 진심으로 감사드린다. 또한 나의 두 동생,
김학승과 이진우는 항상 누구보다 빨리 사이버공간에서의 사
건·사고를 나름의 인사이트와 함께 전달해주었으며, 독자로서
의 솔직한 피드백을 주었다.

사회학의 길로 인도해주신 전남대학교 사회학과 정수남
교수님, 그리고 석사과정 지도교수님이셨던 서울대학교 서이
종 교수님을 비롯한 정근식 교수님, 김홍중 교수님께도 감사의
말씀을 드린다. 이분들 덕분에 연구의 꼴을 갖춘 글을 완결 지

을 수 있었다. 석사 시절의 동지들인 김유하, 류연미, 박주현에게도 감사드린다. 나보다도 이 책의 논지를 더 잘 이해해주신 엄기호 선생님은 과분하게도 추천사까지 써주셨다. 크나큰 감사 말씀을 올린다.

뉴미디어 스타트업 얼룩소의 신수현 대표와 천관율 에디터의 변함 없는 신뢰에 감사드리며, 커리어 입문 이래 기술적 지원을 제공해준 서울특별시 빅데이터담당관실의 나세훈 주무관, 데이터 과학에의 길을 열어준 고등학교 이래로의 친구 이정현, 방법론적 혁신을 제공해준 언더스코어 강태영 대표께도 감사드린다. 일베충이라는 낙인을 무릅쓰고 나와 대면해준 열 명의 연구참여자들에게도 깊은 감사를 드린다. 여러 차례 출판사를 옮기는 과정에서 오월의봄에 안착할 수 있게 도와준 동료 경남대학교 양승훈 교수님과 선뜻 단행본 출간을 결정한 오월의봄 박재영 대표님, 이 책이 환골탈태할 수 있게 물심양면으로 도와준 한의영 편집자님께도 감사드린다. 또한 2단계에 걸친 한국출판문화산업진흥원의 아낌 없는 지원에 감사드린다.

가장 신뢰하는 연구자이자 페미니스트이며 또한 나의 아내인 윤보라에게 표현할 길 없는 감사와 사랑을 전한다. 이 책의 핵심이라고도 할 수 있는 일베 이용자 인터뷰를 진행할 수 있었던 데는 당시 여자친구였던 아내가 해준 조언이 결정적이었다. 일베 연구자라는 인연으로 시작해 지금에 이르기까지, 윤보라는 연구자로서나 생활인으로서, 무엇보다 성숙한 인간으로서 한계가 가득한 나에게 삶과 정신의 토대이자 지향점이 되어주었다.

　마지막으로, 나의 사랑, 나의 모든 것, 안나푸르나의 아이 김민찬에게 이 책을 바친다.

2022년 6월

김학준

들어가며

1   〈서민 문재인, 빌게이츠 안경테 끼고 '의자왕' 돼〉,《뉴스데일리》,
    2012.11.30.

2   〈MB 손녀 '명품 패딩' 논란 후끈〉,《프레시안》, 2012.1.24.

3   박가분,《일베의 사상》, 오월의봄, 2013, 146쪽.

4   조용신, 〈예외상태와 파시즘의 한국 사회: 일간베스트저장소(일베)
    분석을 중심으로〉, 경희대학교 NGO대학원 석사학위 논문, 2014, 62쪽.

5   한윤형, 〈한국 좌우파 투쟁의 흐름 속에서 '일베'를 바라보다: '일베'는
    기존의 좌우파와 어떻게 닮았고, 또 다른가〉,《진보평론》제57호,
    메이데이, 2013, 21쪽.

6   같은 글, 29쪽.

7   같은 글, 30쪽.

8   윤보라, 〈일베와 여성혐오: '일베는 어디에나 있고 어디에도 없다'〉,
    《진보평론》제57호, 메이데이, 2013, 34쪽.

9   같은 글, 45쪽.

10   같은 글, 54쪽.

11   엄진, 〈전략적 여성혐오와 그 모순: 인터넷 커뮤니티
      '일간베스트저장소'의 게시물 분석을 중심으로〉, 《미디어, 젠더 &
      문화》 제31권 2호, 한국여성커뮤니케이션학회, 2016, 193~236쪽.

12   김용민, 〈너희에겐 희망이 없다〉, 《충대신문》, 2009.8.20.

13   김학준, 〈웃음과 폭력: 혐오 없는 웃음은 가능한가〉, 《그런 남자는
      없다: 혐오사회에서 한국 남성성 질문하기》, 연세대학교 젠더연구소
      엮음, 오월의봄, 2017.

1장 일베의 계보: 사이버공간의 간략한 문화사

1   류종영, 《웃음의 미학》, 유로서적, 2005, 444쪽.

2   안상욱, 〈한국사회에서 '루저문화'의 등장과 남성성의 재구성〉,
      서울대학교 여성학대학원 석사학위 논문, 2011, 56쪽.

3   김광옥·민진영, 〈'개그콘서트'의 웃음의 형식적 특성〉, 《동서언론》
      제12집, 동서언론학회, 2009, 37~58쪽.

4   〈넷플릭스의 '유병재: 블랙코미디', '사회 풍자'의 부활일까〉,
      《오마이뉴스》, 2018.3.18.

5   김학준, 〈웃음과 폭력: 혐오 없는 웃음은 가능한가〉, 《그런 남자는
      없다: 혐오사회에서 한국 남성성 질문하기》, 연세대학교 젠더연구소
      엮음, 282~300쪽.

6   어빙 고프먼, 《자아 연출의 사회학》, 진수미 옮김, 현암사, 2016.

7   금희조, 〈사이버 패러디신문 정치인 관련 기사의 담론〉,
      《사이버커뮤니케이션학보》 제4호, 사이버커뮤니케이션학회, 1999,
      41~72쪽.

8   백욱인, 〈[촌평] 생산적 패러디를 위하여: '딴지일보'를 보고〉,
      《당대비평》 통권 제6호, 생각의나무, 1999.

9   이광석, 〈온라인 정치 패러디물의 미학적 가능성과 한계〉,

《한국언론정보학보》통권 제48호, 한국언론정보학회, 2009, 110쪽.

10 린다 허천, 《패러디 이론》, 김상구 외 옮김, 문예출판사, 1992,
123~124쪽. 안상욱, 〈한국사회에서 '루저문화'의 등장과 남성성의
재구성〉, 56쪽에서 재인용.

11 배은경, 〈군가산점 논란의 지형과 쟁점〉, 《여성과 사회》 제11호,
한국여성연구소, 2000, 92~114쪽.; 윤보라, 〈디지털 거주지(digital
dwelling)와 성폭력-'카카오톡 단체 채팅방 성희롱 사건'을 다시
보기〉, 《페미니즘 연구》 제20권 1호, 한국여성연구소, 2020, 42쪽.

12 사이버 담론장의 이념적 변화에 대해서는 다음의 연구들을 참고하라.
최태섭, 〈전자정의(電子正義)의 탄생〉, 《황해문화》 통권 제75호,
새얼문화재단, 2012.; 장우영, 〈사이버공간의 이념과 정치: 한국
사이버 공론장의 구조 변동〉, 《한국과 국제정치》 제22권 4호,
경남대학교 극동문제연구소, 2006.

13 〈2002, 2008······ 그리고 2016, 이것이 촛불의 역사다〉,
《오마이뉴스》, 2016.11.24.

14 김홍중·김유하·김정환·류연미, 〈고시패스의 욕망과 수험의
페이션시(patiency):《고시계》(1980~ 2018년) 사법시험 합격 수기를
중심으로〉, 《경제와사회》 제126호, 비판사회학회, 2020, 130~131쪽.

15 김학준, 〈질식의 예감〉, 《문화과학》 제85호, 문화과학사, 2016,
309~319쪽.

16 이상길 외, 《그대는 왜 촛불을 끄셨나요: 폭력과 추방의 시대, 촛불의
민주주의를 다시 묻는다》, 당대비평 기획위원회 엮음, 산책자, 2009.;
김학준, 〈질식의 예감〉, 《문화과학》 제85호, 309~319쪽.

17 김수아·이예슬, 〈온라인 커뮤니티와 남성-약자 서사
구축:'여성혐오'및 성차별 사건 관련 게시판 토론의 담론 분석을
중심으로〉, 《한국여성학》 제33권 3호, 한국여성학회, 2017, 67~107쪽.

18 톰 니콜스, 《전문가와 강적들:나도 너만큼 알아》, 정혜윤 옮김, 오르마,
2017, 399~400쪽.

19 〈이명박 대통령 "촛불은 누구 돈으로 샀고, 누가 주도하느냐"〉,

《경향신문》, 2008.6.2.

20 〈골방의 '폐인'들이 거리로 나선 까닭〉,《오마이뉴스》, 2004.4.12.

21 김예란,〈리액션 비디오의 주목경제: K-Pop 의 지구적
생산과 소비를 중심으로〉,《방송문화연구》제24권 2호, KBS
공영미디어연구소, 2012, 161~192쪽. ; 박권일,〈[야!한국사회]
주목경쟁의 시대〉,《한겨레》, 2014.10.13.

22 마크 스미스 엮음,《사이버공간과 공동체》, 조동기 옮김, 나남, 2001.

23 이길호,〈우리는 디씨: 사이버스페이스에서 증여, 전쟁, 권력〉,
서울대학교 인류학과 석사학위 논문, 2010, 367쪽.

24 같은 글, 368쪽.

25 오찬호,《우리는 차별에 찬성합니다: 괴물이 된 이십대의 자화상》,
개마고원, 2013.; 강준만,〈왜 부모를 잘 둔 것도 능력이 되었나?:
'능력주의 커뮤니케이션'의 심리적 기제〉,《사회과학연구》
제55집 2호, 강원대학교 사회과학연구원, 2016, 319~355쪽.;
김홍중·김유하·김정환·류연미,〈고시패스의 욕망과 수험의
페이션시 (patiency):《고시계》(1980~2018년) 사법시험 합격
수기를 중심으로〉, 443~475쪽.

26 랜들 콜린스,《사회적 삶의 에너지: 상호작용 의례의 사슬》, 진수미
옮김, 한울아카데미, 2009.

27 아즈마 히로키,《게임적 리얼리즘의 탄생: 오타쿠, 게임,
라이트노벨》, 장이지 옮김, 현실문화, 2012.

28 〈홍콩 간 한국 여행객, 한때 격리 거부〉,《중앙일보》, 2015.6.1.

29 〈정의의 파수꾼들?〉,《시사인》, 2016.8.25.

2장 혐오의 수치화: 2011~2020 일베 데이터 분석

1 "일베 학력 인증 프로젝트 하자", 일간베스트, 2012.10.22. https://
www.ilbe.com/view/292058519

2 "이번 인증대란을 보면서 좆나 자괴감 느낀다.jinji", 일간베스트, 2012.10.22. https://www.ilbe.com/view/295377111

3 http://kkma.snu.ac.kr/

4 https://bitbucket.org/eunjeon/mecab-ko-dic/src/master/

5 https://konlpy-ko.readthedocs.io/ko/v0.4.3/

6 https://github.com/lovit/soynlp

7 Kang, TaeYoung, et.al. "Korean Online Hate Speece Dataset for Multilabel Classification : How Can Social Science Improve Dataset on Hate Speech?" arXix e-prints(2022):arXiv-2204, 데이터셋 관련 정보는 다음의 깃허브 링크를 참고하라. https://github.com/squnderscore/hatescore-korean-hante-speech/

8 박미숙·추지현, 〈혐오표현의 실태와 대응 방안〉, 한국형사정책연구원, 2018.

9 윤보라, 〈일베와 여성혐오: '일베는 어디에나 있고 어디에도 없다'〉, 45쪽.

10 조귀동, 《전라디언의 굴레: 지역과 계급이라는 이중차별, 누구나 알지만 아무도 모르는 호남의 이야기》, 생각의힘, 2021, 7쪽.

11 같은 책, 25쪽.

3장 일베적 혐오: 내부의 타자들

1 악셀 호네트, 《인정투쟁》, 정성훈·이현재 옮김, 사월의책, 2011, 252쪽.

2 같은 책, 254쪽.

3 김수진, 《신여성, 근대의 과잉》, 소명출판, 2009, 289쪽.

4 같은 책, 341쪽.

5 같은 책, 284쪽.

6 모현주, 〈화려한 싱글과 된장녀: 20, 30대 고학력 싱글

직장 여성들의 소비의 정치학〉,《사회연구》통권 제15호,
한국사회조사연구소, 2008, 53쪽.

7   〈보수 대학생단체 "'안녕······' 반박 대자보 공개모집"〉,《오마이뉴스》,
2013.12.15.

8   임지현,《희생자의식 민족주의: 고통을 경쟁하는 지구적 기억 전쟁》,
휴머니스트, 2021.

9   김수진,《신여성, 근대의 과잉》, 291쪽에서 재인용.

10 랜들 콜린스,《사회적 삶의 에너지: 상호작용 의례의 사슬》, 87쪽.

4장 일베를 만나다: 각자도생의 '평범'을 꿈꾸는 이들

1   해당 분석 결과는 다음의 링크에서 유료로 볼 수 있다. http://
www.rankey.com/search/rankey_search.php?what=data&search
_word= %C0%CF%BA%A3%C0%FA%C0%E5%BC%D2

2   〈세월호 실종자 가족더러 '좀비'라고······ 50대 일베 이용자 입건〉,
《경향신문》, 2014.5.12.

3   울리히 벡,《위험사회: 새로운 근대(성)을 향하여》, 홍성태 옮김,
새물결, 1999.

4   Richard Sennet, *The Fall of Public Man*, W. W. Norton & Company,
1974, p. 68.

5   지그문트 바우만,《유동하는 공포》, 함규진 옮김, 산책자, 2009.

6   지주형,《한국 신자유주의의 형성과 기원》, 책세상, 2011.

7   정수남, 〈노동자의 불안-공포와 행위의 감정동학: 외환위기
이후 노동빈민에 관한 감정사회학적 연구〉, 한국학중앙연구원
한국학대학원 박사학위 논문, 2010, 67쪽.

8   프랭크 푸레디,《공포정치: 좌파와 우파를 넘어서》, 박형신·박형진
옮김, 이학사, 2012.

9   울리히 벡·엘리자베트 벡게른샤임,《사랑은 지독한, 그러나 너무나

정상적인 혼란: 사랑, 결혼, 가족, 아이들의 새로운 미래를 향한 근원적 성찰》, 강수영·권기돈·배은경 옮김, 새물결, 1999, 99쪽.

10 에바 일루즈, 《사랑은 왜 아픈가: 사랑의 사회학》, 김희상 옮김, 돌베개, 2013, 358쪽.

11 같은 책, 374쪽.

12 최영진, 〈한국 지역주의 논의의 재검토: 정치적 정체성 개념과 동기부여구조를 중심으로〉, 《한국정치학회보》 제33집 2호, 한국정치학회, 1999, 143쪽.

13 에밀 뒤르켐, 《사회분업론》, 민문홍 옮김, 아카넷, 126쪽.

14 같은 책, 167쪽.

15 같은 책, 155쪽.

16 Randall Collins, 〈Three faces of cruelty: Towards a comparative sociology of violence〉, *Theory and Society Vol.1 No.4*, 1974, pp. 419.

17 에밀 뒤르켐, 앞의 책, 561쪽.

18 잭 바바렛, 《감정의 거시사회학: 감정은 사회를 어떻게 움직이는가?》, 박형신 옮김, 일신사, 2007.

19 서동진, 《자유의 의지 자기계발의 의지: 신자유주의 한국사회에서 자기계발하는 주체의 탄생》, 돌베개, 2009, 33쪽.

20 같은 책, 377쪽.

21 한병철, 《피로사회》, 김태환 옮김, 문학과지성사, 2012.

22 엄기호, 《단속사회: 쉴 새 없이 접속하고 끊임없이 차단한다》, 창비, 2014, 154쪽.

23 데이비드 리스먼, 《고독한 군중》, 이상률 옮김, 문예출판사, 1999.

24 같은 책, 106쪽.

25 지그문트 바우만, 《유동하는 공포》.

26 Richard Sennet, *The Fall of Public Man*, p. 36.

27 에바 일루즈, 《감정 자본주의: 자본은 감정을 어떻게 활용하는가》, 김정아 옮김, 돌베게, 2010, 125쪽.

28 마크 스미스 엮음, 《사이버공간과 공동체》.

29 에바 일루즈, 앞의 책.

30 Richard Sennet, *The Fall of Public Man*.

31 스테판 G. 메스트로비치, 《탈감정사회》, 박형신 옮김, 한울아카데미, 2014., 111~112쪽.

32 잭 바바렛, 《감정의 거시사회학: 감정은 사회를 어떻게 움직이는가》.; 빅터 터너, 《의례의 과정》, 박근원 옮김, 한국심리치료연구소, 2005.; 마크 스미스, 《사이버공간과 공동체》.

33 잭 바바렛, 앞의 책, 194쪽.

34 정수남, 〈노동자의 불안-공포와 행위의 감정동학: 외환위기 이후 노동빈민에 관한 감정사회학적 연구〉.

35 김종엽, 〈자기계발을 넘어선 자유의 의지를 위하여〉, 《경제와사회》 통권 제87호, 비판사회학회, 2010, 296쪽.

36 서동진, 《자유의 의지 자기계발의 의지: 신자유주의 한국사회에서 자기계발하는 주체의 탄생》, 287쪽.

37 같은 책, 290쪽.

38 같은 책, 291쪽.

39 정수남, 〈노동자의 불안-공포와 행위의 감정동학: 외환위기 이후 노동빈민에 관한 감정사회학적 연구〉, 154쪽.

40 안상욱, 〈한국사회에서 '루저문화'의 등장과 남성성의 재구성〉, 48쪽.

41 에바 일루즈, 《감정 자본주의: 자본은 감정을 어떻게 활용하는가》, 106쪽.

42 나이토 아사오, 《이지메의 구조》, 고지연 옮김, 한얼미디어, 2012, 115쪽.

43 엄기호, 《단속사회: 쉴 새 없이 접속하고 끊임없이 차단한다》, 177쪽.

44 같은 책, 114쪽.

5장 여성혐오와 능력주의: 일베만의 문제는 없다

1 〈'몸통 사건' 장대호, "죽은 사람 나쁜 놈이라는 것 알리려" 자수〉,

《중앙일보》, 2019.9.10.

2 이봉주·김세원, 〈아동학대와 방임의 사회구조적 요인: 빈곤과의 상관관계를 중심으로〉, 《아동과 권리》 제9권 3호, 한국아동권리학회, 2005, 347~373쪽.

3 김위정·김왕배, 〈세대간 빈곤이행과 영향요인에 관한 연구〉, 《한국사회학》 제41집 6호, 한국사회학회, 2007, 1~36쪽.

4 〈인터넷에 떠도는 '이슬람의 13교리'는 사실인가?〉, 《월간조선》, 2018.9.

5 〈'몸통시신 사건' 장대호, 그는 왜 무신 정중부를 언급했나〉, 《한국일보》, 2019.8.21.

6 〈살인범은 어쩌다 영웅이 되었나-'흉악범'을 향한 굴절된 시선〉, 《경향신문》, 2020.4.4.

7 〈마스크 벗은 조주빈 "악마의 삶 멈춰줘서 감사"〉, 《YTN뉴스》, 2020.3.25.

8 "[공지] 루리웹소개", 루리웹, 2016.6.9. https://bbs.ruliweb.com/etcs/board/10/read/6

9 〈인티즌, 비디오게임 전문 커뮤니티 오픈〉, 《아이뉴스24》, 2002.11.5.

10 포털사이트 다음으로 합병되기 이전의 역사는 다음의 링크를 참고하라. https://bbs.ruliweb.com/pc/game/1396/read/4671432

11 이 분석을 위한 데이터는 나세훈이 제공했다.

12 장덕진·김기훈, 〈한국인 트위터 네트워크의 구조와 동학〉, 《언론정보연구》 제48권 1호, 서울대학교 언론정보연구소, 2011.

13 천관율·정한울, 《20대 남자: '남성 마이너리티' 자의식의 탄생》, 시사IN북, 2019.

14 〈"진선미, '메갈리아' 회원들에게 후원금 받았다"〉, 《헤럴드경제》, 2018.12.20.

15 문은식·문명화·김영희, 〈고등학생이 지각한 교실의 사회적 환경, 관여 및 학업성취 간의 구조적 관계〉, 《교육연구논총》 제40권 3호,

충남대학교 교육연구소, 2019.

16 마경희·조영주·문희영·이은아·이순미, 〈성불평등과 남성의 삶의
    질에 관한 연구〉, 한국여성정책연구원, 2018.

17 조귀동, 《세습 중산층 사회: 90년대생이 경험하는 불평등은 어떻게
    다른가》, 생각의힘, 2020, 244쪽.

18 같은 책, 245쪽.

19 마경희·조영주·문희영·이은아·이순미, 〈성불평등과 남성의 삶의
    질에 관한 연구〉, 31쪽에서 재인용.

20 마이클 샌델, 《공정하다는 착각: 능력주의는 모두에게 같은 기회를
    제공하는가》, 함규진 옮김, 와이즈베리, 2020.

6장 결론: 차가운 열광의 확산과 일베적 정치의 탄생

1 마사 누스바움, 《정치적 감정: 정의를 위해 왜 사랑이 중요한가》,
   박용준 옮김, 글항아리, 2019.

2 이는 한국부동산원 홈페이지에서 2014년 1월과 2021년 7월의
   아파트 매매 실거래 중위가격 및 공동주택 실거래 가격지수를
   조회해 비교한 것이다.

3 〈2020년 혼인 이혼 통계〉, 통계청, 2021.3.18.

4 1991~2021 시도별 평균 초혼연령 통계 조회 자료, 통계청 홈페이지.
   https://kosis.kr/statHtml/statHtml.do?orgId=101&tblId=DT_1B8
   3A05&conn_path=I3

5 페터 슬로터다이크, 《냉소적 이성 비판 1》, 박미애·이진우 옮김,
   에코리브르, 2005.

6 같은 책, 268쪽.

7 김홍중, 《마음의 사회학》, 문학동네, 2009.

8 주은우, 〈자유와 소비의 시대, 그리고 냉소주의의 시작: 대한민국,
   1990년대 일상생활의 조건〉, 《사회와역사》 통권 제88호,

한국사회사학회, 2010.

9 에이미 추아, 《정치적 부족주의: 집단 본능은 어떻게 국가의 운명을 좌우하는가》, 김승진 옮김. 부키, 2020.

10 에밀 뒤르켐, 《사회분업론》, 594쪽.

11 요한 하위징아, 《호모 루덴스: 놀이하는 인간》, 이종인 옮김, 연암서가, 2018.

12 서동진, 〈노동자 없는 노동의 세계〉, 《황해문화》 통권 제77호, 새얼문화재단, 2012.

13 엄기호, 《단속사회: 쉴 새 없이 접속하고 끊임없이 차단한다》, 212쪽.

14 〈"20대 여성, 어젠다 형성 뒤처지고 구호만": 이준석 국민의힘 대표 "'여자라서 죽었다' 대표 구호 된 게 여성주의 비극"〉, 《오마이뉴스》, 2022.1.20.

15 이준석 당대표가 자신의 페이스북에 2022년 3월 27일 오전 9시 34분에 게시한 게시물. https://www.facebook.com/junseokandylee/posts/5009671345777236

16 〈이준석 "차기 당대표? C나 D 나오면 막기 위해 나갈 것"〉, 《노컷뉴스》, 2022.4.5.

17 〈이준석 공유 "버스 타세요" 영상 이렇게 왜곡됐다〉, 《오마이뉴스》, 2022.3.28.

18 이준석 당대표가 자신의 페이스북에 2022년 3월 27일 오후 10시 4분에 게시한 게시물. https://www.facebook.com/junseokandylee/posts/5011071998970504

나가며

1 최성호, 〈윤지선 논문, 연구윤리 이상없다?…… 진짜 문제는 '철학연구회'이다〉, 《교수신문》, 2021.11.15.

2 엄기호, 《나는 세상을 리셋하고 싶습니다》, 창비, 2016, 10쪽.

보통 일베들의 시대

초판 1쇄 펴낸날 2022년 6월 13일
초판 5쇄 펴낸날 2023년 9월 26일
지은이 김학준
펴낸이 박재영
편집 이정신·임세현·한의영
마케팅 신연경
디자인 조하늘
제작 제이오
펴낸곳 도서출판 오월의봄
주소 경기도 파주시 회동길 363-15 201호
등록 제406-2010-000111호
전화 070-7704-5240
팩스 0505-300-0518
이메일 maybook05@naver.com
트위터 @oohbom
블로그 blog.naver.com/maybook05
페이스북 facebook.com/maybook05
인스타그램 instagram.com/maybooks_05

ISBN 979-11-6873-025-0 03300

만든 사람들
책임편집 한의영
디자인 조하늘

이 책은 한국출판문화산업진흥원의 2022년 인문교육콘텐츠 개발 지원 사업을 통해
발간된 도서입니다.